전북지역의 고고학

이 상 균 저

JEONJU UNIVERSITY PRESS
전주대학교 출판부

책을 내면서

전북지역에서의 고고학연구는 1970년대에 시작되었으며, 그 성과는 극히 미진한 상태였다. 그러나 1980년대 후반 대학에 고고학 전공이 생기면서 문화재에 대한 인식과 유적조사에 대한 관심이 고조되었다. 이후 전북지역에서도 대학박물관을 중심으로 유적조사가 활발히 진행되었으며, 1990년대 이후에는 많은 고고학적 업적들이 축적되었다. 2000년대에 들어서는 문화재 보호법이 강화되면서 개발 현장에 대한 지표조사가 의무화 되었다.

이에 따라 유적조사의 건수가 급증하게 되었고, 각 지역에 발굴전담기관인 문화재연구원이 생겨나 고고학적인 조사가 더욱 활기를 띠게 되었다. 현재까지 전북지역에는 호남문화재연구원 전주분소, 전북문화재연구원, 전라문화재연구원, 전주문화유산연구원 등 4개소의 기관이 유적조사에 임하고 있다.

근래에는 전북지역의 용담댐 수몰지구를 비롯하여, 전주과학산업단지, 도내 통과지역의 고속도로, 전주의 택지개발과 신시가지 조성, 전북혁신도시 등과 맞물리어 유적조사가 진행되었다. 이러한 조사는 구제발굴이기는 하지만, 조사가 급증하면서 시기적인 분류도 가능해졌으며, 학술적으로도 중요한 유물이 출토되기도 하였다.

이를 기반으로 한 본서의 내용은 "Ⅰ 전주권역의 고고학적 조사와 성과, Ⅱ 변산반도의 선사와 고대문화, Ⅲ 섬진강 중 · 상류역의 문화유적, Ⅳ 용담댐 수몰지구의 문화유적, Ⅴ 고창 지석묘군 상석 채굴지의 제문제, Ⅵ 진안 월계리 백제 와요의 축조 및 기와 제작기법 관찰, Ⅶ 백제 주거의 현상과 구조적 양상, Ⅷ 정읍 동학농민혁명 유적지의 현황과 보존관리, Ⅸ 남원과 조선 도공들의 일본 이주" 로 전북지역과 관련된 9편의 글을 게재하였다. 이중에 Ⅰ, Ⅲ, Ⅳ장은 새로 쓴 글이며, 나머지는 기존에 필자가 발표하였던 내용들을 수정하여 새롭게 편집한 것이다.

본서는 필자가 다루었던 글을 중심으로 전북지역의 고고학적 성과를 정리한 것이나 다루지 못한 부분도 많이 있음을 자인하지 않을 수 없다. 신석기시대 전공자인 필자의 시각으로 모든 시대를 망라하여 언급한 것은 다소 무리한 감이 없지는 않지만, 전북지역의 고고학에 대한 애정이라고 이해해 주길 바란다. 또한 고고학은 학문의 특성상 계속해서 새로운 자료가 축적되기 때문에 본서의 내용도 수정해야 할 부분이 적지 않을 것이다. 이점에 대해서는 독자들의 지적과 비판을 바란다.

본서에서는 고고학의 용어, 특히 유물의 명칭은 한자어로 불리는 용어로 통일하려고 노력하였다. 본서는 학술서로서의 성격이 강하기는 하지만, 일반교양서로도 활용해 보려고 한다. 따라서 내용의 이해를 위해 유적이나 유물의 도면과 사진을 많이 넣어 본문의 어려운 내용을 이해하는데 도움이 되고자 하였다.

아무쪼록 본서의 간행으로 인하여 전북지역 고고학의 이해에 조금이나마 도움이 된다면 그것으로 만족할 따름이다. 끝으로 본서가 간행되기까지에는 전북지역의 많은 연구자의 도움이 있었으며, 이 기회에 지면을 빌어 감사를 드린다. 아울러 졸문의 출판을 흔쾌히 허락해 주신 전주대학교 출판부와 편집에 수고한 싸이버기획의 유승희 선생께 감사의 말씀을 전한다.

2011년 3월

온고을 천잠봉 아래 연구실에서

이 상 균

목차 | 전북지역의 고고학

Ⅰ. 전주권역의 고고학적 조사와 성과

전주권역의 고고학적 조사와 성과

1. 머리말

전주는 동쪽에 승암산, 남고산이 자리하고, 서쪽에 다가산이 있으며, 남쪽에 완산칠봉과 북쪽에 건지산과 가련산이 위치하고 있다. 전주의 시가지는 산지와 구릉에 둘러싸여 있으며, 전주천이 남동~북서 방향으로 흘러 시가를 관통한다. 전주시는 완주군에 둘러싸여 있으며, 동으로는 용진면, 소양면, 서로는 이서면, 남으로는 상관면, 구이면, 북으로는 삼례읍이 위치하고 있다. 또한 전주와 완주지역은 산지와 평야가 만나는 경계부에 해당되며, 해발 200m 내외의 비교적 높은 산과 구릉, 충적평야가 혼재하고 있다. 따라서 강유역과 구릉에 주로 입지하는 유적을 파악하는데 있어서 전주만을 따로 떼어 다루는 것보다 전주를 둘러싸고 있는 완주군의 일부를 동일하게 다루어야 할 것으로 판단된다.

전주 지역에서 초창기의 고고학연구는 1970년대 이래 전영래에 의해 주도되었으며, 사찰이나 성곽조사 등에 있어서 일부 대학박물관이 참여하였다. 따라서 전주지역의 고고학적인 성과도 극히 미진한 상태였다. 그러나 1980년대 많은 대학에 고고학 전공이 생기면서 고고학적 조사에 관심을 갖게 되었고, 대학박물관을 중심으로 활발한 조사가 진행되어 왔다. 전주와 완주지역의 고고학 성과도 대부분 1990년대 이후의 업적들이 많다. 2000년대에 들어서는 문화재보호법이 강화되면서 지표조사가 의무화 되었다. 이에 따라 유적조사의 시굴, 발굴 건수가 급증하게 되었고, 각 지역에 발굴전담기관인 문화재연구원이 생겨나 고고학적인 조사가 더욱 활기를 띠게 되었다. 전주와 완주지역에 있어서 근래에 봉동지역의 전주 3공단, 전주과학산업단지,

고속도로 건설, 전주의 택지개발, 서부신시가지 조성, 전북혁신도시 등과 맞물리어 지속적인 발굴조사가 이루어졌다. 이러한 조사는 구제발굴이기는 하지만, 조사가 급증하면서 시기적인 분류도 가능해졌다. 또한 유구나 유물의 수에 있어서도 증가 추세에 있으며, 학술적으로도 중요한 유물이 출토되기도 하였다.

본고에서는 그간에 조사되었던 전주와 이를 둘러싼 완주지역의 고고학적인 조사현황을 파악해 보았으며, 시기별 양상과 추후의 과제에 대해서도 개괄하고자 한다.

2. 고고학적인 조사현황

1) 전주지역

(1) 성곡유적

전주 성덕동 서편 구릉일대에 위치하며, 시굴조사 결과 구릉사면과 정상에서 유구가 확인되었다. 성곡A유적에서는 수혈유구 2기, 성곡B유적에서는 청동기시대 장방형 주거지 2기, 원삼국시대 주거지 1기, 삼국시대 수혈유구 11기, 성곡C유적에서는 원형 수혈유구 7기가 확인되었다.[1)]

(2) 여의동유적

전주 여의동 서부순환도로를 개설하던 중에 발견되어 전북대학교 박물관에 의해 수습조사가 이루어졌다. 조사결과 3기의 주거지가 발

---

1) 국립전주박물관, 『전주 · 완주 일부지역 유적지표조사보고서』, 1998
호남문화재연구원, 『전주 국도대체우회도로(이서-용정)간 문화유적 발굴조사 지도위원회 자료』, 2005

견되었다. 평면형태는 모두 방형이며, 내부의 시설은 확인되지 않았다. 유물은 지루, 적갈색 연질의 장란형토기, 심발형토기, 연질의 호형토기, 방추차 등이 출토되었다. 시기는 1세기 중반~5세기 정도로 추정되고 있다.[2)]

(3) 여의동 석관묘

전주 여의동 용정마을 북방 구릉상에 있으며, 묘목작업 도중에 발견된 적석석관묘이다. 장축이 동서 방향으로 장방형이며, 길이 100cm, 너비 35cm 정도이다. 단변 상면에 돌을 깐 다음 그 위에 뚜껑돌을 덮었다. 유물은 다뉴조문경 2점, 동부 1점, 동착 1점이 수습되었다. 다뉴조문경은 기원전 3세기경 대동강 유역에서 제작된 것이다. 다뉴조문경 1점은 전체길이 15.3㎝로 주연은 다소 정연하지 않은 반원형 단면을 이룬다. 문양은 방사상 거치문이 있으며, 삼각거치문을 기본단위로 한다. 동부는 부채모양도끼로 길이가 5.8㎝ 정도이다. 동착은 세장형으로 공부에 2중 돌대가 있고, 날끝 부분이 결실되어 있다.[3)]

(4) 장동유적

전주 장동일대에 추진중인 유통단지 사업의 일환으로 조사되었으며, 신석기시대부터 고려시대에 이르기까지 유구가 확인되었다.(사진1) 신석기시대의 수혈유구는 3기가 조사되었으며, 형태는 방

사진1. 장동유적 전경

2) 전북대학교 박물관, 『전주 여의동유적 수습조사보고서』, 1992
3) 전주시립박물관, 『완주지방 문화재 지표조사보고서』, 1987

형과 장타원형이다. 내부에서는 빗살문양토기가 출토되었으며, 3호 수혈유구에서는 능형집선문이 시문된 빗살문양토기와 석부가 출토되었다. 청동기시대 주거지는 6기가 출토되었다. 형태는 방형 내지는 장방형이며, 내부에서는 무문토기, 석부, 석도, 어망추 등이 출토되었다. 원삼국시대 주거지는 원형계와 방형계가 공존하고 있다. 방형 주거지의 내부는 벽구, 부뚜막, 배수로, 4주식 주공이 주류를 이루며, 원형계주거지는 내부시설이 확인되지 않았다. 출토된 토기는 장란형토기, 심발형토기, 완형토기, 구형호 등이며, 철기는 철촉, 철겸, 철도자 등이 출토되었다. 이외에도 분구묘와 제철유구가 조사되었다.[4)]

(5) 사근리유적

전주 송천동 1가 사근리 남사면 구릉 일부에 해당하며, 서쪽으로 전주천, 북동쪽으로 소양천이 감싸고 있다. 이곳의 암갈색찰흙층 하부와 적갈색찰흙층 상부에서 좀돌날, 돌날, 밀개, 격지 등의 330여점의 석기가 출토되었다. 이중에 완성된 석기는 10여점으로 비율이 매우 낮고, 격지가 85%로 가장 많다. 석재에 있어서는 유문암이 98% 정도로 주류를 이루고 있다. 전주 서부신시가지의 봉곡, 송천동 와룡리의 전주천변에서 필자가 채집한 석기와 석재에 있어서 유사한 면이 많다. 유물의 층위, 형식, 절대연대를 종합하여 본다면 20,000년 이후의 후기구석기시대의 것으로 보이고 있다.[5)]

(6) 송천동 구석기유적

전주 송천동 와룡리 전주천변의 독립된 낮은 구릉에 위치한다. 본 유적은 필자에 의해 지표조사 되었으며, 전주에서는 최초로 확인된

---

4) 전북문화재연구원, 『전주 장동유통단지 문화재발굴조사 지도위원회 자료』, 2006
5) 전북문화재연구원, 『전주 사근리유적』, 2006

구석기시대 유적이다. 채집한 석기들은 68점이며, 세부적으로 보면, 몸돌 7점, 격지 28점, 긁개 22점, 밀개 6점, 톱니석기 3점, 첨두기 1점, 송곳 1점이 출토되었다.(사진2) 이중에 몸돌은 전형적인 르발르와기법이 구사된 것으로 보인다. 시기는 후기구석기시대의 마지막 단계에 해당한다.[6)]

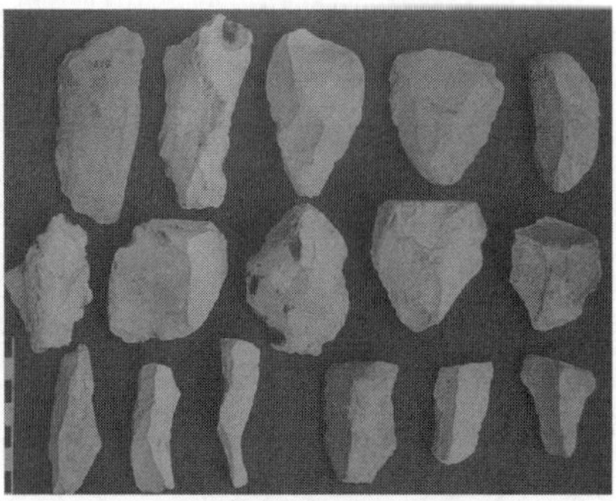
사진2. 송천동 구석기 유물

(7) **송천동유적**

전주 송천동 전주천변의 해발 20~25m정도의 완만한 구릉을 이루고 있으며, 북쪽으로는 송천동 농수산물 시장이 자리하고 있다. 발굴조사의 결과, 전주대학교 구역의 A지구에서 원삼국시대 주거지 15기, 수혈유구 14기, 구상유구 1기, 토기공방 1기, 토기요지 1기, 토광 5기가 조사되었고, 전북대학교 구역의 B지구에서는 청동기시대 주거지 1기, 원삼국시대 주거지 51기, 고상건물지 1기, 수혈유구 9기, 구상유구 4기, 토기요지 1기, 토광묘 6기가 조사되었다.

청동기시대 주거지는 방형이며, 바닥에 타원형 구덩이가 있는 송국리형 주거지이다. 주거지 내부에서 무문토기, 마제석검편, 석기편 등이 출토되었다. 본 유적에서 지척에 위치한 송천동 2가에서 발견된 청동기시대 주거지와 관련이 있어 보인다.

원삼국시대 주거지는 A지구에서 15기, B지구에서 51기가 조사되었다. A지구는 구릉 정상부와 북사면에 거의 중복없이 분포하고 있으며, 일반적으로 장방형 혹은 방형의 형태에 벽구, 배수시설, 노지 등이 확

6) 이상균 · 최무장, 「전주 송천동 후기구석기 유물에 대한 고찰」, 『한국선사고고학보』 9, 2002

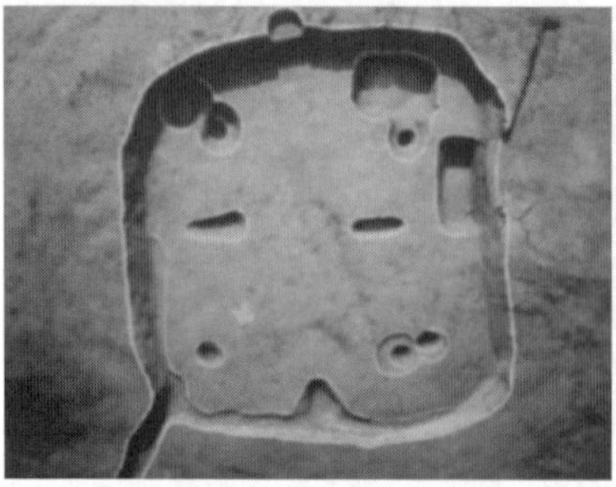

사진3. 송천동유적 4호주거지

사진4. 송천동유적 토기

인되었다.(사진3) 출토된 유물은 연질토기가 주류를 이루며, 경질토기, 옹형토기, 조형토기, 석촉, 방추차, 갈판 등이 출토되고 있다.(사진4) 특히 4호주거지에서는 조형토기가 출토되었고, 9호주거지에서는 15개체분이 넘는 각종토기가 동벽 전체에 열지어 있는 양상이 확인되었다. 또한 9호와 14호주거지에서는 대형 옹형토기가 출토되어 옹관이 아닌 곡물 저장용으로 사용되었던 것으로 보인다. 또한 8-1호, 11호, 12호주거지 내에서는 탄화미, 콩류의 곡물이 출토되어 당시의 식생활의 양상을 파악할 수 있다. B지구는 소형에서 대형에 이르는 다수의 주거지는 구릉의 정상부에서 심한 중복이 이루어졌으며, 구릉의 말단부로 갈수록 밀집도와 중복이 떨어진다. 대부분의 주거지에서는 벽구, 배수구, 노지시설이 설치되어 있다. 특히 본 유적에서는 주거지의 중앙부나 중앙부에서 약간 치우친 곳에서 타원형의 칸막이 시설이 있는 주거지가 다수 발견되는데, 주거지의 공간구획과 관련하여 중요한 유구로 판단된다. B지구에서 조사된 토기가마는 주거지가 밀집분포하는 곳에서 거리상으로 약간 떨어진 곳에 위치한다. 토기가마는 당시 사회의 토기생산과 사용을 시사해주는 중요한 유구이다. 또한 A지구에서는 드물게 토기공방이 조사되어 주거지내에서 발견된 토기의 수급처가 확인되었다.

이 유적의 거주연대는 2세기 중반~5세기 정도이며, 마한의 취락이 완전하게 조사된 중요한 유적으로 평가되고 있다. 송천동유적은 주거의 형태, 규모, 배치, 유물출토의 양상 등에서 취락의 성격을 파악할 수 있으며, 이 지역 원삼국시대의 생활과 문화를 규명하는데 중요한 학술적 자료로 판단된다. 본 유적은 중요성이 감안되어 유적의 일부가 공원화 되었다.[7)]

(8) 송천동2가 유적

사진5. 송천동2가 유적 전경

전주 송천동2가 유적은 해발 30m 내외의 구릉에 위치하며, 청동기시대의 주거지 16기, 수혈유구 4기, 석개토광묘 1기가 조사되었다.(사진5) 청동기시대 주거지는 송국리형 주거지로, 평면형태는 방형계 3기와 원형계 10기 정도로 구분된다. 주공은 4주식이며, 타원형 구덩이가 있는 송국리형 주거지이다. 방형의 주거지는 인근의 송천동유적에서도 1기가 조사된바 있다. 7호주거지는 최소한 2번에 걸쳐 사용된 개축형 주거지이며, 면적은 그대로 유지하면서 타원형 구덩이만 교체된 상태이다. 주거지는 6호와 7호의 대형주거지

사진6. 송천동2가 유적 석기

7) 전주대학교 박물관, 『전주 송천동유적-A지구』, 2004
전북대학교 박물관, 『전주 송천동유적-B지구』, 2004

를 제외하고 평균 면적이 10~20㎡ 정도이다. 출토된 유물은 구연호, 발형토기, 옹형토기, 홍도, 두형토기편 등이 있다. 석기류는 석부, 석촉, 석도, 석착, 석검, 어망추 등이 있다.(사진6) 주거지의 연대는 기원전 8~5세기로 청동기시대 중기단계에 해당된다.[8)]

(9) 송천동 석관묘

전주 송천동 전주천에 임한 구릉 남사면을 개간하던 중 유구가 노출되어 조사하였으며, 천석이 깔린 중앙에 석관 2개가 나란히 위치하고 있다. 서쪽에 위치한 대형석관은 길이 1.7m, 너비 0.6m, 깊이 0.45m의 장방형으로, 측벽에 자연판석 4매를 세웠고 남북단벽에 1매의 판석, 그 위에 4개의 개석을 덮었다. 석관 내부에도 납작한 장석을 깔았다. 이 바닥 북쪽면에서 20cm쯤 떨어진 곳에 3개의 옥구슬이 놓여있었는데, 이것으로 보아 시체의 머리를 북쪽에 두고 묻었음을 알 수 있다. 이 석관과 약 20cm 간격을 두고 동쪽에 소형석관이 있다. 이곳에서 마제석검이 발견되었는데, 부여 송국리 출토품과 유사하다. 기원전 2세기 초의 것으로 보인다. 옥구슬은 벽옥제이며, 큰 것이 직경 2.6cm 정도이다.[9)]

(10) 우아동 지석묘

기린봉에서 북동쪽으로 뻗어나온 지류 말단에 우아동 관음마을이 있으며, 지석묘는 계단식 논과 마을 사이에 위치하고 있다. 지석묘군은 A군에서 5기, B군에서 5기가 확인되었다. 지석묘 상석의 대부분이 땅속에 묻혀 있어 하부구조는 알 수 없다. 상석의 일부에 성혈이 남아 있는 것도 있다. 상석의 크기는 대략 240~360cm 정도이다.[10)]

---

8) 전북대학교 박물관, 『전주 송천동2가 유적』, 2004
9) 전영래, 「전주시 송천동 석관묘 출토 마제석검」, 『전북유적조사보고』 8, 1978
10) 전주역사박물관, 『전주문화유적분포지도』, 2005

(11) 유상리유적

전주 팔복동 도시첨단 산업단지 조성공사의 일환으로 실시되었으며, 조사결과 청동기시대와 삼국시대로 추정되는 수혈유구 16기, 원삼국시대 주거지 5기, 조선시대 분묘 300여기가 확인되었다. 주거지는 훼손이 심하며, 내부시설은 주공과 벽구가 확인되었다. 유물은 장란형토기, 시루 등이 출토되었다. 수혈유구는 평면 원형이며, 복주머니형과 원통형이 있다. 용도는 저장, 주거, 의례의 기능으로 추정되는데, 내부에서의 유물은 생활용구가 아닌 고배, 개배, 삼족토기 등 의례적인 토기가 출토되었다.[11]

(12) 덕진동 석실분

전주 덕진동 가련산공원에 위치하며, 유적이 있는 곳은 해발 50m의 가련산 8부 능선상에 있다. 석실의 평면형태는 장방형이며, 남벽의 동쪽에 연도가 있다. 석실은 단면 6각형이며, 수습조사가 실시되기 전에 이미 파괴되었다. 이러한 유형의 석실분은 부여의 이남에만 분포하고 있으며, 시기가 내려올수록 규모가 작아지는 경향을 보이고 있다. 덕진동의 석실분도 이에 해당하며, 구조로 보아 백제 후기로 추정되고 있다.[12]

(13) 중화산동 화장묘

전주 중화산동 산 33-2번지에 위치하고 있다. 화장묘는 남에서 북서쪽으로 굴곡을 이루며, 흘러내린 산줄기의 볼록한 능선상에 위치하고 있다. 이곳은 사방 10m 내외가 평탄한 지형을 이루고 있다. 지표면 바로 아래에서 뚜껑이 덮인 골호가 2기 확인되었다. 골호는 파수

---

11) 전북문화재연구원, 『전주 유상리유적』, 2007

12) 곽장근, 「전주시 덕진동 백제고분 조사보고」, 『전북사학』 13집, 1990

사진7. 중화산동 2호 골호

부호나 외반구연호에 두껑을 덮은 간단한 형태이다.(사진7) 유적의 연대는 부여의 중정리, 염창리, 쌍북리유적과 비교하면 6세기말~7세기초로 추정되고 있다.[13)]

(14) 중화산동 토광묘

전주 중화산동 아파트 신축사업의 일환으로 시작되었으며, 해발 55m 정도의 구릉사면에서 15기의 토광묘가 조사되었다. 토광묘는 경작으로 인하여 유실이 심하며, 목관을 사용하였을 것으로 추정된다. 출토유물은 원형 점토대토기, 발형토기, 동검의 봉부가 수습되었다. 시기는 3세기 초반으로 보이며, 전북지역의 초기철기시대 유적인 전주 여의동, 완주 갈동, 전주 효자4, 장수 남양리, 익산 신동리유적보다 다소 빠른 것으로 보고 있다.[14)]

(15) 상림동 중국식 동검

전주 상림동에서 주민이 묘목을 캐다가 우연히 발견하였다. 유물은 모두 중국식동검으로 26점이 봉부를 동쪽으로 향하여 가지런히 놓여 있었다. 검신과 검파를 하나의 거푸집으로 주조한 것이 한국 비파형동검이나 세형동검과는 다르다. 대체로 검몸은 단면이 납작한 마름모꼴이고, 자루는 원통형인데 중간에 2개의 마디가 있다. 대부분의 동검이 완형을 이루며, 길이는 대개 45㎝ 전후이다. 한반도에서는 황해도 재령 고산리, 전남 함평 초포리 등지의 무덤유적에서 1~2

---

13) 이규산 · 유병하, 「전주 중화산동 백제 화장묘」, 『고고학지』 6집, 1994

14) 전북문화재연구원, 『전주 중화산동 토광묘』, 2008

점 출토된 바 있으나, 20점이 넘는 많은 숫자가 발견된 예는 없다. 춘추말~전국초에 양자강 유역을 포함한 중원지역과 교류가 있었음을 보여준다.[15)]

(16) **만성동 지석묘**

전주 만성동 황방산 서쪽 기슭 논 가운데 7기의 지석묘가 있으며, 서쪽 방향으로 사면에 한줄로 자리하고 있다. 상석은 비교적 큰 것이며 지석은 3~4개로 괴었다. 7기의 지석묘가 한줄로 늘어서 있는게 특징이다. 가장 큰 상석은 제1호 지석묘로 4.1m이며, 비교적 잘 남아 있는 것은 4호, 6호, 7호지석묘이다.[16)]

(17) **서곡유적**

전주 서곡지구 택지개발 사업의 일환으로 개발지역에 대한 지표조사 과정에서 확인되었다. 유적은 지표상에서 무문토기와 원삼국토기가 수습되었으나 발굴조사 결과 이와 관련되는 유구는 확인되지 않았다. 그러나 삼국시대의 석곽묘 1기가 파괴된 상태로 확인, 조사되었다. 조사된 석곽묘는 횡구식으로 추정되며, 백제 석실분이 등장하기 이전 단계로 추정되고 있다. 고분의 구조와 출토유물로 미루어 5세기경에 축조된 것으로 보인다.[17)]

(18) **마전유적**

마전 II구역은 황방산이 남동쪽으로 흘러내린 마전마을의 서쪽 구릉에 위치한다. 유구는 원삼국시대의 구상유구 4기, 수혈유구 4기, 삼국시대 주거지 1기, 석실묘 2기 등이 출토되었다. 구상유구는 구릉의

15) 전영래,「완주 상림리 출토 중국식동검에 관하여」,『전북유적조사보고』6, 1976
16) 전주시립박물관,『완주지방 문화재지표조사보고서』, 1987
17) 윤덕향,「서곡지구 시굴조사 결과보고」,『호남고고학보』2집, 1995

사진8. 마전유적 1호분 토기

남사면에 위치하며, 내부에서는 점토대토기, 고배, 방추차, 석촉, 석부, 석도, 주조철부 등이 출토되었다. 수혈유구에서는 무문토기와 석기가 출토되었다. 주거지는 일부 파괴되었으며, 방형 내지는 장방형의 규모이다. 주공과 벽구시설이 있으며, 유물은 연질, 경질토기편, 시루편, 거치문토기 등이 출토되었다. 석실묘는 장방형이며, 입구와 배수시설을 갖춘 횡혈식석실묘이다. 1호석실에서는 금동이식과 철제유물이 수습되었으며, 2호는 거의 원형의 모습으로 조사되었다.

사진9. 마전유적 3호분

마전 Ⅲ구역은 Ⅱ구역에서 남동쪽으로 이어지는 구릉상에 위치한다. 유구는 청동기~원삼국시대의 석곽묘 3기, 석개토광묘 1기, 구상유구 2기, 삼국시대 주거지 2기, 수혈유구 1기, 통일신라시대 석곽묘 1기 등이 조사되었다.(사진8, 9) 구상유구에서는 무문토기, 두형토기편, 석제품 등이 출토되었다. 주거지의 형태는 방형, 장방형을 이루며, 주공과 부뚜막, 벽구, 출입시설을 갖춘 것이다. 내부에서는 발형토기, 장란형토기, 파수편, 방추차 등이 출토되었다.[18]

18) 호남문화재연구원, 『전주 마전유적 Ⅰ · Ⅱ · Ⅲ · Ⅳ』, 2008

(19) **여매유적**

전주 효자동 여매 I 구역은 동서로 이어지는 구릉의 정상부를 포함한 북사면에 해당한다. 유구는 삼국시대 원형수혈 51기, 주거지 1기 등이 조사되었다.(사진10) 수혈유구는 구릉의 정상부에 밀집되어 있으며, 규모는 깊이가 150cm 내외이다. 형태는 대부분 원형이며, 일부 8자형을 이루는 것도 있다. 단면은 원통형, 복주머니형, 부정형 등이 확인된다. 내부에서는 장란형토기, 삼족토기편, 고배편 등이 출토되고 있다.[19]

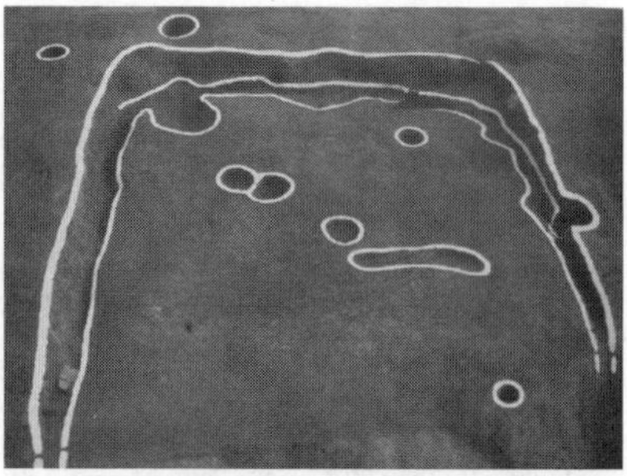

사진10. 여매 주거지

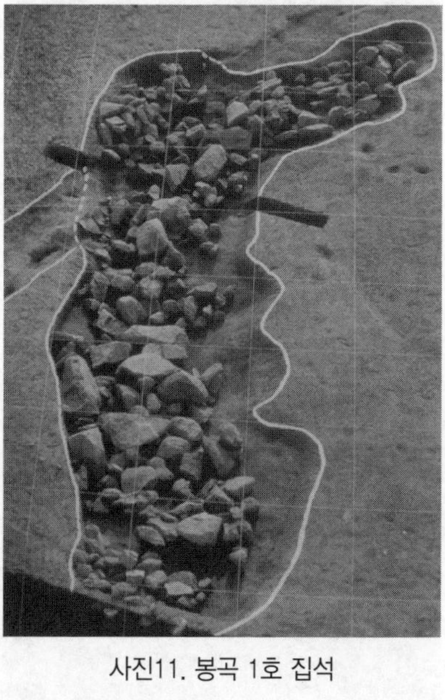

사진11. 봉곡 1호 집석

(20) **봉곡유적**

전주 효자동 봉곡유적에서는 삼국시대의 토광묘 1기, 구상유구 1기, 집석유구 등이 조사되었다.

토광묘는 길이 185cm, 너비 55cm이며, 내부에서 회청색 경질의 고배 2점이 동벽에 인접해 출토되었다. 집석유구는 평면 장타원형에 가까우며, 정연하지 않은 상태이다.(사진11) 유물은 돌 사이에서 파수부토기 1개체분이 출토되었다.[20]

19) 호남문화재연구원, 『전주 봉곡 · 여매 · 척동유적』, 2008
20) 호남문화재연구원, 『전주 봉곡 · 여매 · 척동유적』, 2008

(21) 봉곡 구석기유적

사진12. 봉곡 구석기유적 전경

전주 서부신시가지 조사의 일환으로 발굴이 진행되어 후기 구석기시대 유물층이 확인되었고, 430여점의 석기가 출토되었다.(사진12) 석재의 구성은 석영계와 유문암계가 반반의 비율을 보이고 있으며, 출토된 석기는 격지, 부스러기가 84% 정도를 차지하고 있어, 석기제작소의 가능성이 있다. 동시에 슴베찌르개, 긁개, 밀개 등의 잔손질용 도구와 찍개, 여러면석기와 같은 대형석기가 확인되고 있다. 후기구석기의 대표적인 슴베찌르개는 35,000년을 넘기지 않을 것으로 추정되었다.[21)]

(22) 효자4 유적

사진13. 효자4유적 전경

전주 효자4 유적은 전주대학교 제2캠퍼스 앞에 위치하며, 조사는 Ⅰ지구와 Ⅱ·Ⅲ지구로 나누어진다.(사진13) Ⅰ지구는 해발 50m 내외의 구릉이며, 능선을 따

21) 호남문화재연구원, 『전주 봉곡 구석기유적』, 2008

라 유구가 분포되어 있다. 유구는 청동기시대 주거지 19기, 석관묘 2기, 옹관묘 1기, 적석목관묘 1기, 수혈유구 14기, 구상유구 1기, 백제 석실분 4기 등이 조사되었다. 청동기시대 주거지는 원형 18기, 장방형 1기가 조사되었다. 장방형주거지는 바닥을 불다짐 처리를 하였으며, 벽구가 있다. 원형주거지는 중앙에 타원형 구덩이가 있고, 4주식의 송국리형 주거지이다. 유물은 무문토기편, 지석, 갈돌, 석촉, 삼각형 석도, 방추차 등이 출토되었다. 수혈유구는 대부분 타원형이며, 일부 방형도 확인된다. 내부에서는 무문토기편과 소토, 목탄 등이 출토되고 있으며, 토기가마로 사용되었을 가능성이 있다. 구상유구는 경사면을 따라 형성되어 있으며, 내부에서는 무문토기, 적색마연토기, 석촉, 방추차편이 출토되었다. 백제의 석실분은 3호와 4호가 비교적 양호하게 남아 있으며, 문주석과 연도로 추정되는 벽석이 확인되었다. 4기 모두 배수로를 설치하였다.

II · III지구는 I 지구에서 북동쪽으로 연접된 구릉지역이다. 유구는 청동기시대 주거지 5기, 석관묘 2기, 수혈유구 3기, 구상유구 2기 등이 확인되었다. 구릉 정상부에서는 적석목관묘가 조사되었으며, 표토 정리과정에서 동검, 동경, 관옥 등이 수습되어 제사와 관련된 유물로 추정하고 있다. 이처럼 동검과 동경, 관옥 등이 함께 출토된 경우는 전북지역에서 아직까지 조사된 바 없어 전북지방 청동기연구에 있어 중요한 자료로 평가된다.[22)]

(23) 효자동유적

전주 효자동의 효정중학교를 신축하던 중에 발견되어 전북대학교 박물관에서 수습조사가 이루어졌다. 조사 결과 초기철기시대의 토광묘 1기와 파괴가 심한 주거지 1기, 조선시대 회곽묘 3기가 확인되었

22) 전북문화재연구원, 『전주 효자4유적』, 2008

다. 주거지는 대부분 파괴되고, 길이 215cm, 너비 105cm, 깊이 56cm 정도만 잔존한다. 내부에서는 토기뚜껑 1점, 호형토기 저부편, 방추차 등이 출토되었다. 시기는 1~3세기경으로 추정된다.[23)]

(24) 평화동고분

전주 평화동 1가 산 243일대에 있으며, 지표조사에서 발견된 10기의 고분 중 8기에 대한 조사가 이루어졌다. 고분은 연도의 위치와 벽석의 축조상태, 석실의 단면형태 등에 의해 세 가지의 유형으로 분류할 수 있다. 제1유형은 장방형의 평면형태에 할석으로 벽석을 축조하였으며, 벽이 내경하며 동편에 연도를 가진 것이다. 제2유형은 판석으로 축조되었고, 단면 육각형의 석실형태에 연도는 중앙에 위치한다. 제2유형은 평화동 고분군의 주류를 이루는 형식으로 판돌을 사용하여 단면 6각형이 되도록 하였고, 남벽의 중앙에는 짧은 연도가 마련되어 있다. 제3유형은 할석으로 벽석을 축조하였고, 연도가 없는 횡구식 석실이다. 평화동 고분군의 구조적인 특징을 통해서 가장 연대가 빠른 것은 제1유형이며, 6세기 전반에 해당한다. 제2유형은 부여 능산리의 중하총을 비롯하여 익산의 쌍릉, 봉동의 둔산리, 정읍의 은선리 등에서 같은 유형의 고분을 볼 수 있으며, 7세기 전반으로 편년되고 있다.[24)]

(25) 평화동유적

전주 평화동유적은 구이~전주간 도로확장으로 인하여 조사되었으며, 동원웨딩타운 남쪽에 위치한 해발 약50~60여m 정도의 능선에 해당한다. 서쪽으로 이어지는 이 능선에는 청동기시대의 유물이 수습

---

23) 전북대학교 박물관, 『전주 효자동유적 수습조사보고서』, 1992
24) 전영래, 「전주 평화동고분군 발굴조사보고서」, 『전북유적조사보고』, 1994

사진14. 평화동유적 18호 수혈유구

사진15. 평화동유적 토기

되고 있는 지역이다. 발굴조사 결과 주거지 2기, 수혈유구 26기, 고분 5기, 구상유구 2기, 토기가마 1기 등이 조사되었다.(사진14, 15)

청동기시대의 원형주거지는 1기가 조사되었다. 전형적인 송국리형 주거지이며, 유물은 홍도, 무문토기, 석부, 석기 등이 출토되었다. 원삼국시대의 방형주거지는 1기가 조사되었다. 내부시설로는 장타원형 구덩이와 주공이 발견되며, 불에 타 소실된 것으로 보인다. 내부에서는 연질, 경질토기류, 파수부편, 방추차, 석기류가 출토되었다. 수혈유구는 26기가 조사되었는데, 구릉의 정상부와 능선상에 집중한다. 형태는 원형, 타원형, 장방형이며, 130여점의 유물은 발형토기, 장란형토기가 주류를 이룬다. 수혈유구에서는 통로시설 판단되는 구상이 확인되었으며, 중심연대는 3~4세기대인 것으로 추정된다. 고분은 5기가 조사되었다. 1호분은 장방형 형태의 횡혈식석실분이며, 벽석이 안으로 내경하여 축조된 방식이다. 축조방식과 유물로 보아 백제 후기로 판단된다. 2호분은 횡구식석실묘이며, 내부에서 금동이식과 직구소호 등이 출토되었다. 시기는 6세기중반~7세기중반으로 추정되며, 횡구식 석실은 현재 국립전주박물관에 이전 복원하여 전시되고 있다.[25)]

25) 전주대학교 박물관, 『전주 평화동유적』, 2004

(26) 대정유적

사진16. 대정유적 3호분

전주 평화동아파트 신축으로 인하여 조사되었으며, 낮은 구릉지역에 위치하고 있다. 이 유적은 평화동유적과 연결되는 지점으로 청동기시대 주거지 1기, 원삼국시대 주거지 1기, 수혈유구 42기, 삼국시대 고분 6기 등이 조사되었다. 청동기시대 주거지는 내부에 타원형 구덩이가 있는 송국리형이며, 훼손이 심하다. 원삼국시대 주거지는 평면 방형이며, 내부에서는 노지와 주공, 타원형 구덩이가 확인되었다. 유물은 장란형토기, 호형토기, 옹형토기, 시루 등이 출토되었다. 수혈유구는 방형계와 원형계로 구분된다. 내부에서는 목탄, 재, 점토덩어리, 토기 등이 다량 출토되었다. 삼국시대 고분은 횡혈식석실분 1기, 횡구식석곽분 3기 등이 조사되었으며, (사진16) 내부에서는 금동이식, 삼족토기, 직구소호, 병형토기가 출토되었고, 1호분에서는 인골 3구가 확인되었다. 유적의 연대는 주거지와 수혈유구가 3세기초반~4세기중반, 고분은 6세기후반~7세기중반으로 판단된다.[26]

(27) 중인동유적

전주 중인동 완산생활체육공원 조성사업의 일환으로 조사되었으며, 이 지역은 모악산에서 북쪽으로 뻗어내린 해발 70m 내외의 낮은

26) 호남문화재연구원, 『전주 대정유적』, 2009

구릉지역에 위치한다. 이곳에서는 청동기시대 수거지 5기, 조기철기시대 토광묘 9기, 원삼국시대 주거지 9기, 통일신라시대 석곽묘 2기가 조사되었다. 청동기시대 주거지는 송국리형이며, 출토된 유물은 무문토기, 홍도 등이다. 초기철기시대 토광묘는 3열로 배치되어 있으며, 목관을 사용한 것으로 추정된다. 유물은 청동검, 원형 점토대토기, 흑도, 장경호 등이 출토되었다. 토광묘는 전주 중화산동 토광묘와 유사한 양상을 보이며, 시기는 기원전 3세기 중엽으로 편년된다. 원삼국시대 주거지는 방형을 이루고 있으며, 내부에서는 주공, 벽구, 노지 등이 확인되었다. 유물은 호형토기, 장란형토기, 발형토기, 옹형토기, 주구토기, 조형토기 등이 출토되었다.[27]

(28) **원당리고분**

전주 원당동 원당산성이 있는 간대봉 남쪽의 지표조사 도중 발견된 유적이다. 장축은 동서방향이며, 잡석으로 벽석을 축조한 성곽이다. 동쪽 단벽 가까이에 토기가 놓여 있었으며, 석곽의 크기는 알 수 없다. 유물은 광구호 4점, 고배 7점, 철부 등이 출토되었으며, 시기는 출토된 토기로 보아 5세기말로 추정된다.[28]

2) 완주지역

(1) **봉동 배매산유적**

완주 봉동 배매산유적은 전주권 상수도사업의 일환으로 배수지가 들어서게 되면서 발굴조사 되었다. 조사결과, 주거지 3기, 건물지 29기, 원형수혈유구 30여기, 목책, 담수지 등 백제시대의 유구가 주류를

27) 전북문화재연구원, 『전주 중인동유적』, 2008
28) 전주시립박물관, 『완주지방 문화재 지표조사보고서』, 1987

이룬다. 주거지는 암반층을 파내어 축조하였으며, 주거지의 평면형태는 유실되어 정확하지 않으나 장방형으로 보인다. 가지구 1호주거지에는 노지로 추정되는 검게 탄 부분이 있으며, 주공은 내외부에 있으나 정형성이 없다. 나지구 주거지에서는 개배, 고배, 단경호, 삼족토기 등 백제토기가 출토되었다.

사진17. 배매산유적 건물지

건물지는 29기가 조사되었으며, 급한 경사면에 3단 내지는 4단 연이어 자리하고 있다.(사진17) 구조와 배치를 보면 단기간에 걸쳐 이용한 것으로 추정된다. 노지와 온돌시설이 있는 것과 그렇지 않은 것이 있다. 건물지는 산사면을 L자형으로 파내어 축조하였으며, 주공은 능선에 접하는 쪽에 배치되어 있다. 출토된 유물은 고배, 단경호, 삼족토기, 기대 등 비교적 많이 출토되고 있다. 이러한 건물지는 방어시설로 파악되나, 의례용으로 추정되는 유물이 집중적으로 출토되고 있어 의례적인 기능도 있었을 것으로 보고 있다.[29)]

(2) 봉동 둔산리고분

완주 봉동읍 둔산리에 있으며, 고분은 생토면인 마사토층을 굴토하고 판석을 이용하여 축조한 횡혈식 석실이다. 석실의 규모는 장축 251cm, 단축 126cm, 높이 148cm 이다. 연도의 바깥쪽에는 길이 20m, 너비 180cm의 긴 묘도를 설치하였다. 고분의 북쪽 석실중앙부 기점에는 외곽으로 면을 맞춘 호석열이 설치되어 있다. 이 석실분은 부여 능산리 중상총, 서하총과 규모와 수법이 동일하며, 고부 은선

29) 전북대학교 박물관, 『배매산』, 2002

리, 익산 쌍릉고분과도 동일한 수법을 보이고 있다. 축조시기는 7세기대로 추정된다.[30)]

(3) **봉동 용암리A유적**

완주 봉동읍 용암리에 위치하며, 전주과학산업단지 조성사업의 일환으로 조사가 이루어졌다. 조사결과 주거지 3기가 확인되었다. 조사된 3기의 주거지 가운데 1호주거지는 고려말~조선초의 주거지로 확인되었고, 나머지의 2기는 원삼국~백제의 주거지이다. 2호주거지의 경우 동서 3m, 남북 3m 정도의 말각방형이다. 바닥은 전면에 점토를 발라 다졌으며, 내부에서 주공으로 추정되는 수혈 3기가 확인되었다. 주거지 동북모서리에서 불씨저장실로 추정되는 유구가 있었는데, 할석을 세워 벽을 만들고 그 위에 판석을 얹었다. 시대는 원삼국시대의 유구로 추정된다. 한편 3호주거지는 동서 6m, 남북 6m 내외이며, 남쪽이 넓은 사다리꼴의 형태이다. 출토된 유물로 미루어 백제의 주거지로 추정된다.[31)]

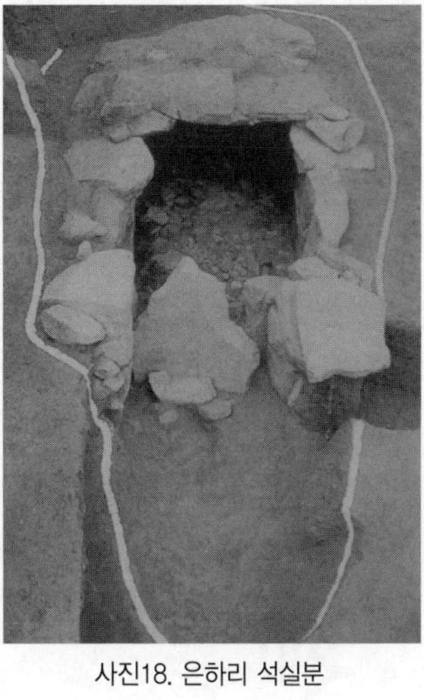

사진18. 은하리 석실분

(4) **봉동 은하리고분**

완주 봉동읍 은하리의 북편 봉실산의 끝자락의 남사면에 자리하고 있다. 확인된 유구는 횡혈식석실분 1기와 와관묘 2기이다. 횡혈식석실분의 장축방향은 남북방향이며, 등고선과

30) 원광대학교 마한·백제문화연구소, 『전주과학산업연구단지 문화유적 발굴조사보고서』, 1999
31) 전북대학교 박물관, 『전주과학산업연구단지 문화유적 발굴조사보고서』, 1999

직교한다.(사진18) 석실분의 묘실은 장방형으로 4벽면을 대형의 판상석과 장대석을 사용하여 축조하였으며, 연도부는 중앙에 위치하고 있다. 출토된 유물은 뚜껑 4점, 배 4점, 완 2점, 관정 10여점, 관고리, 4구분의 인골이 출토되었다.[32)]

(5) 봉동 제내리 고분

완주 봉동읍 제내리 야산의 동사면에 모두 7~8기의 백제고분이 분포하고 있으며, 이 중 2기의 고분이 조사되었다. 1호분은 산의 경사면에 직각으로 석실을 축조하였다. 석실의 규모는 길이 2.6m, 너비 1.2m, 높이 1.2m 정도이다. 동서 양벽은 장방형에 가까운 돌로 4~5단 정도 쌓고, 2단부터는 내경시켜 단면이 사다리꼴을 이루도록 하였다. 석실의 천장은 5매의 장대석으로 되어 있으며, 연도는 남벽의 중앙에 설치되어 있다. 2호분은 1호분의 동쪽에서 10m 정도 떨어져 있다. 석실은 산경사와 직각으로 축조되었고, 서벽은 잘 가공된 판돌 3매가 남아 있다. 잔존하고 있는 모습으로 보아 장방형의 현실 중앙에 연도가 부설된 단면 6각형의 석실묘로 판단된다.[33)]

(6) 봉동 율소리 석관묘

완주 봉동읍 율소리의 논 가운데 2기의 석관묘가 있다. 6m의 간격을 두고 동서로 나란히 설치되었다. 제1호는 단벽을 1매, 측벽을 3매의 판석으로 석관을 짜고, 그 위에 5매의 판석으로 덮었다. 길이 146cm, 너비 40cm, 벽높이 36cm 정도이며, 북쪽 측벽에서 마제석검 1점이 출토되었다. 제2호는 동쪽이 파괴되었으며, 잔존길이 106cm 정

---

32) 전북대학교 박물관, 『은하리고분』, 2006

33) 최완규, 「전북지방의 백제고분 신자료」, 『옥구 장상리 백제고분군 발굴보고서』, 원광대학교 박물관, 1992

도이다. 단벽은 1매, 측벽은 3~4매의 판석으로 쌓았으며, 현재는 양벽 모두 2매씩이 남아 있다. 기원전 3세기경 청동기시대 석관묘의 구조를 보이고 있다.

(7) 고산 읍내리 지석묘

완주 고산면 읍내리에 위치하며, 고산에서 운주로 가는 도로변의 관동산성이 있는 산 능선 남쪽 기슭에 있다. 현재는 2기가 남아있으나 예전에는 더 있었을 것으로 보인다. 상석은 자연석이며, 길이 3~4m 내외, 너비 1.5m~2m, 높이 1m 미만의 크기이다. 지석은 묻혀 잘 보이지 않는다.

(8) 용진 상운리유적

사진19. 상운리유적 분구묘

완주 용진면에 위치하며, 익산~장계간 고속도로 건설사업의 일환으로 발굴조사가 이루어졌다. 조사결과 확인된 유구는 가-1지구에서 총 8기의 분구와 매장주체부(토광묘 43기, 옹관묘 17기)가 조사되었고, 그 외 청동기시대 주거지 1기와 지석묘 1기, 석관묘 1기, 삼국시대 와관묘 1기, 고려시대 횡구식 석곽묘 1기가 조사되었다.(사진19) 가-2지구에서는 4기의 분구가 확인되었고 그 중 1호 분구묘에서 매장주체부(토광묘 6기, 옹관묘 수기)가 확인되고 있다. 그 외 수혈 유구 5기 및 굴립주 건물지의 주공으로 추정되는 수혈이 총 45기가 있으며, 구릉의 북사면과 동남사면에서 청동기시대 및 원삼국시대 주거지군이 존재하고 있다. 나 지구에서는 분구가 확인되는 분구묘가 11기 확인되었고, 주위로 주구가 형성되어 있었는데 확인 결과 토광묘 42기, 옹관묘 14기가 있었고, 그 외 청동기시대 주거지 4기, 석곽묘 5기가 확인되었다.

마한의 분구묘는 충청, 전라도에서 일반적으로 발견되고 있으며, 상운리의 분구묘는 최대규모에 해당한다. 출토된 유물은 토기류가 99점, 환두대도 및 대도 15점, 철정 11점, 철부 23점에 이르며, 옥류는 1,640여점에 달한다. 상운리 분구묘는 존속기간이 길고 유구의 규모와 형태, 출토유물에서 사회적 위계관계를 보여주고 있어 향후 분구묘의 변천과정과 위계관계를 분석할 수 있는 자료이다. 시기는 4세기중반~5세기말까지로 추정되며, 이는 4세기 중·후반경 전북지역의 마한세력이 백제에 병합된 후에도 마한세력이 지속되었음을 보여주는 자료로 향후 마한과 백제의 관계를 파악할 수 있는 자료이다.[34)]

(9) 용진 구억리고분

완주 용진면 구억리 목단동 산사면의 단면에 노출되어 있었으며, 지표조사시 유물을 수습하였다. 석실의 상부는 결실되고 50cm높이의 이단벽석만 잔존하고 있다. 현실의 장축방향은 북서 335°이고 잔존길이는 235cm, 너비는 95cm 정도이다. 바닥에서 외반구연호 3점, 직구호 2점, 병형토기 7점, 개배 각 1점, 경부가 결실된 흑색병형토기 1점 등이 수습되었다. 유적의 연대는 5세기말~6세기초로 추정된다.[35)]

(10) 소양 대흥리 석관묘

완주 소양면 대흥리에 있으며, 밭에서 경지작업을 하던 중에 석관

34) 전북대학교 박물관, 『상운리 Ⅰ · Ⅱ · Ⅲ』, 2010
35) 전주시립박물관, 『완주지방 문화재지표조사보고서』, 1987

2기가 발견되었다. 1호석관은 남북을 장축으로 한 장방형이며, 측벽은 자연석의 안쪽을 맞추어 4단씩 쌓고 남북은 두께 10cm내외의 판석 1매를 수직으로 막았다. 천정에는 4매의 자연 판석을 뚜껑돌로 덮고, 다시 그 위에 2중으로 4매의 윗돌을 얹었다. 석관 내부의 규모는 길이 1.7m, 깊이 0.45m 정도이며, 석관 안에서 마제석검 1자루가 나왔다. 2호석관은 남북장축의 장방형으로 그 크기나 구조 등이 1호석관과 비슷하다. 여기에서도 마제석검 1자루가 출토되었다.[36)]

(11) **이서 갈동유적**

완주 이서면 반교리에 위치하며, 유적은 해발고도 26~42m 내외의 구릉사면에 입지한다. 발굴조사 결과, 청동기시대 말기에서 원삼국시대에 해당하는 토광묘 4기와 구상유구·수혈유구 등이 조사되었다.(사진20) 토광묘에서는 세형동검 거푸집을 비롯하여 청동촉, 철겸, 철부, 환형유리, 흑도장경호, 우각형 파수부호, 점토대토기, 대부호 등 다양한 유물이 출토되었으며, 구상유구와 북사면에서 확인된 수혈유구에서도 점토대토기, 고배, 소형토기, 석촉 등이 확인되었다. 이중 세형동검 거푸집, 청동촉, 철겸과 환형유리 등은 이 유적의 성격과 교류를 밝히는 중요한 유물로 평가되고 있다. 토기류는 대부분 기존의 토기 양상과 동일하나 4호에서 출토된 대부호는 새로운 토기제작을 보여주는 예라는 점에서 주목된다.

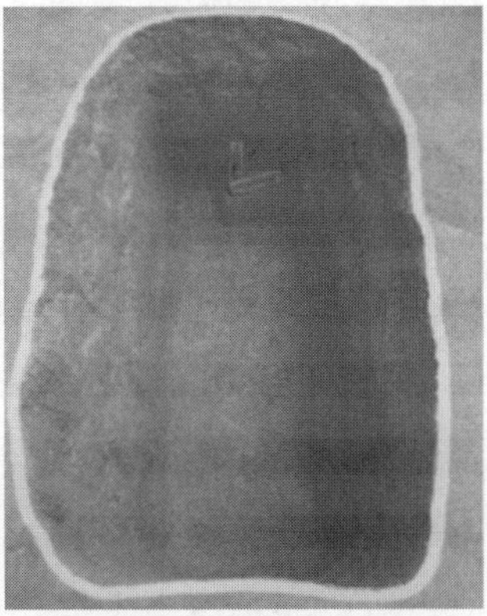

사진20. 갈동유적 토광묘

구상유구에서 출토된 유물들은 원형점토대토기, 우각형파수, 고배,

36) 전주대학교 전주사학연구소, 『전주시 옛고장 지표조사보고서』, 1995

소형토기 등이 출토되었다. 대부분 생활용기이며, 지표에서 수습된 유구석부나, 재가공된 흔적이 있는 석촉, 미완성 석기 등을 통해 생업활동도 활발하게 이루어졌음을 알 수 있다. 유적의 시기는 기원전 2세기후엽~기원전 1세기말경으로 추정하고 있다.[37)]

(12) **이서 반교리유적**

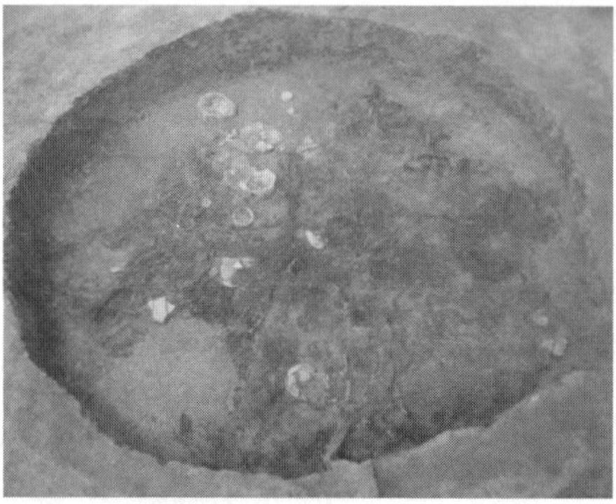

사진21. 반교리유적 주거지

완주 이서면 반교리에서 1994년과 1995년 2차례에 걸쳐 학술조사가 이루어졌다. 그 결과 청동기시대 주거지 5기가 확인되어 그 중 2기가 조사되었고, 석개토광묘 5기, 석관묘 1기, 토광묘 1기, 원삼국시대 주거지 1기 등이 조사되었다. 원형주거지는 전형적인 송국리형 주거지로 무문토기가 주류를 이루고 있다.(사진21) 석기는 삼각형석도와 유경식석촉, 석부, 방추차, 지석들이 출토되었다. 청동기시대 분묘는 구릉의 가장 높은 곳에 위치하면서 주거지와는 일정한 거리를 유지하고 있다. 분묘는 토광을 2단으로 파고 돌로써 뚜껑을 덮은 석개토광묘이다. 반교리의 청동기시대 유적들은 분묘가 주거지에 비해 약간 시기가 떨어지지만 모두 청동기시대 중기의 송국리형 단계에 속하는 것으로 추정된다. 원삼국시대의 주거지는 290×270cm의 방형이며, 6개의 주공이 있다. 내부에서는 시루, 발, 단경호, 직구옹, 주구토기 등이 출토되었다. 유적의 편년은 순천 대곡리, 낙수리, 보성 죽산리,

37) 호남문화재연구원, 『완주 갈동유적』, 2005
38) 국립전주박물관, 『완주 반교리유적』, 1996

군산 여방리 등과 비교할 수 있으며, 1~4세기대로 추정된다.[38]

(13) **구이 덕천리 지석묘군**

완주 구이면 덕천리 칠암부락과 구암부락은 표고 659m의 경각산 북쪽 기슭에 있는 분지로, 칠암부락 입구에 삼천과 합류하는 계천이 북쪽으로 흐르고 있다. 이곳에 덕천리 A~E군까지 5개의 지석묘군이 흩어져 있다. 칠암리 부락의 A군에는 5개의 지석묘가, 원덕천으로 가는 길가와 논의 B군에 7기, 칠암부락 남방 1.2km 지점의 C군에 15기, 덕천리 대추나무 밭 남쪽 논과 산기슭에 D군 11기, D군에서 동쪽으로 500여m 지점에 E군 9기가 확인되었다. 이중에 C군이 가장 밀집도가 높으며, 남북으로 일직선상에 놓여 있다.[39]

3. 시기별 양상과 성과

1) 구석기시대

전주지역에서는 처음으로 필자에 의해서 구석기 유적의 존재가 확인되었다. 유적은 송천동 와룡리 전주천변의 구릉 사면에 있으며, 후기구석기시대에 해당하는 몸돌, 격지, 긁개, 밀개, 톱니석기, 첨두기, 송곳 등 68점의 석기가 채집된 바 있다. 구석기유적의 발굴조사는 인접한 송천동 사근리유적에서 이루어졌으며, 후기구석기시대의 좀돌날, 밀개, 격지 등의 석기가 출토되었다. 또한 전주 서부신시가지의 봉곡 구석기유적에서 슴베찌르개, 긁개, 밀개, 찍개, 여러면석기, 장동유적에서는 석영계의 몸돌과 격지가 출토되었다. 또한 가장 최근

39) 전주시립박물관, 『완주지방 문화재지표조사보고서』, 1987

에는 전북혁신도시의 덕동G유적에서 몸돌과 격지 등이 출토되어[40] 근래에 전주지역에서도 비교적 많은 수의 구석기 유적을 확보할 수 있게 되었으며, 진안 진그늘, 임실 하가유적 등과 비교할 수 있는 자료가 확보되었다.

2) 신석기시대

전주에서 후기구석기인들이 신석기시대로 이행한 흔적은 보이지 않는다. 신석기시대가 되면 전주에 일시 공백기가 있었으나, 4천년전을 전후한 신석기시대 후기 정도의 시기에 전주에 다시 신석기인들이 거주하게 되었다. 근래에 이르러 전주 장동유통단지내의 발굴조사에서 신석기시대의 수혈유구 3기가 조사되었으며, 태선의 능형집선문이 시문된 토기가 출토되어 용담댐 수몰지구의 갈머리유적과도 관련되는 것으로 판단된다. 또한 전주 서부신시가지 일환으로 조사된 효자동 4지구에서 주거지와 함께 빗살문양토기가 상당량 출토되기도 하였다. 유적의 규모나 출토된 유물로 보아 적은 인원이 거주한 것으로 판단된다. 전주에서 현재까지 신석기시대 유적은 2개소로 파악되고 있으며, 구석기시대 유적보다도 그 수가 적은 것은 의문이다.

3) 청동기시대

청동기시대에 해당하는 주거유적은 근래에 구제발굴로 인하여 많이 확인되고 있다. 기존에 소량으로 조사되었던 것과는 달리 취락의 형태를 파악할 수 있을 정도로 대규모적인 조사가 진행되고 있다. 전

40) 전라문화유산연구원, 『전북혁신도시 개발사업부지내 문화유적발굴조사 지도위원회의 자료』, 2010

주, 완주지역에서 조사된 청동기시대의 원형수거지는 중앙에 타원형 구덩이가 설치된 송국리형 주거지이다. 대규모적인 주거유적은 전주 효자4에서 17기, 전주 송천동2가에서 16기, 전주 중인동에서 5기, 이외에도 전주 성곡B, 전주 여의동, 전주 평화동, 전주 대정, 완주 반교리, 완주 상운리유적에서도 확인되고 있다. 전주 송천동, 전주 송천동2가 유적에서는 원형과 내부구조는 같으나 평면형태가 방형인 주거지가 조사되기도 하였다. 전주 장동유통단지내의 발굴조사에서는 방형, 장방형계의 주거지가 6기 조사되었다.

청동기시대의 묘제는 토광묘, 지석묘, 석곽묘, 석관묘 등이 있다. 토광묘는 완주 반교리, 완주 상운리, 완주 갈동, 전주 여의동, 전주 송천동유적 등에서 확인되었다. 특히 완주 갈동에서는 청동검을 제작하는 거푸집이 토광묘 내에서 처음으로 발견되어 유적의 중요성을 더하고 있다. 전주 중화산동 토광묘에서는 점토대토기와 동검의 봉부 등이 수습된 점으로 보아 전북지역의 초기철기시대 유적인 전주 여의동, 완주 갈동, 전주 효자4, 장수 남양리, 익산 신동리유적보다 다소 빠른 시기로 판단되며, 전주 중인동유적과 유사한 양상이다. 지석묘는 완주 덕천리에서 50여기가 확인된 바 있으며, 정식조사는 이루어지지 않았다. 이외에도 지석묘는 전주 우아동, 전주 호성동 봉암, 전주 만성동, 전주 여의동, 전주 우아동, 전주 원당동, 전주 중인동, 완주 상운리, 완주 용흥리, 완주 읍내리 등에서도 확인되고 있다. 석곽묘는 전주 여의동유적에서 확인되었는데, 내부에서는 다뉴조문경 2점, 동부 1점, 동착 1점이 수습되었다. 다뉴조문경은 기원전 3세기경 대동강 유역에서 제작된 것으로 보고되고 있어 교류의 흔적을 엿볼 수 있다. 석관묘는 전주 송천동, 완주 율소리, 완주 상운리, 완주 대흥리, 완주 반교리유적 등지에서 확인되었으며, 송천동과 율소리에서는 내부에서 마제석검이 출토되었으며, 송천동유적에서는 옥이 출토되었다.

주요유물로는 전주 효자4유적에서 출토된 동검, 동경, 관옥 등이 있다. 전북지역에서 지금까지 출토된 청동유물은 동경의 경우 익산 다송리, 평장리, 오금산, 전주 여의동, 완주 갈동, 덕동, 장수 남양리유적이 있으며, 세형동검은 익산 오금산, 신동리, 평장리, 장수 남양리 유적에서 출토되었다. 동경은 다뉴세문경으로 전체적인 문양구성에 있어서는 함평 초포리에서 출토된 동경과 유사하지만 세부문양에 있어서 함평 초포리에서 출토된 동경의 문양보다 세밀하게 처리되어 차이를 보이고 있다. 이처럼 세형동검과 동경, 관옥 등이 함께 출토된 경우는 전북지역에서 아직까지 조사된 바 없어 전북지방 청동기 연구에 있어 중요한 자료로 평가된다. 이밖에도 전주 상림동에서 중국식 동검 26점이 일괄 출토되었으며, 전주 효자동에서 동모, 완주 해월리, 완주 명덕리에서 석검이 출토되기도 하였다.

4) 원삼국시대

철기가 새롭게 등장하면서 남부지방에서는 삼한이 성립되었다. 그 중에서도 전주지역은 마한에 속해 있으며, 고고학적으로는 원삼국시대에 해당된다. 마한은 목지국을 중심으로 54개의 소국으로 이루어졌으며, 전북지역에는 10여개의 소국이 있었던 것으로 추정되고 있다. 전주지역은 이병도에 의해 부사분야국(不斯濆耶國), 전영래는 원지국(爰池國)으로 추정하기도 한다. 전주지역에서 마한과 관련한 유적 중 주거지가 66기나 출토된 취락유적이 존재한 송천동유적과 주거지 100여기와 분묘가 출토된 익산 사덕유적이 마한 소국 중 하나의 후보지가 될 수도 있다. 마한은 4세기 중후반에 멸망하나 완주 상운리나 익산 사덕유적에서는 5세기대 이후까지도 마한의 문화가 지속되고 있다.

원삼국시대의 주거유적은 전주 송천동유적에서 66기를 비롯하여, 전주 성곡B, 전주 여의동, 전주 평화동, 전주 대정유적, 전주 장동유통단지, 전주 중인동, 전주 유상리, 완주 용암리A, 완주 반교리유적 등에서 조사되었다. 주거의 형태는 일반적으로 방형 내지 장방형이며, 4주식의 기둥에 벽구, 배수시설, 노지, 칸막이시설 등이 있는 구조이다. 특히 전주 송천동 9호주거지에서는 15개체분이 넘는 각종 토기가 군집된 상태로 출토되어 원삼국시대에 사용하는 토기의 종류 및 용도의 파악이 가능하며, 또한 4기의 주거지에서는 탄화미, 콩류의 곡물이 출토되어 당시의 식생활의 양상을 파악할 수 있다. 전주의 송천동유적에서는 주거 이외에도 저장구덩이인 수혈유구, 토기공방, 토기가마, 고상가옥, 광장 등이 있는 대규모의 취락이 발견되었으며, 주거의 형태, 규모, 배치, 유물출토의 양상에서 원삼국시대의 생활과 문화를 규명하는데 중요한 학술적 자료로 판단된다.

수혈유구는 전주의 송천동유적에서 23기, 전주 평화동유적에서 26기, 대정유적에서 43기가가 조사되었다. 이 수혈유구는 저장구덩이라는 견해와 토실로서의 견해가 있으나, 아직 자료가 많지 않아 확실한 것은 알 수 없다. 전주 송천동과 평화동유적의 경우는 저장구덩이일 가능성이 높다.

이외에도 구상유구가 전주 송천동유적에서 5기, 전주 마전유적에서 6기, 이외에도 완주 갈동유적에서 조사되었다. 마전유적의 구상유구에서는 점토대토기와 철기유물이 출토되었으며, 완주 갈동유적과도 유사한 연속성을 파악할 수 있을 것으로 보인다. 전주 송천동유적에서는 토기가마와 공방이 조사되었으며, 전주 평화동유적에서도 토기가마가 조사되었다.

조사된 원삼국시대의 묘제는 토광묘, 석곽묘, 옹관묘 등이 있다. 토광묘는 완주 상운리에서 약 90여기를 비롯하여 전주 효자동유적에서도 조사되었다. 석곽묘는 전주 마전유적에서 3기가 조사되었으며, 옹관묘는 완주 상운리유적에서 31기가 조사되었다. 특히 상운리유적에서는 8기의 분구형태로 토광묘 43기, 옹관묘 17기의 매장주체부가 조사되었다. 원삼국시대 마한의 분구묘는 충청도, 전라도에서 일반적으로 발견되고 있으며, 상운리유적의 분구묘는 최대규모에 속한다. 출토된 유물은 토기류가 99점, 환두대도 및 대도 15점, 철정 11점, 철부 23점, 옥류는 1,640여점에 달한다.

5) 삼국시대

삼국시대의 주거유적은 전주 마전에서 전주 여매에서 1기, 완주 배매산유적에서 3기가 조사되었다. 배매산유적에서는 건물지 29기가 조사되었으며, 급한 경사면에 3단 내지는 4단 연이어 자리하고 있다. 노지와 온돌시설이 있는 것이 있으며, 출토된 유물은 고배, 단경호, 삼족토기, 기대 등 비교적 많이 출토되고 있다. 이러한 건물지는 방어시설로 파악되나, 의례용으로 추정되는 유물이 집중적으로 출토되고 있어 의례적인 기능도 있었을 것으로 보고 있다.

삼국시대의 묘제는 횡혈식석실묘, 토광묘, 석곽묘, 화장묘 등이 있다. 횡혈식석실묘는 전주 마전 3기, 전주 효자 4지구 4기를 비롯하여 전주 여의동, 전주 덕진동, 전주 평화동고분, 전주 대정유적 등이 있다. 판석을 사용하여 축조한 것으로 시기와 구조에 있어서는 백제 후기의 석실분과 상통하고 있다. 이외에도 완주 둔산리, 은하리, 제내리, 구억리 등에서도 석실분이 조사되었다. 횡구식석곽묘는 전주 서곡, 전주 평화동, 전주 대정유적에서 조사되었으며, 횡혈식석실묘가 등장하기 이전 단계의 묘제로 파악되고 있다. 이외에도 토광묘는 전주 봉곡에서, 석곽묘는 마전과 원당리에서 확인되었다. 원당리에서는 수혈식의 내부에서 광구호, 철겸, 철부 등 5세기대의 유물이 출토되었다. 화장묘는 전주 중화산동의 산 정상에서 2기가 조사되었다. 사용된 골호로 보아 6세기 중반으로 보인다.

수혈유구는 전주 여매의 51기를 비롯하여 전주 성곡B 11기, 전주 평화동유적 등에서도 조사되었다. 군산 내흥동유적에서도 출토되어 비교가 가능할 것으로 보인다.

통일신라시대의 것으로는 전주 중인동에서 석곽묘 2기가 조사되었으며, 내부에서 대부완, 뚜껑, 병 등이 출토되었다. 이외에도 전주 만성동에서 병 1점과 유개합 3점이 출토된 사례가 알려져 있다.

4. 앞으로의 과제

전주, 완주지역에서는 봉동지역의 전주 3공단, 전주과학산업단지, 고속도로 건설, 전주의 택지개발, 서부신시가지 조성, 전북혁신도시 등과 맞물리어 지속적이고 대규모적인 발굴조사가 진행되었다. 그러나 이에 따른 문제점이 제기되고, 시정해야 될 부분들이 속출하고 있다. 전북지역 고고학에 있어서 다음과 같은 문제점들을 해결해 나가는 게 앞으로의 과제가 될 것이다.

1) 전주, 완주지역은 최근들어 택지조성, 도로공사, 공단부지조성 등에 의해 많은 유적이 조사되었다. 또한 갈수록 유적의 발굴이 대규모적으로 이루어지고 있어, 여기에 많은 제약이 따르게 된다. 이를테면 유구와 유물을 조사하고 정리하는데 시간적인 제약, 인적인 자원 부족, 정밀한 조사의 한계 등이 문제점으로 지적되는데 이를 극복해야 할 것이다.

2) 조사의 범위가 넓고 규모가 큰 지역에서는 유구나 유물의 시기폭이 매우 넓게 나타나고 있다. 한 유적에서 구석기시대부터 근대에 이르기까지 다양한 시기와 유물이 출토되는 경우가 많으므로 유적조사원의 전문성이 요구되는 시점에 있다.

3) 그간에는 유적조사시 구제발굴이 많고 조사비용에 제약이 있다보니 고고학 연구자만 참가하는 경우가 많았다. 그러나 앞으로는 고

고학 연구자 이외에 자연유물 연구자, 유물의 보존과학자, 지질 환경 등의 연구자 등이 참여한 공동연구가 이루어져야 한다. 자연의 이용 상황, 또한 자연을 어떻게 극복해 나갔는가를 생업과 더불어 종합적으로 파악할 수 있기 때문이다.

4) 우리나라에서는 유적현장의 공개가 일반화되어 있지 않은 양상이다. 언론이나 영상매체에 의한 공개가 이루어지기는 하지만 현장에서의 공개가 필요하다고 본다. 이는 고고학에 대한 일반인들의 관심고조와 더불어 우리 지역민들이 선조가 남긴 문화유산을 현장감 있게 살펴볼 수 있다는 점에서 매력적인 포인트가 될 수 있다.

5) 조사된 유구는 가능한 한 유적공원의 형태로 보존하고 활용하는 것이 바람직하다. 대부분 긴급조사이기 때문에 파괴를 전제로 조사를 하고 있는데, 중요한 유구가 발견되면 당연히 보존하여 후손들에게 교육의 장, 휴식의 장으로 활용할 수 있도록 행정기관에서 배려가 뒤따라야 한다. 전주 송천동유적과 마전유적, 중인동유적은 현재 전주시의 배려로 인해 유적공원이 개관되어 시민들이 유용하게 이용하고 있다.

6) 고고학과 주변 학문 연구자들과의 교류가 활성화 되었으면 한다. 고고학은 우리 선조들이 남긴 유구와 유물을 가지고, 사학은 주로 문헌을 이용하여 인류사를 복원한다. 양 학문간에는 연구방법에 차이가 있기는 하지만 인류사의 복원이라는 목적은 동일하다. 따라서 주변 학문과의 공동 학술회의나 연구는 물론, 인적자원에 있어서도 교류가 지속되어야 할 것이다.

Ⅱ. 변산반도의 선사와 고대문화

변산반도의 선사와 고대문화

1. 머리말

변산반도는 전북 해안의 동진강 하구와 곰소만을 기점으로 부안군으로 이루어져 있으며, 서쪽은 해안 · 산간지대가 있고, 동쪽에는 호남평야가 자리한다. 해안 · 산간지대는 전북 서부에서 가장 넓은 산간지대이며, 내변산과 외변산으로 불리는 곳으로 하서, 상서, 변산, 진서면의 4개면으로 이루어져 있다. 평야지대는 변산반도 동쪽에서부터 고부천과 동진강의 하류 및 하구 사이에 위치하고 있는 부안읍, 계화, 동진, 행안, 백산, 주산, 보안, 줄포면의 1읍 7면으로 이루어져 있다.

이와같이 부안이 있는 변산반도는 산과 바다, 그리고 평야의 지리적 여건이 한데 어우러진 특징을 보이고 있다. 이러한 지리적 특징과 자연환경 때문에 농 · 수산물 등 산해진미가 다양하게 생산되고 있으며, 선사시대 이래 인류의 거주가 지속되어 온 곳이기도 하다.

본고에서는 본격적으로 유적과 패총이 조성되는 신석기시대, 주거유적과 지석묘유적이 분포하는 청동기시대, 서해안 고속도로 건설공사로 인하여 새롭게 밝혀진 주구묘와 주거유적의 마한시기, 그리고 백제 흥망성쇠의 기로에 섰던 백제시대 산성의 양상에 대하여 개략적으로 논하고자 한다.(도면1)

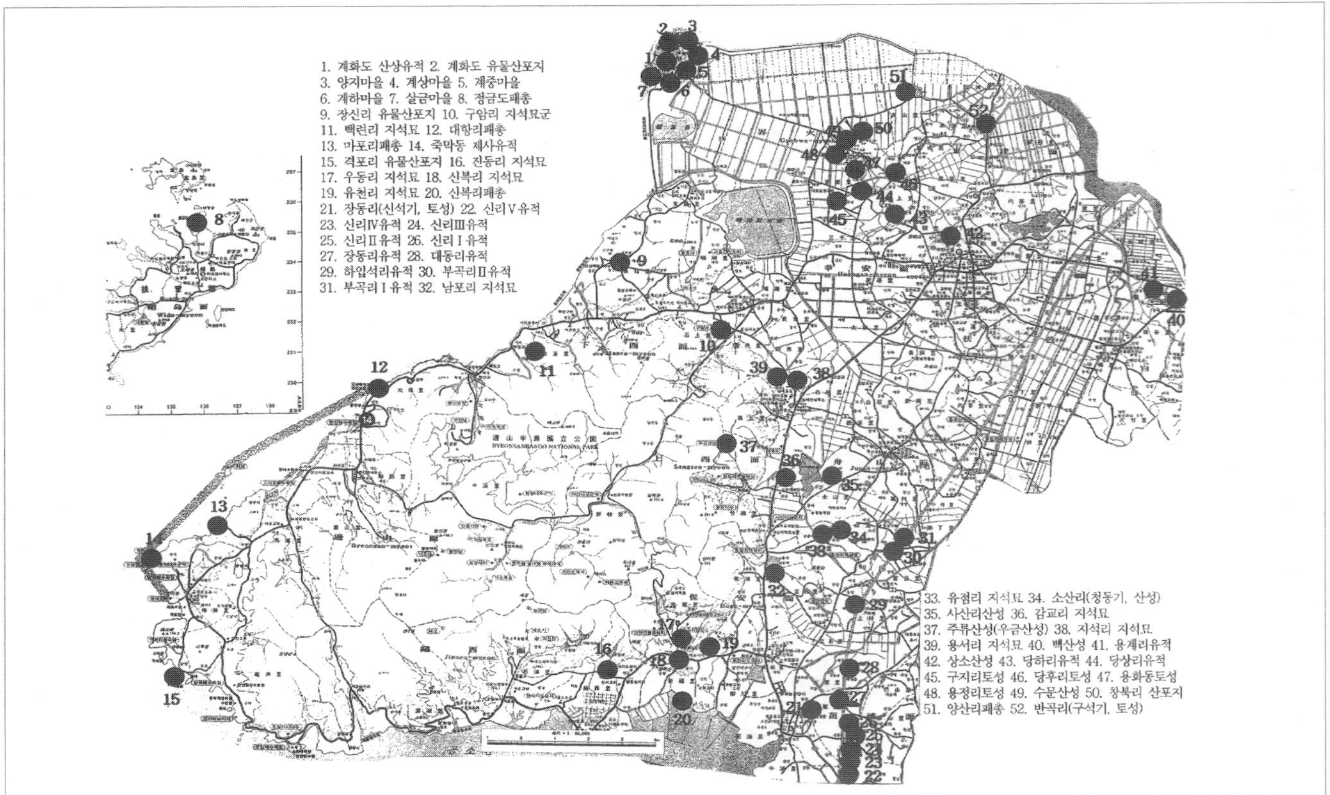

도면1.부안의 선사고대유적

2. 신석기시대의 부안

1) 신석기시대 이전

사진1. 반곡리 구석기유적

사진2. 반곡리 구석기

근래에 전북지역에도 강 유역을 중심으로 구석기유적의 존재가 보고되고 있다. 용담댐 수몰지역인 진안 진그늘과 익산 신막유적은 발굴조사가 이루어졌고, 전주의 송천동, 봉곡, 익산의 창평, 영등동, 온수리, 율촌리유적, 임실 하가유적 등에서는 지표조사를 통하여 구석기 유물이 수습되었다. 주변 만경강유역의 김제 백구면 석담리 일대와 완주 봉동·전주과학산업단지내에서도 구석기가 지표 채집된 것으로 알려지고 있다.

필자는 변산반도에 속해 있는 동진강 수계의 반곡리토성 부근에서 타격이 가해진 구석기 유물 1점을 채집하였다.(사진1, 2) 구석기유적의 공백으로 남아있던 동진강 유역에서도 인류의 역사와 문화가 전개되었음을 알 수 있으며, 관심을 가지고 조사한다면 유적은 더 추가될 것으로 판단된다.

2) 부안의 패총과 유적

(1) 계화도 산상유적

부안 계화면 계화리 산정상에 있는 신석기시대 포함층 유적으로, 1979년에 조사·보고되었다. 계화도는 원래 부안 동진반도 서북쪽에서 5.5㎞ 떨어진 곳에 있던 작은 섬으로서 조수간만의 차가 심하여 썰물 때는 육지화되어 걸어다녔다고 하는데, 현재는 간척사업으로 인하여 육지화 되었다. 유적은 이곳 계화도의 중앙 정상부인 표고 246.3m의 산봉우리에 있는 봉수대가 있는 곳이다. 유물은 봉수대가 무너진 곳의 지표 아래 약 30cm되는 곳에서 빗살문양토기편과 석기편 등 20여점이 출토되었다. 출토된 토기의 기형은 환저편, 완형, 발형편 등이 보이며, 문양은 단사선문, 조문, 횡주어골문, 압인문 등이 주류를 이룬다. 이러한 문양은 남해안의 영선동식토기와 유사하다. 석기는 석인, 마제석부, 석착, 지석, 고석, 마제옥부 등이 출토되었다.(도면2, 1~3) 특히 소형의 마제옥부는 2점이 출토되었는데, 평남의 궁산유적에서 나온 것과 유사하다. 계화도 출토의 신석기 유물들은 섬의 정상부에서 출토되었다는 점, 토기 문양에 압인문이 주류를 이루어 남해안 신석기 전기에 해당하는 영선동식과 관련된다는 점, 소형의 옥부가 출토된 것은 중요한 자료라 할 수 있다.[1)]

---

1) 전영래, 1979, 「부안 계화도 산상유적 신석기시대 유물」, 『전북유적조사보고』 10, 1979

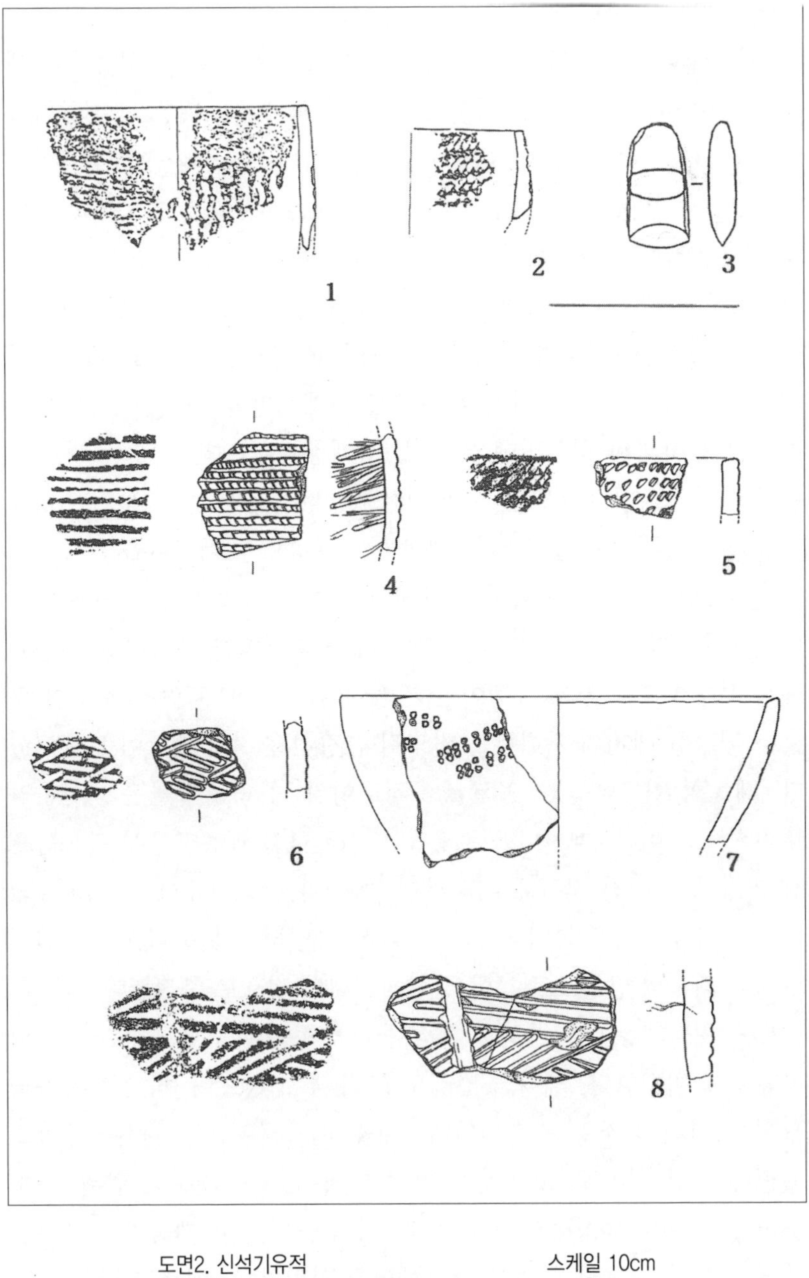

도면2. 신석기유적 스케일 10cm

1-3 계화도 산상유적, 4-8 계화도 계상, 계중, 계하마을 패총

(2) 계화도 주변의 패총

전주박물관에서 지표조사한 유적은 계하마을 패총Ⅰ, 계하마을 패총Ⅱ, 계하마을 패총Ⅲ, 계하마을 패총Ⅳ, 계하마을 패총Ⅴ, 계중마을 패총Ⅰ, 계중마을 패총Ⅱ, 계상마을 패총, 살금마을 패총Ⅰ, 살금마을 패총Ⅱ, 양지마을 패총, 계상마을 유물산포지 등의 많은 신석기시대의 패총유적이 보고되었다.

계하마을 패총Ⅰ은 계화봉 남서쪽에서 뻗어내린 능선의 말단부에 위치하며, 패총의 범위는 20×20m, 유물은 지석과 자돌점열문의 토기편이 수습되었다. 계하마을 패총Ⅱ은 계화마을 뒷편의 계화봉 남쪽에서 뻗어내린 경사면에 위치하며, 패총범위는 남북35×동서26m, 유물은 침선문계, 단사선문계의 빗살문양토기편과 석착, 홍도편 청동기유물의 일부가 수습되었다. 계하마을 패총Ⅲ은 계하마을 패총Ⅱ에서 동쪽으로 약50m 떨어진 지점에 위치하며, 침선문계, 이중구연의 빗살문양토기편이 수습되었다. 계하마을 패총Ⅳ는 계하마을 패총Ⅱ에서 북동쪽으로 약70m 떨어진 지점에 위치하며, 교란된 부분이 많으나 평탄한 대지의 단애부는 비교적 안정된 층위의 패각이 노출되었다. 패총범위는 남북59×동서46m 정도이며, 수습된 유물은 빗살문양토기편 소량이다. 계하마을 패총Ⅴ는 계하마을 패총Ⅳ에서 북동쪽으로 약30m 떨어진 지점에 위치하며, 계곡의 단애면에서 110cm 내외의 패각층 2개소가 확인되었다. 유물은 확인하지 못하였으나 주변의 입지나 패각의 양상으로 보아 신석기시대의 것으로 추정된다.

계중마을 패총Ⅰ은 계화봉 정상에서 남동쪽에서 뻗어내린 구릉의 말단부에 위치한다. 패각의 밀집도 그리 높지 않으며, 침선문과 자돌문의 토기편이 소량 수습되었다. 계중마을 패총Ⅱ는 계화초등학교 뒷편에 해당하며, 학교 조성시 많이 파괴되었다. 패총의 범위는50×35m 정도이며, 능형집선문의 토기편이 수습되었다. 계상마을 패총은 마을의 북서쪽 야산의 능선 남서사면에 위치한다. 패총의 범위는 남북51×동서50m 정도 남아 있으며, 패총의 남쪽은 민가에 의해서 파괴되었다. 유물은 침선문, 압날문계의 토기편이 수습되었다.

살금마을 패총 I 은 계화도에서 하서면 의복리로 이어지는 삼거리에서 북쪽으로 이어지는 해안을 따라 1km 정도 들어간 해안가에 위치한다. 주변에 패각이 여기 저기 많이 확인되고 있으며, 시기는 신석기~청동기시대에 걸친 것으로 추정된다. 살금마을 패총II는 마을의 남동쪽 야산 구릉 말단부의 대지상에 위치하며, 계화봉에서 뻗어 내려오는 구릉의 만입부가 형성된 곳이다. 지표상에 패각이 노출되어 있고, 빗살문양토기 소량이 수습되었다. 양지마을 패총은 동진면 창북리와 이어지는 계화도 입구의 삼거리에서 북쪽으로 1km 정도 떨어진 곳으로 계화항이 있는 곳이다. 이 마을의 북서쪽 야산 능선 사면에 위치한 패총의 규모는 33×22m 정도이며, 침선문, 압날문계의 토기편이 수습되었다. 이 외에도 계상마을의 북쪽, 즉 계화도의 동쪽 끝에 있는 평탄대지에서도 빗살문양토기가 채집되었다.[2)](도면2, 4~8)

(3) 대항리패총

부안 변산면 대항리 조개미 마을의 해안가에 위치한다. 이곳은 완만한 구릉사면으로 바로 해변과 이어지는 곳이다. 패총은 밭으로 경작된 연안은 조수에 씻겨 침식이 진행되어 단애면이 노출되면서 발견되었다. 패총의 범위는 남북14m, 동서10m 정도이며, 53~63cm에 이르는 패각층에서는 석기 5점과 토기편 2점이 출토되었다. 출토된 석기는 석부에 가까운 것이며, 토기는 빗살문양토기로 보고되고 있으나, 근래에는 무문토기일 가능성도 제기되고 있다. 그러나 토기의 태토는 빗살문양토기와 같은 것으로 보고되어 있어서 단언할 수는 없다. 신석기시대에서 무문토기에 이르는 시기로 보는 것이 무난할 것

2) 국립전주박물관, 『부안 해안일대 유적지표조사보고』, 1999

같다. 이 패총은 밭 경작이 진행되어 많이 파괴되었으며, 유적의 침식을 방지하기 위해 방파제를 설치하여 패각층의 단면은 보이지 않는다. 이곳에서 북측으로 30여m 정도 떨어진 수련관이 있는 지역에서도 넓은 지역에 패각이 산포되어 있음을 확인하였다.[3)]

(4) 정금도 B패총

정금도는 위도의 북쪽에 위치하며, 섬 주변은 갯벌해안으로 이루어졌다. 간조시에는 위도 벌금리에서 도보로 이동이 가능하다. 정금도의 남사면에서 패총이 확인된 지점은 밭으로 개간된 곳(정금도 B패총)과 민가 부근(정금도 A패총)으로 2개소이다. 이중 정금도 B패총에서 30㎝ 내외의 얇은 혼토패각층이 확인되었으며, 패총의 규모는 동서 약 50m, 남북 약 40m이다. 토기편은 저부편과 문양이 시문되지 않은 동체부편이 수습되었다.[4)]

(5) 장동리유적

사진3. 장동리유적

부안 줄포면 장동리 토성이 있는 지역이다. 토성의 정상 중앙부위에 근래에 조성된 무덤이 있고, 신석기시대의 빗살문양토기는 무덤의 주변에서 채집되었다.

채집된 3점의 토기 문양은 사침선문이며, 시기는 후기 정도로 판단

3) 최몽룡, 「대항리패총」, 『고고미술』 115, 1972
4) 이영덕, 「부안 위도의 신석기패총」, 『한국신석기연구』 2, 2001

된다. 당시에는 토성이 있는 부근까지 바다였으므로, 이곳이 해안가였던 것으로 추정되고 있다.(사진3, 4)

사진4. 장동리 신석기 토기

3) 부안과 주변지역 패총유적의 양상

부안의 계화도 일대에는 기존에 보고된 산상유적을 비롯하여, 전주박물관의 지표조사에 의해 조사된 13개소의 패총과 유적이 보고되었다. 해안 일대에는 일찍이 대항리패총에서 빗살문양토기가 출토된 것으로 보고되어 있으며, 또한 부안 위도에 부속한 정금도 B패총에서도 신석기시대의 토기가 수습된 바 있다.

계화도와 그 주변 지역의 신석기시대에 해당하는 토기는 대부분 빗살문양토기이다. 토기의 문양은 압인문, 압날문, 자돌문, 태선침선문 계통에 의해 횡주어골문, 자돌점열문, 단사선문, 능형집선문 등이 시문되며, 계하마을 패총Ⅲ에서와 같이 이중구연토기도 있다. 이중에 압인문, 압날문, 자돌문의 기법이 보이는 것은 신석기시대의 전기에 해당하는 것으로, 계화도 산상유적의 토기와 함께 남해안 신석기시대 편년의 영선동식기에 해당한다고 볼 수 있다. 여기에 태선침선문 계통의 토기는 중기의 토기로 볼 수 있으며, 이중구연토기는 만기에 해당한다. 따라서 계화도 지역 토기는 신석기 전기~만기까지의 시기를 보인다. 계화도 일대는 예로부터 간석지가 발달한 곳으로 어패류를 획득하기 쉬운 입지조건을 갖추고 있다. 이러한 식량자원의 획득은 이미 신석기시대 이른 단계에 부안에서도 시작되고 있었음을 알 수 있다.

부안의 주변지역, 특히 새만금 방조제에 의하여 연결되는 군산과 고군산군도에서도 신석기시대의 패총이 많이 조사되었다. 군산의 노래섬, 가도, 띠섬 , 비응도, 오식도를 비롯하여, 고군산군도에서는 선유도와 신시도패총이 알려져 있다.[5] 본장에서는 이러한 패총에서 출토된 토기와 석기의 특징을 살펴봄으로서, 부안 지역의 패총양상을 가늠할 수 있을 것으로 판단되어 그 개요와 특징을 논하기로 하겠다.[6]

주변지역의 토기를 보면, 먼저 군산 노래섬패총의 경우는 크게 2기로 분류할 수 있다. 제1기의 노래섬 가지구 Ⅲ층에서의 방사성탄소연대는 4,221~3,798BC(5,180±70BP)를 나타내고 있다. 출토된 토기는 기형에 있어서 대부분 첨저 혹은 환저 심발형이며, 문양은 구연부 단사집선문, 압인횡주어골문, 압인횡주어골문+자돌점열문, 자돌문+단침선문, 구획문양대+삼각집선문, 패각조흔문 등이 시문되어 있다. 문양에 있어서 남해안 전기의 영선동식기에 해당하는 것들이 많다. 이러한 문양은 부안 계화도, 신안 흑산도, 하태도 등에서 확인되고 있으며, 남해안의 욕지도, 연대도, 범방패총 등지에서 보이고 있다. 또한 중서부와 관련된 점열호선문이나 타래문양의 토기가 출토되고 있으며, 남해안과 관련된 삼각집선문은 중서부 한강유역의 암사동과 미사리에서도 출토되고 있다.

제2기는 토기의 기형이 심발형이며, 문양은 단사집선문, 점열문, 횡주어골문이 주류를 이루어 중서부 토기의 문양이 많이 점하고 있다. 시기는 서해안 편년의 후기에 해당하는 것으로 보인다. 그 외에 격자문, 능형압날문, 능형집선문, 횡단선문, 종주어골문 등이 부가되는 양상을 보인다. 부가되는 이러한 토기는 주변의 남해안이나 영남내륙의 봉계리식기에 해당하는 시기로 보이며, 능형압날문은 이른바 금강유역의 대전 둔산, 청원 쌍청리, 영동 금정리, 진안 운암마을, 갈머리유적 등에서 보이는 금강식토기로 불리는 것들이다. 이 시기에는 부

---

5) 김원룡, 『한국사』 1, 국사편찬위원회, 1977

6) 이상균, 「호남 해안지역의 유적과 문화」, 『한국의 신석기문화』, 연세대학교 박물관, 2004

안지역을 포함하여 서해안을 통한 지속적인 교류와 더불어 금강을 통한 내륙에 까지 교류가 활발하게 진행된 양상을 보인다.

군산 가도패총에서도 인접한 노래섬에서와 같이 남부지역과 관련되는 전기의 영선동식토기와 후기의 조우문, 지자문, 만기의 이중구연토기, 단사침선문토기 등이 있으며, 수량은 적은 편이다. 중서부지역과 관련된 토기는 단사선문계 토기와 서해안식 횡주어골문토기가 있다. 가도의 중심시기는 이 단사선문계토기가 사용되던 시기라고 볼 수 있다. 가도패총은 신석기 전기의 압인문, 자돌점열문, 패각조흔문, 중기의 단사선문, 후기의 서해안식 어골문, 만기의 이중구연토기, 단사침선문토기의 시기로 구분할 수 있다.

바로 인접한 띠섬패총에서는 구순각목문, 횡주어골문, 능형집선문, 삼각집선문, 격자문, 이중구연토기 등의 토기가 다양하게 출토되었다. 구순각목문토기를 제외한 다른 문양은 노래섬 마지구패총에서도 출토되고 있으며, 이 패총의 중심시기는 후기~만기에 해당한다.

주변지역의 석기를 보면, 먼저 군산 노래섬과 가도패총의 석기는 석촉, 굴지구, 석부, 석인, 갈돌, 갈판, 어망추, 지석, 고석, 대석, 원반석기, 박편석기 등 다양하게 출토되고 있다. 석기의 조성면에서 보면 식료의 획득과 처리를 위한 석기가 중심을 이루고 있다.

노래섬 라지구 A패총의 석촉은 전면이 마연되어 있으며, 섬지역이라는 특성상 작살과 같은 자돌구로 사용되었을 가능성도 있어 보인다. 석인은 길고 예리한 날을 가진 산성맥암의 재질이며, 다량으로 발견되었다. 출토된 석인은 마모된 상태의 것이 많으며, 날의 각도나 형태로 보아 어류나 동물을 해체하는 도구로 사용되었을 것으로 판단된다. 갈돌과 갈판류는 좁고 긴 형태로 양단이 돌출된 것이며, 서해안과 남부지역의 예를 보면 신석기 후기에 많이 보인다. 가도의 갈돌과 갈판은 양단에 돌출한 흔적이 없기 때문에 후기보다는 빠른 양상이며, 갈돌이 봉상인 형태는 시기가 빠른 전기단계에 해당하기 때문에 가도의 갈돌과 갈판은 그 보다는 이후의 시기에 해당한다고 볼 수 있다.

가도의 경우, 석부류는 따비형석기, 괭이형석기, 합인석부, 원통형석부, 단인의 자귀류, 대패날 및 석착류로 세분된다. 석기들 중 주목되는 것은 많은 양의 따비형 석기와 석인, 어망추이다. 이들은 최하층부터 출토되고 있는데, 어망추는 어류의 포획과 관련된 것이다. 따비형석기는 굴지구 또는 굴 채취용 등 다용도로 사용되었을 것이다. 석부는 섬의 특성상 농경보다는 갯벌 속에 있는 조개류를 손쉽게 캐내는 도구로 이용되었을 가능성도 있다. 시기는 전기 단계부터 출토되고 있다.

이 외에도 노래섬과 가도에서는 마제석부나 소형 마제석부류도 출토되고 있으며, 부안 계화도에서도 확인된 바 있다. 특히 계화도 산상유적에서 출토된 소형 옥부는 합인석부를 줄여 놓은 듯한 모양이며, 이러한 옥부는 계화도 이외에 평남 궁산유적에서 출토된 바 있다.

그 외의 어로구와 장신구를 보면, 군산 노래섬과 가도패총의 어로구는 결합낚시바늘 축부와 바늘, 낫모양 골각기, 자돌구, 첨두기, 작살 등이 있으며 수량은 많지 않다. 가도의 결합낚시바늘 축부는 골제이며, 머리부분은 낚시줄을 매기 위한 홈이 만들어져 있다. 형태는 전반적으로 곡선을 이루며, 노래섬에서 출토된 것과 동일한 것이다. 시기는 영선동식 단계인 전기로 추정된다. 낫모양의 골각기는 멧돼지의 송곳니를 쪼개어 만든 것이며, 현재로는 궁산유적에서 여러 점이 확인되었을 뿐 다른 지역에서는 가도패총이 처음이다. 노래섬의 가지구에서는 어망추가 무려 300여점이 출토되었는데, 유적에 고정적으로 그물을 설치할 수 있는 입지가 형성되었기 때문으로 생각된다. 노래섬 라지구A패총에서는 동남해안에 서식하는 투박조개로 제작한 조개팔찌가 출토되고 있어, 남해안과의 교류가 활발하게 이루어졌음을 알 수 있다.

이와같이 부안과 그 주변지역에서는 신석기시대 전 시기에 걸쳐 패총이 확인되고 있으며, 유물의 성격도 서해안과 남해안에까지 연결되고 있다. 부안에서는 아직까지 본격적인 패총 발굴조사가 이루어지지 않아 단언할 수 없지만, 주변 지역의 패총에서와 같이 다양한 유물이 출토될 것으로 예상되고 있다.

3. 청동기시대의 부안

1) 패총과 유적

(1) 마포리패총

사진5. 마포리패총

부안 변산면 마포리의 유동마을에 있으며, 이 일대는 해발 15m 내외로 남쪽의 수라봉에 내려오는 구릉과 유동마을 야산에서 내려오는 구릉이 합쳐지는 곳이다. 이 마을에서는 4개소의 패총이 확인되었다. 그 중에 Ⅰ, Ⅲ, Ⅳ패총의 3개 지점에서 청동기시대의 무문토기가 수습되었다.

마포리 패총Ⅰ은 유동마을에서 해안으로 난 소로를 따라 1km정도 가면 해안으로 돌출된 구릉 사면에 위치한다. 패총은 북서에서 남동으로 완만하게 경사진 밭에 있으며, 상태는 비교적 잘 보존되어 있다. 마포리 패총Ⅲ은 유동마을 북동쪽으로 뻗어 있는 구릉에 위치한다. 해안순환도로에 의해 일부 파괴되었으며, 패각의 단면은 2m 이상으로 추정된다. 마포리 패총Ⅳ는 패총Ⅲ에서 30m 정도 떨어진 곳으로 서로 마주보고 있다. 이곳도 해안순환도로에 의해 파괴되었으며, 패각의 단면 최대깊이는 4m 내외로 추정된다.[7](사진5)

(2) 신복리패총

부안 보안면 신복리의 남쪽 단부에 위치한다. 이곳은 섬이었으나 간척사업에 의해 육지와 연결되었다. 패총은 해발 13m의 낮은 구릉 남서쪽에 있다. 밭 경작과 섬의 일주도로에 의해 파괴되고 일부만이 남아 있다. 패각은 남북으로 폐기되었으며, 분포범위는 30×30m 정도이다. 유물은 무문토기와 더불어 마한시기의 타날문토기편도 수습되고 있다.[8]

(3) 계화면 일대 패총

부안 계화면 일대에서는 신석기시대의 패총과 더불어 무문토기가 채집된 청동기시대의 패총도 확인되고 있다. 무문토기는 계화면 계중마을 패총, 계화면 살금마을 패총, 계화면 양지마을, 계화면 계상마을, 계화면 창북리 원창마을에서 수습되었으며, 계화면 창북리 염창산 등산로 부근에서 마제석검편이 채집되었다. 계화면과 근접해 있는 하서면 장신리 농소마을에서는 석부가 채집되기도 하였다.[9]

---

7) 국립전주박물관, 『부안 해안일대 유적지표조사보고』, 1999
8) 국립전주박물관, 『부안 해안일대 유적지표조사보고』, 1999
9) 국립전주박물관, 『부안 해안일대 유적지표조사보고』, 1999

(4) 당상리유적

당상리 I 유적은 부안읍에서 서북쪽으로 약 4km지점의 동진면 당상리 구지마을에 있다. 이곳에 섬처럼 보이는 해발 20m 정도의 고지가 있으며, 구지리토성이 자리하고 있는 지역이다. 토성내에서는 무문토기와 삼국시대의 토기편이 발견되는데, 무문토기편은 토성의 남문자리 부근에 여기 저기 흩어져 있었다. 무문토기는 굵은 모래를 섞은 황갈색 태토 표면에 적색 점토를 바른 것이며, 표면에 약간의 타날 흔적이 있다. 석기류는 돌보습과 석부, 석인석기, 지석 등이 수습되었다.

삼국시대에 토성이 조성되기 이전에 이미 청동기시대의 유적이 존재했던 것으로 보인다. 당상리II유적은 당상리 당하마을 입구의 낮은 야산 동쪽사면에서 무문토기편이 수습되었으며, 이전에 세형동검과 옹관묘가 발견되기도 하였다.[10)]

(5) 소산리유적

부안 주산면 소산리의 백제시대의 테머리식 토성지가 있는 곳이다. 백제 이전부터 산상에 유적의 흔적이 있으며, 유물은 청동기시대의 무문토기, 홍도편과 삼각형석도, 석검편, 석촉, 석부, 고석 등과 원삼국에서 백제에 이르는 각종토기편, 기와편들이 다량으로 수습되었다. 이중 무문토기편은 전영래에 의해 한국 최초로 볍씨자국이 발견된 것으로 유명하다. 볍씨자국은 길이 6.5mm, 너비 3.8mm로서 장폭비 1:71로, 이것은 일본 최고의 벼농사 유적인 板村遺蹟의 볍씨의 유형과 비슷하며, 연대도 기원전 2~3세기경으로 보여진다. 무문토기유적이 있던 곳에 삼국시대에 성을 설치하면서 지표가 교란된 것으로 보인다.[11)]

---

10) 전라북도, 『전북문화재대관』, 1998
윤덕향, 「옹관묘 數例」, 『윤무병박사 화갑기념논총』, 1984
11) 전영래, 「부안지방 고대위곽유적과 그 유물」, 『전북유물조사보고』 4, 1975

(6) 하입석리유적

부안 보안면에 있으며, 유적이 위치하는 곳은 동서로 길게 뻗은 구릉의 남사면에 해당한다. 조사된 유구는 주구묘 14기, 옹관 10기, 주거지 3기, 토광묘 6기, 구상유구 등이다. 또한 주거지는 청동기시대의 송국리형 주거지로 확인되었다. 1호주거지의 평면형태는 원형이며, 중앙에 타원형 구덩이가 설치되어 있고, 그 양단에 2개의 주공이 있다. 주거지의 벽쪽으로는 벽구시설이 있으며, 벽구와 연결된 구덩이가 설치되어 있다. 출입시설은 동쪽에 있으며, 출토된 여러 시기의 유물이 혼재된 것으로 보아 상당히 교란된 것으로 보인다.[12]

(7) 신리유적

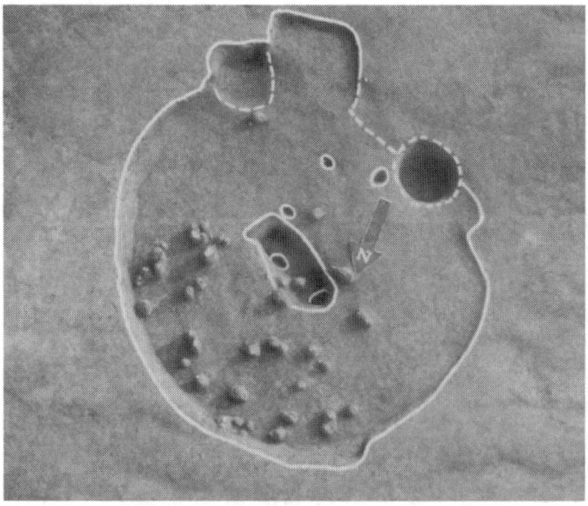

사진6. 신리유적 청동기 주거지

부안 줄포면 신리 일대의 구릉지역에 걸쳐 있으며, 토광묘, 옹관묘, 주구묘 등의 무덤군과 주거지군 등 5개소에서 유적이 조사되었다. 신리 I 유적은 화전마을에 위치하며, 이곳에서 토광묘 5기, 석관묘 1기, 주구묘 2기, 청동기시대의 원형주거지 1기가 조사되었다. 이 중에 주거지는 청동기시대의 송국리형 주거지이며, 내부에서는 소형 석제품과 연질토기편이 출토되었다.[13](사진6)

---

12) 전북대학교 박물관, 『서해안고속도로 건설구간내 문화유적 발굴조사보고서-하입석리』, 2003
13) 전북대학교 박물관, 『서해안고속도로 건설구간내 문화유적 발굴조사보고서-신리』, 2003

2) 지석묘[14)]

(1) 구암리 지석묘

사진7. 구암리 지석묘

부안 하서면 석상리 구암부락의 평지에 자리하고 있다. 이 지석묘군은 사적 제103호로 지정되었으며, 이전에는 민가가 있었으나 지금은 공원으로 잘 정비되어져 있다. 이곳에는 13기의 지석묘가 있으며, 자연석의 상석을 옮겨와 지석 위에 얹은 남방식이다. 지명에서도 알 수 있듯이 상석이 거북이 형태를 닮아 龜岩里란 명칭이 생겨난 듯하다. 상석의 크기는 소형에서 대형에 이르기까지 다양하며, 상석을 받치는 지석은 지석묘마다 길이와 지석의 수에 있어서도 차이가 있다. 일반적으로 지석은 4개가 사용되나 이 원칙을 벗어나 5개, 7개, 8개의 지석을 사용한 경우가 있다. 이 중에 가장 큰 지석묘는 상석이 남북 길이 6.35m, 너비 4.5m, 두께 0.7m이며, 이 거대한 상석을 받치는 지석은 원형으로 배열되며, 그 수는 8개나 된다. 적은 것에 속하는 것은 길이 1.8m, 두께 0.5m 정도의 상석을 4개의 지석으로 고인 것이 있다. 상석과 지석 사이에는 흙이 굳어 있는 양상이 보이고 있어, 지석묘의 제작과정 과정을 파악할 수 있는 것이 있다. 이 지석묘군은 고창의 지석묘에서와 같이 배열이 규칙적이지 않으며, 자연석을 옮겨 온 것이 많아 채굴의 흔적을 확인하기 어렵다.(사진7)

---

14) 전라북도, 『전북문화재대관』, 1998
부안문화원, 『부안의 문화유산-부안의 문화재총람』, 1998

(2) 감교리 지석묘

사진8. 감교리 지석묘

부안 상서면 감교리의 감교천 다리와 개암사 입구의 중간의 동쪽 도로가에 있다. 도로공사로 인하여 많이 훼손되었으며, 현재 남아있는 것은 10여기 정도가 군집되어 있다. 지석묘는 상석만 존재하며, 지석이 확인되지 않는다. 상석의 형태는 원형, 타원형, 장타원형, 방형, 장방형 등 다양하며, 원래부터 개석식 지석묘일 가능성도 있어 보인다. 대부분의 지석묘는 원석에 떼어낸 타격점의 흔적이 확인되고 있다. 상석의 규모는 그리 크지 않으며, 그 중에 큰 것은 길이 4.3m, 너비 3.4m, 두께 0.5m, 작은 것은 길이 2.1m, 너비 1.3m, 두께 0.5m 정도이다.(사진8)

(3) 진동리 지석묘

부안 행안면 진동리 지석부락의 마을 북쪽 구릉 서사면에 위치한다. 상석은 길이 4.8m, 너비3.4m, 두께 최대 1m이다. 지석은 2개만이 남아 있으나 본래는 4개 이상이었을 것으로 보인다. 상석에는「平澤林氏世阡」이란 글씨가 새겨져 있다.

(4) 신복리 지석묘

부안 보안면 신복리의 영전과 곰소간의 우동리 입구 도로 남쪽에 2기의 지석묘가 있으며, 서쪽의 송림 사이에도 파괴된 상석이 흩어져 있다. 서쪽의 1호지석묘는 장축 동서방향이며, 길이 5.5m, 너비

2.9m, 두께 1.7m 정도의 괴석형 상석을 가지고 있으며, 비교적 높은 기둥모양의 4개의 지석이 있다. 동쪽의 2호지석묘는 장축 남북방향이며, 상석은 길이 4.0m, 너비 2.2m, 두께 1.1m 정도이다. 원래는 4지석인데 2개만이 남아 있다.

(5) 백련리 지석묘

부안 하서면 백련리 백련초등학교 남쪽편의 야산 중턱에 107m 지점에 위치한다. 이곳은 30번 국도가 만들어지기 전에는 부안에서 격포로 가는 길목의 교통로였다. 지석묘는 중턱의 남북으로 편평한 대지 위에 3기가 있다. 동쪽에 위치한 가장 큰 1호지석묘는 상석이 남북 길이 3.7m, 너비 3.4m, 두께 0.75m 정도이다. 지석은 6개가 등간격으로 배치되어 있다. 중간에 있는 2호지석묘는 장방형이며, 동서 길이 2.9m, 너비 1.5m, 두께 0.4m 정도이다. 지석은 땅속에 묻혀 있고, 1개만이 노출되어 있다. 서쪽의 3호지석묘는 경사면에 비스듬히 놓여 있으며, 이동되어진 듯하다. 잔존 형태는 평면 장타원형으로 남북 길이 1.6m, 너비 1m, 두께 0.5m 정도로 규모가 가장 작다.

(6) 지석리 지석묘

부안 상서면 지석리에 소재하며, 구암리로 가는 도로변 동측의 낮은 구릉위에 있다. 상석은 장타원형이며 길이 4.1m, 너비 2.1m, 두께 1.1m의 크기이다. 밭 경작으로 인하여 매몰되었으나 본래는 지석이 있는 남방식이었던 것으로 전해진다. 지금은 주변이 주거지역으로 바뀌어 변형되면서 지석묘 주변을 콘크리트로 에워싸고 있다.

(7) 남포리 지석묘

부안 보안면 남포리 남포저수지 남쪽 논 가운데 위치하고 있다. 10여기의 지석묘는 무덤을 둘러싸고 있는 양상을 보이며, 지면에 매장되어 하부구조를 알 수 없는 것이 많다. 서쪽의 지석묘부터 보면, 1호지석묘는 타원형의 상석이며, 규모는 길이 3.2m, 너비 2.2m, 두께 0.5m 정도이다. 2호~4호지석묘는 연접해 있으며, 상석은 타원형이다. 규모는 2호부터 각각 길이 3.0m, 너비 2.2m, 두께 0.25m, 길이 3.2m, 너비 2.4m, 두께 0.25m, 길이 2.2m, 너비 2.4m 정도이다. 5호~8호지석묘는 상석의 일부가 지하에 매장되어 있어 정확한 규모를 파악하기는 어렵다. 상석은 6호가 원형, 7호가 장타원형, 8호가 타원형이다. 파악된 규모는 5호부터 각각 길이 2.1m, 잔존너비 0.7m, 두께 0.35m, 길이 3.4m, 너비 2.9m, 두께 0.25m, 길이 3.3m, 너비 1.7m, 두께 0.4m, 길이 2.7m, 너비 2.1m, 두께 0.25m 정도이다. 9호지석묘는 타원형이며, 지석이 남아 있다. 규모는 길이 4.2m, 너비 3.4m, 두께 1.0m 정도의 비교적 큰 편이다. 10호지석묘는 9호지석묘 옆의 가장 동쪽에 위치하며, 지하에 묻혀있는 상태이다. 장타원형의 상석을 가지며, 규모는 길이 2.1m, 너비 1.2m, 두께 0.4m 정도이다.

(8) 용서리 지석묘

부안 상서면 용서리의 용서제 밑의 대지상에 3기의 지석묘가 있다. 본래는 지석묘가 더 있었다고 하나 흔적을 찾아볼 수 없다. 남아 있는 지석묘 중에 북쪽의 것은 남북 장축의 타원형이며, 길이 3.6m, 너비 2.7m, 두께 0.9m의 크기이다. 지석은 북쪽에 1개만이 남아 있다. 중간에 위치한 지석묘는 길이 3.4m, 너비 2.8m, 두께 1.5m 정도이며, 지석은 흙속에 묻혀 확인되지 않는다. 남쪽의 지석묘는 길이 3.6m, 너비 2.8m, 두께 1.4m 정도이며, 지석은 3개가 있다. 마을에는 2~3기의 지석묘가 더 있다. 이 외에도 용서리마을의 경노당 옆에 2기의 지석묘가 있으며, 마을 옆의 대지상에 4기의 지석묘가 더 있다. 또한 상호가 고인돌 석재인 석제상 부근에도 3~4기의 지석묘가 더 있는 것으로 파악되었다.

(9) 유천리 지석묘

부안 보안면 유천리 실음마을에 위치한다. 영전삼거리에서 곰소쪽으로 난 30번국도를 따라 가다보면 유천초등학교의 북서쪽 200여m 지점에 있다. 이곳은 해발 390m의 상여봉이 해안쪽으로 뻗어 내려오는 구릉의 말단 부분이며 유천리 청자요지가 분포하고 있는 곳이다. 지금은 2기의 지석묘가 현존하고 있으며, 밭으로 경작되고 있다. 남쪽의 1호지석묘는 평면 오각형의 편평석으로 남서쪽에서 북동쪽으로 밀려나 있다. 크기는 길이 4.6m, 너비 2.8m, 두께 0.5m 정도이며, 지석은 3개가 남아 있다. 북쪽의 2호지석묘는 민가 축사 옆 단애면에 걸쳐진 상태로 위치하고 있다. 평면형태가 타원형이며 장축은 동서 방향이다. 하부구조는 매몰되어 알 수 없으나, 상석 남쪽부분 단애면에 아무런 유구의 흔적이 발견되지 않는 점으로 보아 원래 위치에서 이동된 것으로 보인다.

(10) 우동리 지석묘

부안 보안면 우동리 우신마을 입구 논에 3기의 지석묘가 있다. 이 중 가장 큰 남쪽의 지석묘는 상석의 두께가 0.5m, 길이 3m, 최대너비 4m의 장방형이며, 편평하게 이루어져 있다. 지석은 4개가 확인되고 있다. 서쪽의 지석묘는 흙 속에 묻혀 있어 정확한 형태를 파악하기 힘들다. 상석은 남측의 길이가 3.2m, 두께는 1.3m 정도이다. 또 하나는 동북쪽에 위치하나 흙 속에 묻혀 있는 상태이다.

(11) 유점리 지석묘

부안 보안면 유점리 베메산 남단에 있으며, 괴석형의 상석에 지석이 있는 형식이다. 지석은 비교적 큰 할석을 받치고 있으며, 주변지역은 밭으로 경작되고 있다. 주변의 소산리산성에서 청동기시대의 석도, 무문토기 등이 출토되고 있어 이와 관련이 있는 지석묘로 보인다.

3) 부안의 유적과 묘제의 양상

(1) 패총과 유적의 특징

부안지역에서 청동기시대의 패총이 발굴조사된 예는 없으나 변산면 마포리, 보안면 신복리, 계화면 일대에서 지표조사를 통하여 몇 패총의 존재가 알려져 있다. 마포리에서는 3개지점에서 무문토기가 수습되었고, 해안도로로 인하여 일부 파괴되기는 하였으나 보존상태는 양호한 것으로 확인되었다. 마포리패총의 경우는 패각의 단면 최대깊이가 4m 정도로 추정되어 발굴조사가 이루어진다면 청동기시대 패총의 많은 정보를 얻을 수 있을 것으로 보인다. 계화면의 계중마을 패총, 살금마을 패총, 양지마을, 계상마을, 창북리 원창마을에서 수습되었으며, 창북리 염창산 등산로 부근에서 마제석검편이 채집되었다. 그러나 정식발굴조사가 이루어지지 않아 정확한 양상을 파악하기는 어렵다.

부안지역에는 백제의 토성이 도처에 있으나, 이 토성 내에서 청동기시대 유물이 발견되었다. 구지리토성 내에 있는 당상리유적에서는 약간의 타날흔적이 있는 무문토기와 돌보습, 석부, 석인석기, 지석 등이 수습되었다. 당상리 당하마을 야산 동사면에서도 무문토기편이 수습되었으며, 이전에 세형동검과 옹관묘가 발견되기도 하였다. 소산리산성이 있는 소산리유적에서는 무문토기, 홍도편과 삼각형석도, 석검편, 석촉, 석부, 고석 등이 수습되었다. 이들 유적은 삼국시대의 토성이 조성되기 이전에 이미 청동기시대부터 유적이 존재했던 것으로 보이나, 조사가 이루어지지 않아 정확한 성격은 파악할 수 없다.

청동기시대의 주거지가 출토된 곳은 하입석리유적과 신리 I 유적이 있다. 하입석리 1호주거지는 원형이며, 중앙에 타원형 구덩이가 설치되어 있고, 그 양단에 2개의 주공이 있는 송국리형 주거지이다. 주거지의 벽쪽으로는 벽구시설이 있으며, 벽구와 연결된 구덩이가 설치되어 있다. 출입시설은 동쪽에 있다. 신리 I 유적에서도 청동기시대의 원형주거지 1기가 조사되었으며, 유물은 소형 석제품과 연질토기편 정도이다.

(2) 부안 지석묘의 특징

청동기시대에는 석관묘, 지석묘, 옹관묘 등 묘제가 다양화되며, 여기에 상·장례의식도 복잡하게 혼용되어 나타난다. 이 시기에는 시신을 그대로 묻는 것이 아니라 석관묘나 지석묘와 같이 공간을 확보하거나, 옹관과 같이 관을 사용하였다는 점에서 단순히 시신을 처리하는 의식을 넘어 저승에서의 활동공간을 부여했다는데 큰 의의가 있다. 이러한 묘제는 금속기의 도입과 도작농업의 시작으로 인하여 정치적, 군사적 지위나 상속, 사유재산에 대한 관념 등이 상당히 발달된 시기에 나타날 수 있는 무덤인 것이다.

지석묘는 전 세계적으로 한반도가 가장 많으며, 그 중에서도 호남지역이 압도적으로 많다. 지석묘가 우리나라와 가장 관련 있는 지역은 중국 동북부의 요녕지방이다. 이 시기의 묘제는 석관묘인데, 지석묘의 원류를 여기에 두는 경향이 높다. 요녕지방을 포함해서 한강 이북에는 탁자와 같은 북방식이 분포하고 남부지방에서는 바둑판과 같은 남방식이 주류를 이룬다. 또한 개석식으로 불리는 것은 상석 밑에 지석이 없는 경우이며 상석과 묘실이 지면에 직접 마주 접하는 형태이다. 남방식과 개석식 지석묘는 호남지역에서 주류를 이루며, 부안지역의 지석묘도 이 유형에 해당한다.

부안지역의 지석묘는 대부분 도굴의 흔적이 있거나 파괴된 경우가 많아 정식으로 조사된 것이 없어 전체적인 양상을 파악하기 어려우나, 대체로 인접한 고창의 지석묘와 성격을 같이하는 것으로 파악된다. 따라서 지석묘에 관한 전반적인 견해, 특히 부안과 인접해 있는 고창의 지석묘를 이해하면 부안지역 지석묘의 성격을 알 수 있을 것으로 판단된다. 발굴조사를 통하지 않고는 형식구분이 거의 불가능하나 외견상으로만 본다면 부안지역에서는 남방식이 29기, 개석식이 51기 정도로 파악되고 있다.[15)]

상석의 평면형태는 장방형, 방형, 제형, 원형, 타원형, 장타원형, 삼각형, 부정형 등이 있으나 방형이 가장 많은 양상이며, 특히 부안지역에서는 거북모양과 같은 타원형도 제법 확인되고 있다. 상석의 무게에 있어서는 부안의 경우 평균 10톤이 넘는 것으로 나타나고 있다. 부안지역에서 보이는 지석묘의 지석은 하부가 대부분 매몰되어 있기 때문에 정확한 양상을 알 수 없으나 4지석이 기본을 이룬다. 그러나 3개의 지석을 고이거나 많게는 7개의 지석을 고인 경우도 있으며, 또한 기둥과 같은 긴 지석이 사용되기도 한다. 지석묘의 묘역은 발굴조사가 이루어진 고창의 경우는 확실한 경계석이 없으면서 조잡한 형태를 보이고 있으며, 축조형태는 부석형을 보이고 있다. 또한 매장주체부는 지상석곽식과 같은 탁자식을 기본으로 하는 남방식을 기본으로 하고 있어, 부안지역도 이와 유사할 것으로 판단된다. 부안지역에서도 지석묘에 대한 발굴조사가 이루어지면 그 정확한 양상의 파악이 가능할 것이다.

부안을 포함한 호남지역 지석묘의 입지는 대개 평지 보다 약간 높은 산기슭에 자리하는 경우가 많고, 전방에 하천이 있는 지역이 많이 선정된다. 이러한 입지에 선정되는 것은 선조들이 후손을 보호해 준다는 관념에서일 것이며, 묘지 선정에 있어 조상숭배 의식이나 규율이 존재하였던 것으로 보인다. 지석묘의 축조시에는 축조의례, 매장의례, 장례의례 등의 의식이 행해진 것으로 연구되고 있어, 죽음에 대한 의식과 절차가 그 사회의 정해진 규범 안에서 정연하게 이루어진 것

15) 김선기, 「전북지방 지석묘의 현황과 고창 지석묘의 특징」, 『지석묘 조사의 새로운 성과』, 한국상고사학회, 2003

으로 보인다. 장법에서도 신전장, 굴장, 이차장, 화장 등 다양하며, 이 중에 신전장과 굴장이 주류를 이룬다. 굴장은 석관묘에서 많이 사용되고 있으며, 이 굴장이 도입된 이유는 모태 안에서의 자세와 같아 사후에 본래의 세계로 되돌아감을 의미한다고 볼 수 있다. 시신을 일정 기간 육탈시켜 뼈만 추려 석실에 안치하는 이차장은 좁은 석실, 소형 석실이 도입된 무덤에 사용할 수 있으며, 고대의 문헌에서도 이러한 사실이 자주 등장하고 있다. 이 시기에도 화장이 있었으며, 시신을 불에 태워 석실 안에 매장하는 방법이 확인되고 있다. 석관묘와 마찬가지로 부장유물은 청동기와 더불어 각종 옥류가 출토되고 있어 피장자들은 지석묘 사회에서 상당히 높은 신분의 소유자였을 것으로 판단된다. 그리고 일반적으로 이 시대 피장자의 머리 방향은 동측과 남측이 주류를 이루고 있으나, 지석묘의 경우는 이러한 방위 개념보다는 구릉의 능선이나 하천의 흐름의 방향과 일치하는 경우가 많다.[16)]

4. 원삼국시대의 부안

1) 패총과 유적

(1) 부곡리유적

서해안 고속도로가 통과하는 지점으로 부안 보안면 부곡리에서 2개소가 조사되었다. 부곡리 I 유적은 보안리 리도 207호선의 남측 구릉에 해당한다. 이곳에서는 평면 방형형태인 2기의 주구묘가 조사되었으며, 모서리의 한변이 트인 개방된 형태이다. 매장주체부는 이미 밭 경작으로 인하여 파괴된 상태이다. 부곡리 II 유적은 부곡리 신

16) 이상균, 「한반도 선사시대의 죽음관」, 『선사와 고대』 16, 2001

성산 부근으로 부곡산성에서 길게 뻗어 있는 낮은 구릉부에 해당한다. 이곳에서는 주거지 15기, 폐기장 1기, 토기가마 1기 등이 조사되었다. 주거지는 말각방형의 형태이며, 벽구시설과 외부로 난 배수로 시설이 확인되고 있다. 노지와 4주식의 주공도 확인되고 있으며, 출토된 유물은 대부분 이중구연토기, 장란형토기, 발형토기, 토기뚜껑, 토제방추차 등의 연질토기류이다.(도면3, 1-2) 폐기장은 타원형의 형태로 토기와 할석이 섞인 상태로 조사되었으며, 목탄과 소토덩어리도 확인되었다. 폐기장에서는 발형토기, 격자문이 시문된 토기편, 내박자 등의 유물이 출토되었다. 토기가마는 아궁이부, 연소부, 소성부, 연통부가 확인된 반지하식의 등요이다. 가마에서 출토된 유물은 거치문이 타날된 연질토기편과 격자문이 타날된 회청색 경질토기편이다. 부곡리유적은 주거지의 구조와 출토된 토기에서 본다면 2~4세기에 해당하는 유적으로 추정된다.[17)]

(2) 하입석리유적

부안 보안면에 있으며, 유적이 위치하는 곳은 동서로 길게 뻗은 구릉의 남사면에 해당한다. 조사된 유구는 주구묘 14기, 옹관 12기, 청동기시대 주거지 2기, 고려시대 주거지 1기, 토광묘 6기, 구상유구 등이다. 먼저 주구묘는 남동쪽으로 열린 제형이 일반적이며, 모서리 부분이 트여 있다. 주구는 구릉 능선과 직교하여 길게 형성되는 특징을 보이고 있다. 이 중에 3호와 6호주구묘에서는 내부에 토광의 매장시설이 있다. 6호주구묘에서는 주구의 한변 안에 감실과 유사한 시설이 확인되기도 하며, 7호주구묘에서는 주구의 한 변 내에 일정한 간격으로 구멍이 있는 경우도 있다. 주구묘에서의 유물은 각종 토기편, 파수부편, 발형토기, 옹관편, 철기류 등이 출토되었다.(도면4) 또한 주구

17) 전북대학교 박물관, 『서해안고속도로 건설구간내 문화유적 발굴조사보고서-부곡리』, 2003

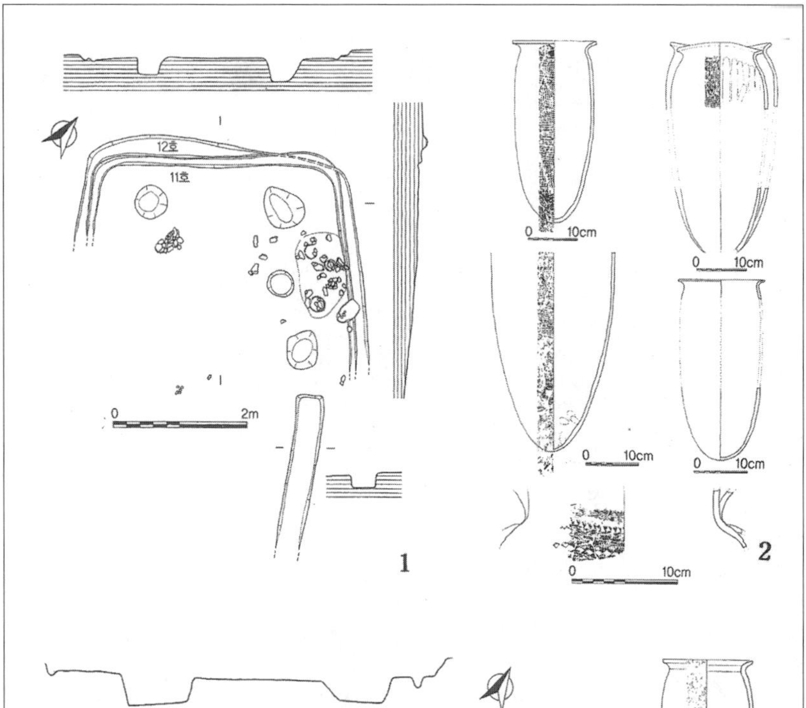

도면3. 마한 주거유적

1. 부곡리 Ⅱ 유적 11 · 12호 주거지 2. 12호 주거지 출토유물

3. 장동리 5호 주거지 4. 장동리 11호 주거지 출토유물

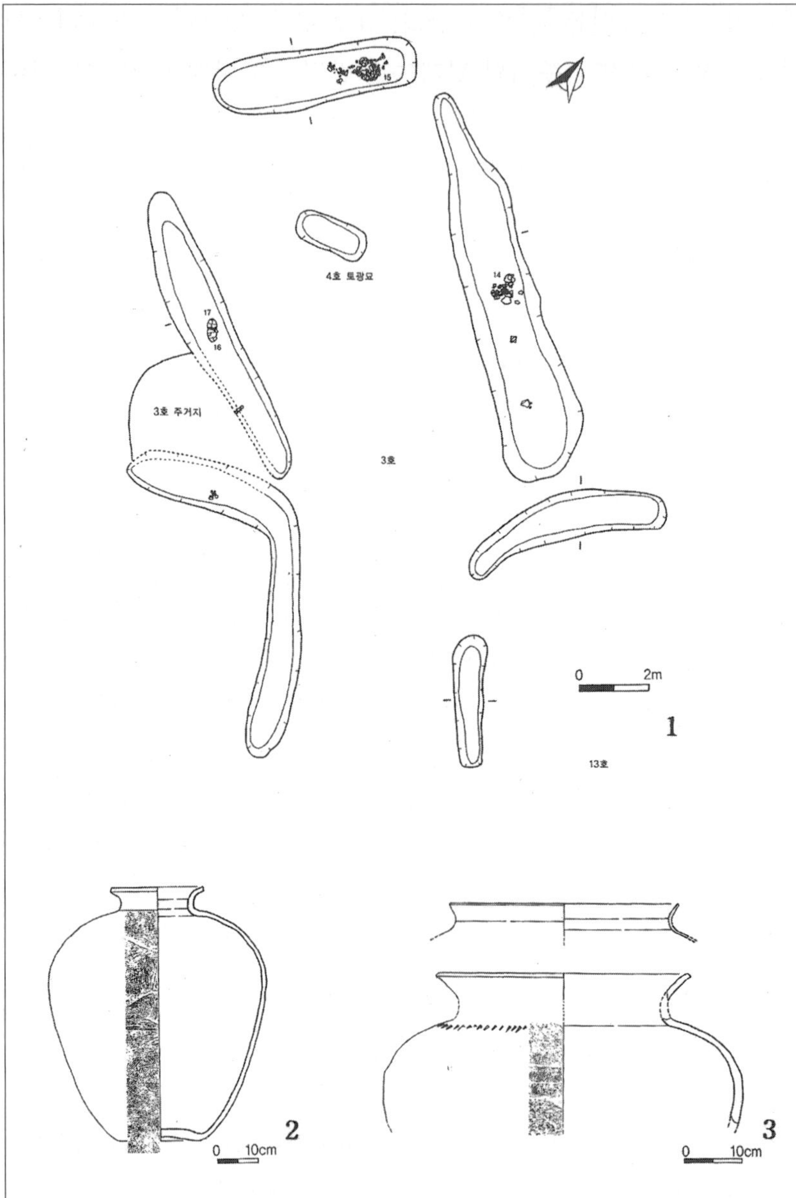

도면4. 마한 주구묘유적

1. 하입석리 3 · 13호주구묘, 2, 3. 하입석리 3호 주구묘 출토유물

의 주변에서는 내형옹관과 합구식옹관, 난옹 등이 소사되었으며, 배장묘적인 성격을 띠는 것도 있다. 옹관 내부에서는 부장용 토기와 소형철기 등이 출토되었다. 토광묘에서는 연질토기편, 철기, 개배, 단경호가 출토되었다. 유적의 중심연대는 옹관묘가 3세기 전반, 토광묘는 3세기 중반으로 추정된다.[18)]

(3) 장동리유적

부안 줄포면 장동리에 있으며, 해발 25m의 낮은 구릉의 남사면에 위치하고 있다. 조사된 유구는 마한시기에 해당하는 주거지 33기, 수혈유구 3기, 고려시대 석곽분 1기이다. 주거지는 경사가 급한 동서구릉의 남사면에 위치하며, 풍화된 화강암인 생토를 L자형으로 다듬어 바닥면을 조성하였다. 주거의 평면형태는 방형을 이루고 있으며, 주거지 내부에 벽구시설이 있는 경우도 있다. 기둥배치는 4주식이 기본을 이룬다. 노지시설은 주거의 북쪽과 동쪽에 위치하며, 장란형토기 2개를 아래쪽에, 심발형토기 2개를 위에 두어 사다리꼴 형태를 보인다. 그 외 벽구 시설이 확인되며, 호남지역 마한 주거지의 특징과 유사하다.(도면3, 3-4) 출토된 유물은 대부분 노지와 주공 부분에서 심발형토기와 장란형토기, 발형토기, 뚜껑, 시루, 옹형토기 등 연질계통의 토기이다.[19)]

(4) 대동리유적

부안 줄포면 대동리에 위치하며, 해발 25m 내외의 구릉 정상부에 많은 주구묘가 형성되어 있다.(사진9) 조사된 유구는 청동기시대 원형 수혈유구 1기, 주구묘 9기와 조선시대 와요지 1기, 구상유구 등이다. 주

---

18) 전북대학교 박물관, 『서해안고속도로 건설구간내 문화유적 발굴조사보고서-하입석리』, 2003
19) 전북대학교 박물관, 『서해안고속도로 건설구간내 문화유적 발굴조사보고서-장동리』, 2003

사진9. 대동리유적 주구묘

구묘는 정상에서 2기, 남사면에서 6기, 북사면에서 1기가 확인되었다. 말발굽 형태의 제형이 7기, ㄴ자형 주구가 2기이며, 중복 없이 인접한 상태로 조성되어 있다. 크기에 있어서는 1호와 8호주구묘가 가장 크며, 구릉의 정상부에 입지해 있다. 주구 내부의 출토유물은 단옹의 옹관편이 대부분이다. 2호주구에서는 거치문이 시문된 대형옹관 구연부와 호형토기가 출토되었고, 5호주구의 남동쪽 변에서는 단옹이 발견되었다. 8호주구의 북동쪽 변에서는 3기의 옹관이 확인되었다. 주구의 내부에서 확인되는 옹관들은 매장보다는 의례행위나 부장에 의해 매장된 것으로 보인다. 옹관의 형태로 보아 3세기대로 추정된다. 옹관 외에 타날된 원저단경호, 연질 파수편 등이 출토되었다. 주구묘 안쪽에는 매장주체부가 확인되지 않았는데, 밭 경작 등에 의해 삭평된 것으로 보인다.[20)]

(5) 신리유적

부안 줄포면 신리 일대 해발 30m 내외의 구릉지역에 걸쳐 있으며, 토광묘, 옹관묘, 주구묘 등의 무덤군과 주거지군 등 5개소에서 유적이 조사되었다.

신리 I 유적은 화전마을에 서쪽 구릉에 위치하며, 이곳에서 토광묘 3기, 석관묘 1기, 주구묘 2기, 청동기시대의 원형주거지 1기가 조사되

20) 전북대학교 박물관, 『서해안고속도로 건설구간내 문화유적 발굴조사보고서-대동리』, 2003

었다. 1호주구묘는 구릉의 등고선 방향과 평행하게 조성되어 있으며, 2호주구묘는 파괴가 심하여 원형을 알 수 없다. 1호토광묘에서는 삼족토기 1점이 출토된 것으로 보아 백제의 토광묘로 보인다. 주거지는 청동기시대의 송국리형 주거지이며, 내부에서는 소형 석제품과 연질토기편이 출토되었다.

신리Ⅱ유적은 화전마을 남쪽 구릉에 해당하며, 이곳에서 주구묘 3기가 조사되었다. 주구묘의 매장주체부는 남아 있지 않은 상태이다. 형태는 말발굽의 제형으로 모두 북서쪽이 개방되어 있으며, 모서리 부분이 트여 있다. 유물은 주구 내에서 옹관편과 토기편이 다량으로 출토되었다. 1호주구의 남동쪽에서 출토된 옹관은 고창 송룡리, 예지리, 익산 율촌리, 함평 성남유적 등과 유사하다.

신리Ⅲ유적은 Ⅱ유적과 도로를 경계로 하고 있으며, 역시 Ⅱ유적과 유사한 유형의 주구묘 2기가 조사되었다. 2호주구묘는 제형의 형태이며, 동쪽변이 열려 있다. 그러나 모서리 부분은 트여 있지 않아 부안의 다른 지역과는 다른 양상이다. 1호주구묘 안쪽에서 합구식옹관이 확인되었으며, 옹관은 고창 송룡리, 예지리, 영광 군동, 익산 율촌리, 함평 성남유적 등과 유사하다. 2호주구묘에서는 옹관편과 삼족토기, 개배 등의 토기편이 수습되었다.

사진10. 신리유적 마한 주거지

신리Ⅳ유적은 신리 덕성마을에서 동북쪽으로 300m 정도의 거리의 구릉에 위치하며, 이 곳에서는 주거지 7기, 굴립식 건물지 2기가 조사되었다. 주거지는 말각방형이며, 내부에 벽구를 돌리고 외부로 배수구가 구릉사면 쪽으로 뻗어있다. 내부의 바닥은 진흙다짐을 하여 단단하며, 주공은 기본적으로 4주의 형태이다. 화덕시설은 주거지의 윗부분에 설치하였으며, 부뚜막은 장란형토기와 심발형토기를 이용하였다. 내부에서는 발형, 심발형의 완형토기와 호형, 장란형토기, 시루, 직구호, 소호 등이 출토되고 있으며, 문양은 격자문계통이 과반수가 넘는다. 주거지는 전라도지역의 마한시기의 주거지의 일반적인 형태를 보이고 있다.(사진10) 굴립식 건물지는 4주의 방형으로 지상식 건물지가 있었던 것으로 판단된다.

신리V유적은 덕성마을에 남쪽으로 100여m 떨어진 야산 구릉에 위치하며, 조사된 유구는 옹관묘 10기, 골호 1기, 민묘 10기이다. 옹관은 3옹 합구식과 합구식, 직립식 단옹 등이 있어 상당히 다양한 형태의 옹관이 조사되었다. 옹관으로 사용된 토기는 구연호, 거치문이 있는 대형 옹, 직구원저호 등이 사용되었다. 부안지역의 마한과 영산강유역의 마한과의 비교자료로 중요한 유적으로 판단된다.[21)]

(6) 반곡리유적

부안 동진면 반곡리에 있으며, 부안에서 문포로 가는 도로변에 있다. 유적은 해발 36.9m의 산이 있는 곳이며, 서방에서 동방으로 길게 뻗은 구릉지대에 있다. 이곳은 반곡리토성이 있는 곳이며, 토성의 내부에 해당한다. 뱀머리형의 이 구릉대지는 경작이 이루어지고 있으며, 경작층에서는 마한시기의 회도, 연질 격자타날문토기, 우각형파수 등의 토기편이 수습되고 있다. 그 중에 볍씨자국이 있는 토기편도 채집되었다.[22)]

---

21) 전북대학교 박물관, 『서해안고속도로 건설구간내 문화유적 발굴조사보고서-신리』, 2003
22) 전북향토문화연구회, 『부안군지』, 부안군청, 1991

(7) 당하리유적

부안 동진면 당하리마을 남쪽의 동서로 길게 뻗은 해발 15m 내외의 낮은 구릉 위에 위치한다. 이 유적에서는 2개소에서 옹관묘가 수습되었다. 그중 1기는 구경 29.4cm, 최대복경 49.5cm, 높이 52cm이며, 구연부가 서쪽으로 향하고 있다. 옹관은 계란형의 동체를 가진 외반구연의 토기이며, 전면에 격자문이 있다. 다른 1기는 위의 옹관에서 50여m 남쪽에서 발견된 동서로 놓인 결합식 옹관이다. 옹관은 동쪽에 있는 것이 구경 22.5cm, 최대복경 41.8cm, 높이 42.5cm이고, 적갈색 연질토기로 몸통 전면에 격자문이 있다. 서쪽에 있는 것은 적갈색 연질토기로 몸통 전면에 격자문이 타날되었고, 구경27.6cm, 최대복경 37.2cm, 높이 51cm이다. 따라서 결합된 전체길이가 93.5cm 내외에 이르는 것이다. 이 유적에서는 이 옹관 외에도 삼각형 석도, 석촉 등과 무문토기, 삼국토기도 수습되었다.[23)]

(8) 사산리유적

부안 주산면 사산리에 있으며, 개암사 골짜기와 마주보는 해발 105m의 산정상을 감은 토성이 있는 곳이다. 평탄한 산정상의 지형에 따라 타원형으로 감은 성책의 주변에 많은 토기편이 흩어져 있다. 성내에서는 적갈색 무문토기편, 마한시기의 토기, 백제시대의 경질토기편, 신라토기편과 석부, 석도, 고석 등의 유물이 지표채집 되었다. 마한시기에 해당하는 토기는 연질 적갈색, 연질·경질의 회색토기가 출토된다. 문양은 격자문, 승석문, 견부의 거치문이 있는 것 들이며, 옹관으로 사용된 것들도 있다.[24)]

---

23) 윤덕향,「옹관묘 數例」,『윤무병박사 화갑기념논총』, 1984

24) 전북향토문화연구회,『부안군지』, 부안군청, 1991

(9) 용화동유적

부안 동진면 창북리 용화동에 있으며, 유적은 해발 24.9m의 낮은 대지를 감은 용화동토성이 있는 자리이다. 지금은 북쪽이 취락지구로 인하여 훼손된 상태이며, 남은 지역도 전면이 개간되어 교란된 상태이다. 수습된 유물은 돌보습, 석부, 지석, 무문토기편, 우각형파수, 백제계의 도질토기편 등으로 청동기시대부터 마한, 백제에 이르기까지 비교적 다양한 유물이 수습되었다. 특히 이곳에서 출토된 옹형토기는 견부 부분에 거치문이 있는 것으로 호남지역에서 옹관으로 사용되는 것과 유사하다.[25)]

(10) 창북리유적

부안 서북방 6km 지점의 계화면 창북리에 있으며, 해발 30여m 정도의 낮은 산언덕에 있는 수문산성이 있는 지점이다. 이곳은 계화도를 바라보고 있으며, 동진반도의 서북단에 위치한다. 유적은 수문산성이 있는 곳과 산성의 동남쪽에 있는 금산리의 경작지에 있는 패총이다. 산성과 패총에서는 무문토기편, 마한시기의 토기편, 그리고 신라, 고려시대의 토기편이 수습되고 있다. 마한에 해당하는 토기는 연질의 적갈색, 연질 · 경질의 회색토기 등 다양하게 발견되고 있다.[26)]

(11) 유물산포지

마한시기에 해당하는 유물산포지는 계화면 일대에 분포하고 있다. 창북리 원창마을과 원창북마을의 패총에서는 비교적 다양하고 많은 타날문토기편이 수습되었으며, 그 중에는 우각형 파수편과 지석도 포함되어 있다. 마포리 유동마을에서는 청동기에서 마한시기의 토기편

---

25) 전북향토문화연구회, 『부안군지』, 부안군청, 1991

26) 전북향토문화연구회, 『부안군지』, 부안군청, 1991

이 수습되었으며, 그중 마한의 토기는 단경호와 타날문토기 등이다. 이 외에도 계화면 양산리 새포마을의 패총 일대와 계화리 계상마을, 창북리 화동마을, 동진면 당상리, 하서면 장신리, 변산면 격포리 개섬, 보안면 신복리패총 등에서 타날문토기가 수습된 바 있다.[27)]

3) 부안지역 마한 유적의 양상

(1) 마한시기의 주거지

전북지역에는 44개 지점에서 550여기의 주거지가 발견되었고, 이 중에는 부안지역과 같이 서해안 고속도로 건설구간 내에서 조사된 것들이 많다. 부안에서는 부곡리II에서 15기, 장동리에서 33기, 신리IV에서 7기가 조사되었으며, 부안 인근의 주거유적만 보더라도 고창 우평리, 고창 신덕리, 고창 교운리, 고창, 봉덕유적, 고창 신송리, 고창 낙양리, 고창 성남리유적 등을 들 수 있다.

마한시기의 주거지는 입지에 있어서 대부분 구릉의 정상부나 남사면에 위치하고 있다. 시기에 있어서는 구릉정상보다도 하부로 갈수록 시기가 떨어진다. 부안의 장동리 주거지는 구릉의 하부에 위치하고 있고, 유물의 관계에서 보더라도 마한에서도 시기가 떨어지고 있다. 부안에서도 많은 양의 주거지가 발견된 장동리는 취락을 형성한 마을이었던 것으로 보인다. 취락은 주거군이 동심원상으로 형성되어 있는 구조이다.

부안지역을 포함한 마한시기 주거지의 양상을 살펴보면, 형태에 있어서는 남원 세전리유적 등에서 원형이 있기는 하나 서해안지역은 대부분 방형의 형태를 이루고 있다. 주거의 내부시설 특징은 기둥이 4개인 4주식과 기둥이 없는 것이 있으며, 전라도지역의 마한시기 주거지

27) 국립전주박물관, 『부안 해안일대 유적지표조사보고』, 1999

는 기본적으로 4주식을 이루고 있다. 가야나 백제의 주거지에서는 4주식이 보이지 않기 때문에 4주식은 마한주거지의 특징이라 할 수 있다. 장동리유적의 경우는 사각으로 생토면을 굴토한 후에 기둥을 세우고 생토를 넣어 보강하였다. 또한 마한주거지는 대부분 내부의 벽 주위로 도랑이 있는 배수시설의 역할을 하는 벽구시설을 갖추고 있다. 이 벽구시설이 주거지의 외부로 나와 배수로를 설치한 경우도 있다. 그러나 장동리에서는 예외적으로 주거지의 외곽에 배수를 위한 환구 시설을 한 경우도 있다. 노지시설이 주거지에 부속되는 게 일반적이며, 2가지의 유형이 있다. 하나는 점토로 노지의 벽을 축조하고 배연시설을 한 것과 또 하나는 배연시설을 설치하지 않고 주거지의 외부로 배출하는 것이다. 노지에는 일반적으로 토기와 천석 등을 이용하여 받침이나 지주로 활용하고 있다. 노지시설에는 장란형토기와 심발형토기를 뒤집어서 사다리꼴로 배치하기도 하는데, 이러한 노지는 장동리와 신리IV에서 확인되고 있다.

주거지에서 주로 출토되는 토기는 장란형토기, 발형토기, 호형토기, 완형토기가 있다. 호형토기에는 이중구연호와 양이부호, 유공광구호 등이 있다. 부안지역의 마한시기의 토기에 시문되는 문양의 대표적인 것은 역시 격자문이며, 문양 중에 60% 정도를 점하고 있다.[28)]

부안 지역의 주거유적은 대체로 3세기대의 연대를 보이고 있다. 이 시기가 되면 전북지역의 주거유적 수는 급증하고 또한 부안 장동리, 고창 교운리, 전주 송천동, 익산 사덕, 군산 관원리유적에서와 같이 대규모의 취락유적이 등장한다. 이러한 현상은 전북 이외의 마한지역에서도 마찬가지이며, 주거유적만이 아니라 주구묘를 위시한 대규모의 무덤유적도 이 시기에 나타난다. 이 시기는 마한지역에서 유적의 규모와 구조에서 획기적으로 변화하는 양상을 보이는데, 이러한 변화

28) 김승옥, 「호남지역 마한주거지의 편년」, 『호남고고학보』 11, 2000

는 인구의 급격한 증가와 사회구조의 변화, 혹은 기후변화와 생업경제의 변화 등에서 찾아볼 수 있을 것이다. 그 중에서도 사회구조의 변화는 충분히 예견할 수 있다. 3세기대는 마한의 54개 소국이 경쟁하던 시기이며, 3세기 중반경에는 한성을 중심으로 백제가 국가체재를 구축하게 된다. 따라서 마한의 주요 소국은 충청과 호남지역에 위치하게 되며, 백제국의 전신이 되는 세력과 경쟁 속에서 마한의 주민들이 남하하여 대규모 취락이 생겨난 것으로 추정된다. 대규모 취락은 차령산맥 이남에서 급증하게 되는데, 유물의 성격에서도 차이가 보이고 있다. 마한의 특징적인 토기인 이중구연토기, 양이부호, 유공광구소호, 거치문토기는 차령산맥 이남에서 대부분 발견되고 있다. 3세기 중엽부터 차령산맥을 경계로 마한 사회의 변동이 있었음은 분명해 보인다.

(2) 마한시기의 주구묘

최근들어 부안지역의 서해안 고속도로 건설구간 내에서 주구묘유적이 발견되었으며, 근접한 고창지역에서도 많은 수의 주구묘와 여러 유형의 분구묘가 조사되었다. 주구묘는 매장주체부를 주구로 돌려서 보호하는 특이한 형태로 최근에 충청과 호남지역에서도 많이 조사되고 있다. 이 주구묘는 보령 관창리, 서천 당정리, 익산 영등동, 익산, 간촌리, 군산 산월리, 부안 부곡리, 부안 신리, 부안 대동리, 부안 하입석리, 고창 만동, 고창 봉덕리, 고창 송룡리, 고창 예지리, 고창 성남리, 고창 광대리, 영광 군동, 영광 원당, 영광 하화, 영광 화평리, 함평 순촌, 함평 월야리, 무안 인평리, 나주 용호고분군 등 주로 서해안을 따라 발견되며 군집을 이룬다.

주구묘의 입지는 일반적으로 낮은 구릉대지 위에 위치하며, 정상부나 북사면에도 있지만 남사면에 위치하는 경우가 많다. 주구묘는 대부분 낮은 구릉에 입지하기 때문에 밭경작 등으로 인하여 분구나 매장주체부가 유실된 경우가 많다. 또한 유물이 많지 않으며, 발견된 유물도 파손된 것이 대부분이다. 부안지역의 주구묘도 이러한 입지에 준하며 주구묘는 중복됨이 없이 독립된 묘역으로 조성되고 있다.

전체적으로 주구묘의 공간적 배치를 보면, 초기에는 각 주구묘간에 주구를 공유하거나 방향에 있어 나란히 연접하는 경우는 드물다. 그러나 점차 연접되거나 중복되어 분구묘로 이행되며, 매장주체부도 토광묘에서 옹관으로 변화되는 것으로 연구되고 있다. 이 주구묘는 분포와 평면형태에 있어서 지역에 따라 차이가 있다. 평면형태는 금강 이북, 금강하류의 익산지역, 부안지역을 포함한 만경강 이남지역에서 각각 지역적인 차이를 보이고 있다. 금강 이북에 해당하는 관창리나 당정리에서는 방형계가 대부분을 차지하고 있으며, 유형구성에서도 비슷한 양상을 보인다. 그러나 금강 이남의 익산 영등동에서는 장방형과 원형계의 한변이 개방된 주구묘만이 발견되고 있어 좀더 단순화되는 경향을 보인다. 부안지역의 대동리, 신리Ⅱ, 하입석리의 경우는 평면이 방형계로서 제형에 가깝우며, 모서리가 한변 내지 2변이 트인 형태이다. 그러나 부안 신리Ⅲ, 고창지역의 예지리나 성남리, 광대리에서는 원형계의 장타원형 평면에 거의 한변이 개방된 주구묘가 주를 이루고 있다. 이러한 주구묘의 평면형태의 차이는 마한 소국간의 정치 문화적 차이를 반영하는 것일 수도 있어 추후 자료의 증가에 따른 검토가 요망된다.[29)]

매장주체부의 구조는 고창 성남리의 예에서 보면 대부분 2중 토광의 형태이나, 부안 지역의 경우는 대부분 매장주체부가 남아 있지 않다. 주구묘의 장법은 매장주체부의 규모나 성격을 통해서 추정할 수 있으며, 혈연을 기반으로 친족 중심적 피장자를 중앙에 안치하고 성인이 되기 전에 사망한 친족들이 옹관의 형태로 주구에 부장된 이른

29) 최완규, 「호남지역의 마한분묘 유형과 전개」, 『호남고고학보』 11, 2000

바 추가장으로 판단된다. 이는 주구묘가 주체부에 매장과 동시에 주구에도 매장하는 다장의 풍습이 있었음을 추정해 볼 수 있다. 일종의 추가장의 형태로 매장했으며, 혈연간의 가족장적인 성격을 띠고 있음을 알 수 있다. 이러한 주구묘는 서해안 고속도로구간내의 고창 성남리, 예지리, 송룡리, 영광 군동 등지에서도 조사되고 있다. 이 유적에서 주구묘 주구내의 옹관과는 별개로 합구식옹관묘가 단독으로 공반하는 것으로 보아, 주구내의 옹관은 시기적인 차이에서 변화되는 매장방법으로 파악해 볼 수 있다. 부안 하입석리, 대동리, 신리Ⅲ유적에서도 옹관이 주구묘의 배장적인 성격을 가지면서 주구 내에 안치한 것이 있는데, 모두 상기의 견해에서 이해할 수 있다.

부장유물은 매장주체부의 토광묘에서 이중구연호와 단경호, 철도자, 옥류 등이 출토되고 있다. 부안지역에서 조사된 주구묘는 마한의 중심을 이루는 3세기 전후에 조영된 것으로 보이며, 인접한 고창 성남리, 고창 예지리, 고창 광대리, 익산 영등동, 보령 관창리, 서천 당정리유적의 주구묘와 비슷한 시기이다.

5. 고대의 부안

1) 죽막동 제사유적

죽막동 제사유적은 변산반도의 서단에 자리하고 있다.(사진11) 이 유적은 바다와 관련된 제사유적이며, 주변에는 조류가 심하고 물의 흐름이 복잡하다. 또한 유적은 해안가의 높은 절벽에 위치하고 있고, 바로 옆에 당굴과 적벽강이란 명승지가 있다. 이곳은 1992년 국립전주박물관에 의해 조사되었고, 서해안 일대에서 본격적으로 발굴 조사된 최초의 제사유적이다. 이 제사유적에서는 백제시대 이후부터 통

사진11. 죽막동 제사유적

일신라시대, 고려시대, 조선시대까지 제사행위가 이루어졌던 곳이며, 삼국시대 이후의 제사양상을 단계적으로 살펴볼 수 있는 중요한 유적으로 주목되고 있다. 그 중에서도 백제시대의 것이 중심을 이루고 있으며, 그 외의 시기는 출토된 약간의 유물에 의해 제사 양상을 추측할 수 있다. 부안이 백제에 편입된 후에 부안은 대외교류의 통로로 활용된 것으로 보인다. 이곳에서 백제의 유물뿐만 아니라 가야, 중국, 왜계, 중국계유물이 출토되어 이 지역이 제사장소는 물론 국제무역항으로의 역할을 하였던 것으로 보인다.

본 유적의 제사 장소는 수성당 뒤의 평탄면인 20×15m 범위에 해당한다. 유물은 암갈색부식토층에 섞인 채 20~30㎝의 두께로 쌓여 있었으며, 포함층의 상면은 이미 교란되었다. 출토유물은 90% 이상이 토기이고, 그 외에 금속유물과 모조품, 옥 제품, 중국 육조청자 등이 있다.

토기는 크게 수성당 뒤편의 중심부 토기군과 가2구 토기군으로 나누어 볼 수 있다. 이 2개소의 토기군은 퇴적과정, 기종의 구성, 기종내의 세부 특징에서 차이를 보이고 있다. 먼저 중심부 토기군은 각종 호, 기대, 옹 등이 중심을 이루고 있으며, 고배, 개배, 손잡이잔 등 기종이 다양하게 나타나고 있다. 가2구 토기군의 기종은 호, 기대가 중심이며 그 외에 고배, 개배, 병 등이 있다. 출토된 토기는 4세기 중반에서 7세기 전반까지 백제의 전시기의 양상을 보여주고 있다. 그 중에서도 5~6세기대의 유물이 대부분을 차지하고 있다.(도면5)

금속유물은 철모, 철검, 철촉 등의 무기류와 말안장테, 말띠드리개, 철환, 동환, 철령, 동령 등의 마구류, 동경 등이 중심부 토기군의 대형 항아리 내부에 넣어져 있었다. 많은 양의 금속유물으로 출토된 말안장, 말띠드리개, 철모의 양상에 본다면, 5세기 후반에서 6세기 전반의 것으로 보인다. 모조품은 해양신에게 바치는 공헌용으로 실물을 축소하여 모조한 것이다. 석제모조품은 유공원판, 매미형태의 모조품, 거울, 방울, 도끼, 낫, 손칼, 곡옥, 판갑옷 등 종류가 다양하다. 제작 연대는 한반도 중부 이남의 각종 유적에서 출토된 유물에서 본다면, 5세기대로 편년되며, 일부는 6세기 중엽 이후에도 제작되었을 것으로 추정된다. 토제모조품은 말과 인형의 2종류이며, 5세기까지 상한을 올려 볼 수 있다. 기타 옥류와 육조청자는 발굴대상구역의 일부에 걸쳐서 정형성이 없이 소량 수습되었다. 이중에서 육조청자는 확실한 기형은 알 수 없지만, 형태와 유약으로 보아 육조시대(317~581)에 제작된 중국제 청자로 보인다.

이 유적이 입지한 지리적 위치, 유물의 출토상태, 출토유물의 내용, 문헌 기록 등으로 살펴 볼 때 해안가에 위치한 백제의 독립된 노천 제사유적으로 보인다. 그리고 제사의 대상은 어업신, 항해신, 선신 등의 해양신이었을 것으로 추정되는데, 그 중에서도 특히 항해신과 관련이 있을 것으로 보인다. 유적이 있는 곳은 이 일대를 항해하던 배들의 항로상 중요한 기점이고 해양환경이 거칠고 위험이 예측된 곳에서 해양신에게 항해상의 안전을 기원하였던 것으로 추정된다.

도면5. 죽막동 제사유적 출토유물

제사의 양상은 초기에는 토기만을 사용한 노천제사였다가 5세기에 접어들면서 제사에 공헌용의 석제모조품이 등장하고 5세기 중·후반에서 늦게는 6세기 전반까지 항아리 중심의 대형 토기에 공헌용의 금속유물을 넣고 제사를 지냈던 것으로 판단된다.(사진12) 그런데 공헌용기로서 호, 기대는 5세기에 본격적으로 결합하여 등장하고, 6세기 이후에는 새로이 고배, 개배, 병과 같은 각종 기종이 공헌용기에 추가되는 것을 파악할 수 있다. 제사를 지낸 주체는 토착세력으로 판단되는데, 출토유물의 내용으로 보아 토착세력이라고 해서 평범한 지위에 속하던 사람들은 아니고 스스로 해양 교섭능력을 가졌거나 당시 사회에서 상당한 사회·경제적인 지위를 가졌던 신분계층으로 보인다. 왜냐하면 당시로서는 상당한 신분이 아니면 가질 수 없는 중국 육조청자가 출토되는데, 이것은 백제의 지배세력이 제의권을 장악하면서 지방호족에게 분여하였거나 직접 교역을 통해서 갖게 된 것으로 제사주체가 적어도 해양교섭능력을 가졌거나 상당한 사회·경제적인 지위를 가졌음을 보여주기 때문이다. 그러나 본 유적에서 시기를 달리하여 출토된 유물에서 질과 내용에 차이가 있음을 고려하면 삼국시대 내에서도 제사양상의 변화와 함께 제사주체의 사회·경제적인 변화도 어느 정도 있었을 것으로 인정할 수 있고, 가2구 토기군에서 볼 수 있는 것처럼 그 성격을 구체적으로 알 수는 없지만 별도의 제사 주체가 있었을 가능성도 있다.

사진12. 죽막동유적 출토유물

통일신라시대의 유물은 병이나 완 등을 공헌용기로 사용한 토기중심의 제사가 행해졌을 것으로 추측되며, 제사가 행해진 시기는 출토유물이나 기와의 문양으로 보면, 8~9세기대의 비교적 늦은 시기로 보인다. 고려시대와 조선시대에도 제기만 바뀌었을 뿐 삼국시대 이후의 제사양상이 이어지고 있다. 지금 남아 있는 수성당에서는 항해의 안전과 풍어, 마을의 무사태평 등을 비는 제사장소로 이용되고 있음을 알 수 있다. 죽막동유적은 우리나라에서 최초로 발굴된 제사유적으로 당시의 제사의식을 규명할 수 있으며, 중국이나 일본의 오끼노시마유적과 같은 주변 국가들과의 교류를 규명하는 데에도 중요한 유적으로 평가된다.[30)]

2) 백제의 성곽

우리나라에서 성이 등장한 것은 청동기시대 환호의 목책성이 그 기원이라 할 수 있으며, 삼한에 해당하는 원삼국시대에도 성이 존재하였다. 부안지역에서는 발굴조사 예가 없지만 최근에 전국에서 환호나 성책을 설치하였던 흔적들이 많이 발견되고 있다. 삼국의 고대산성이 들어서기 이전에 환호나 성곽과 비슷한 방어시설이 이미 생겨난 것으로 보이며, 부안이 있는 마한지역의 여러 세력들도 취락주변에 성을 가지고 있어 성을 기초단위로 한 성읍국가를 이루었던 것으로 보인다. 그 예로 동진면 반곡리, 주산면 사산리, 계화면 용화동 등의 백제산성에서는 백제가 성립되기 이전에 마한시기에 해당하는 유물들이 많이 출토되고 있는 것으로 보아 이미 고대 이전의 선사시대에도 산성이 존재했음을 알 수 있다.(도면6)

이후 산성은 삼한, 삼국을 거치면서 점차로 토성, 석성 등으로 변천해 갔다. 처음에는 간단한 목책의 시설물로부터 시작하여 차츰 토성으로 발전해 갔으며, 그 다음 단계에는 많은 인력과 경비가 소요되는

30) 국립전주박물관, 『부안 죽막동 제사유적』, 1994

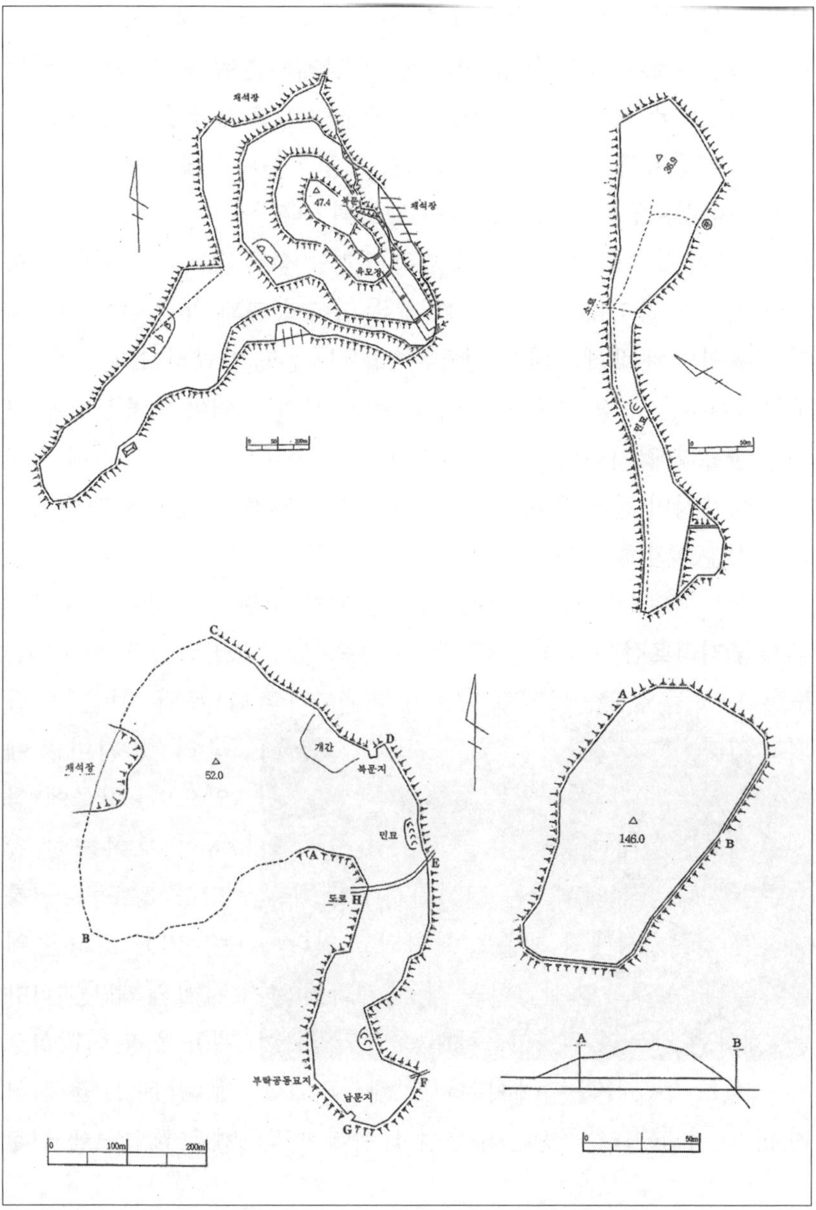

도면6. 백제산성　　　　　　　　　　　　전영래 원도(2003)

1. 백산성　2. 반곡리토성　3. 용정리토성　4. 소산리산성

석성을 쌓은 것이다. 석축에 의한 성곽은 삼국이 고대국가로 발전하기 시작한 3세기 이후에 가능했으며, 부안에서는 주류산성의 예를 들 수 있다. 삼국시대에는 산성의 축성기술도 많은 발전을 거듭하였고, 특히 백제를 통해 일본에 전해져 규수지방과 대마도에서는 조선식 산성인 대야성, 기진성, 금전성 등이 축조되었다.

이와같이 산성이 활발하게 축조된 시기는 삼국의 서로 쟁패하는 시기이며, 부안지역에도 이 시기에 많은 성이 축조되었다. 현재 부안지역에서 확인된 백제시대의 성곽은 12개소 정도가 알려져 있으며, 전북지역에서는 가장 많은 숫자이다. 이는 부안 지역이 백제시대에 전략상 중요 거점지역이었음을 의미한다. 본장에서는 부안지역에 소재하는 백제시대 산성에 대하여 개요적으로 설명하고, 부안지역 백제성의 특징을 설명하고자 한다.[31)]

(1) 구지리토성

사진13. 구지리토성

부안 동진면 당상리 구지마을에 있으며, 이곳에 섬처럼 보이는 해발 27m 정도의 구릉이 있다. 토성은 평지식의 유형이며, 주변을 테머리식으로 감은 토단 성책지이다. 이 고지의 동방은 구릉선에 이어지고 서변은 해안선에 연결

---

31) 전영래, 『백촌강에서 대야성까지』, 신아출판사, 1996
전영래, 『전북 고대산성 조사보고서』, 한서고대학연구소, 2003

된다. 지형에 따른 굴곡이 심하며, 토성둘레는 1,395m 정도이다. 서북방의 방형대지가 이 성내의 중심을 이루고 있다. 남변 중앙에 남문지와 북서변에 동문지로 추정되는 흔적이 있으며, 북서단에 북문지가 있다. 이 북문지 외부에 우물이 있다. 성 내부와 주변에서는 무문토기편, 삼국시대의 토기편이 산포되어 있으며, 석기류 다수가 발견되었다.(사진13)

(2) **당후리토성**

부안 동진면 당상리 당후마을에 위치하고 있는 해발 15m 정도의 대지를 감싸고 있는 평지식의 토단 성책지이다, 당후마을 뒷산에 2중으로 된 토단지가 있고, 서단에 서문지, 남동 모서리에 남문지가 남아 있다. 토성 둘레 350m, 동서길이 260m, 남북최대 너비 100m 정도이며, 남문내 고지에 2기의 고분이 있다. 성내에서는 백제시대의 토기편이 수습되었다.

(3) **용화동토성**

부안 동진면 용화동에 있으며, 용정리토성과 인접해 있다. 용화동토성은 해발 24.9m의 낮은 대지를 감은 토성이며, 둘레 1,623m, 남북축의 길이 370m, 동서축은 270m이다. 지금은 북쪽이 취락지구로 인하여 훼손된 상태이다. 서쪽에는 너비 6m의 바다를 향한 출입구 흔적이 남아 있는데, 이곳이 서문지에 해당한다. 동변 중앙에는 동문지로 추정되는 출입구가, 남변에는 남문지의 흔적이 남아 있다. 바다에 면한 방어형 토성이며, 나당연합군에 대비하기 위한 토성으로 보인다. 수습된 유물은 돌보습, 석부, 지석편, 무문토기편, 우각형파수, 백제계의 도질토기편 등이다. 청동기시대부터 마한, 백제에 이르기까지 비교적 다양한 유물이 수습되었다.

(4) 용정리토성

부안 계화면 용정리 염창산에 있으며, 계화도와 마주보고 있다. 이 토성은 염창산 기슭과 동남으로 흘러내린 작은 고지를 감고 있다. 토성은 동남으로 굽은 옥의 형태를 이루고 있으며, 해발 20m 전후에 선 허리를 1단 혹은 2~3단 깍아내어 회랑도를 설치한 평지식 토단 성책지이다. 토성의 정상부위는 고려시대에 쌓은 것으로 추정되는 테머리식 산성이 또 하나 있다. 이 토성의 최장 길이는 750m이 이르며, 둘레는 2,583m 정도이다. 성곽은 지형에 따라 2~3단의 회랑도를 설치한 곳이 있으며, 북변 중앙과 남변의 모서리에는 바다에서 상륙할 수 있는 통로가 있다. 이것이 북문과 남문지로 추정되며, 이 성은 백제시대의 해안 방어의 중요한 거점이었을 것으로 보인다. 성내에서는 백제시대의 토기편이 수습되고 있다.

(5) 수문산성

부안 서북방 6km 지점의 계화면 창북리에 있다. 이곳은 계화도를 바라보고 있으며, 동진반도의 서북단에 위치한다. 산성의 정상은 해발 32.3m 정도이고, 약 15m 내외의 고지 주위에 위곽유적이 있다. 산성의 평면은 남북으로 긴 타원형의 누에고치식 유형이며, 둘레 432m, 길이 약 180m로 북방은 좁고 남방은 최대너비 95m로 길다. 정상은 평탄하며 대지의 4m 아래에 너비 8m 정도의 회랑을 돌렸다. 회랑 외부의 토단에 성을 둘렀을 것으로 보이며, 회랑의 둘레는 433m이다. 이 산성 남서면의 창북리, 금산리의 경작지에서는 무문토기편, 마한시기의 토기편, 그리고 신라, 고려시대의 토기편이 수습되고 있다.

(6) 반곡리토성

부안 북방 4km 지점의 동진면 반곡리에 있으며, 부안에서 문포로 가는 도로변에 있다. 토성은 해발 약 36,9m의 뱀머리형을 이루며, 서방에서 동방으로 320m 정도 길게 뻗은 구릉지대를 이루고 있다. 길게 뻗은 대지는 서남으로 세장하고 중심부는 너비가 13m 정도로 좁고, 점차로 넓어지면서 너비 45m에 이른다. 누에고치식 유형의 이 토성의 둘레는 740m 정도이며, 높이 3.6m의 급경사진 토단이 돌려져 있고, 동방에서는 산허리에 회랑도가 돌려져 있다. 지금은 대부분 경작되었고, 중심부의 북변의 토단은 소실되었다. 경작층에서는 무문토기와 회도, 연질 격자타날문토기, 우각형파수 등의 토기편이 수습되고 있다.

(7) 상소산성

부안읍 서외리에 있으며, 부안읍성으로도 불린다. 상소산은 해발 115m이며, 이곳 산정상의 동편 부분을 남북 타원형으로 돌린 테머리식 토성지가 있다. 둘레는 332.5m이며, 정상부는 많이 변형되어 도로가 나 있다. 성의 서편에 서문지가 있고, 동편에 동문지가 있다. 성내에서는 고려말에서 조선초의 토기편과 기와편이 주류를 이루며, 삼국시대의 토기편도 확인된다. 산정상의 토성지는 삼국시대 말에 설치된 것으로 보이며, 중성과 외성은 고려시대 이후에 축성된 것으로 보인다. 중성은 돌로 축성하였으며, 지금도 서편과 동편에 석축이 남아 있다. 외성은 상소산 위의 중성 서곽을 북변으로 하는 평산성으로 개축을 거듭하여 현재 부안읍의 일부를 둘러싼 형태로 넓힌 것을 알 수 있다.

(8) 백산토성

부안 백산면 용계리에 있으며, 해발 47.4m의 낮은 백산을 두르고 있는 위곽 토축성지는 국가사적 제409호로 지정되어 있다. 섬처럼 독립된 백산토성은 정읍천 줄기인 동진강 하류의 서안에 위치하고 있으며, 이 강안은 고대로부터 해상과 왕래의 근거지가 되고 남으로는 고부에 연결되고 있다. 독립된 산정상과 남방으로 뻗은 대지를 겹으로 감고 있는 이 성은 정상부위를 평탄하게 다듬은 둘레 181.5m의 누에고치의 형태를 이룬다. 정상에서 3m의 토단을 내려 테머리식으로 감았으며, 성곽은 토단을 쌓고 너비 8~12m의 회랑도를 돌리고 있다. 이 아래쪽으로 다시 테머리식으로 두른 중성은 둘레 506m에 달한다. 산정상에서 남으로 뻗은 약 10m 높이의 세장한 구릉대지를 포괄한 외성은 둘레 1064m, 장축길이 358m, 최대너비 230m에 이른다. 외성은 거의 개간이 이루어지고 있다. 이 성내에서는 적갈색 무문토기편, 우각형 파수와 승석문, 사격자문토기, 배형토기편 등 백제의 토기가 수습되었으며, 이러한 유물은 지금도 볼 수 있다. 유물이나 성의 구조로 보아 반곡리나 용정동의 토성지와 유사하다. 백산토성은 백제 멸망 후 부여풍이 일본의 구원군을 맞이하기 위해서 주류산성에서 이 곳 백촌으로 내려왔다는 기록이 있다. 또한 백산토성은 1894년 동학농민혁명시 동학군의 기포지로도 유명하며, 이곳 정상에는 동학혁명 기념탑이 건립되어 있다.

(9) 주류산성

사진14. 주류산성

부안 상서면 감교리에 있으며, 지방기념물 20호로 지정되어 있다. 주류산성은 주류성, 위금암산성, 우진고성, 우금산성, 울금바우산성 등으로도 불린다. 산성은 울금바위를 중심으로 한 해발 331m의 높이에서 서변과 동변의 산줄기로 연결되는 포곡식 산성이다. 남변은 울금바위에서 수구를 향해 내려오는 능선을 따라 성벽이 축조되었으며, 서변은 능선의 외측사면에 석축하였으나 거의 무너진 상태이다. 동변은 축성의 흔적을 확인할 수 없다. 성곽의 북단에 북장대가 있고, 남변 수구 서편에 남장대가 있다. 성곽은 울금바위에서 남장대까지 675m, 수구까지 113m, 수구에서 동남각까지 563m, 울금바위 서변의 북서각까지 800m, 여기에서 북단까지 830m로 성곽의 둘레는 3,960m가 된다. 성벽의 높이는 3m 내외, 윗면의 너비는 2m 정도이다. 성내의 건물지에서는 *妙岩寺*란 명문이 새겨진 기와편이 출토되었다. 주류산성은 660년 백제가 나당연합군에 의해 멸망하자 백제 부흥군이 왕자 부여풍을 받들어 최후 항전을 벌였던 현장으로 전하고 있다.(사진14)

(10) **사산리산성**

부안 주산면 사산리에 있으며, 주류산성의 입구인 개암사 골짜기와 마주보는 산정상을 감은 테머리식 토성이다. 해발 105m 사산의 평탄한 산정상의 지형에 따라 타원형으로 감은 토단을 쌓고 회랑도를 설치하였다. 성의 장축은 100m, 동서너비는 55m 정도이며, 성의 외부는 3m 높이의 급경사를 이룬다. 남변과 서변은 회랑도를 파올려 토루를 형성하였으며, 성의 길이는 271.5m이다. 토루 외변에 성책을 세웠던 흔적이 있고, 중앙부위에 폭 4m 정도의 성문지가 있다. 이 토성은 서방에 있는 우금산성의 동방 전초기지 역할을 하였던 것으로 보인다. 성내에서는 적갈색 무문토기편, 백제시대의 경질토기편, 신라토기편과 석부, 석도, 고석 등의 유물이 지표채집 되었다.

(11) **소산리산성**

부안 주산면 소산리에 있으며, 주산에서 동남쪽으로 뻗어내린 146m 고지의 정상에 테머리식의 토성지이다. 사산리산성과는 2.5km의 거리에 있으며, 동으로는 고부천을 사이에 두고 고사부리의 옛터인 고부와 마주보고 있다. 동변은 급경사이며, 서쪽경사면은 폭

9m의 평탄한 대지를 이루고 있다. 위곽의 둘레는 326m이며, 남서로 가늘게 타원형을 이룬다. 동편을 제외한 삼면은 경사면을 깍아 회랑을 두르고 있으며, 동변과 남변은 석축이 노출되어 있다. 사산리산성과 유사한 입지를 가진 전형적인 백제시대의 산성이며, 백제말 豆良伊城 침공 당시 방어유적으로 매우 중요하다. 백제 이전부터 산상에 유적의 흔적이 있으며, 한국 최초로 볍씨자국이 있는 무문토기가 발견되기도 한 곳이다. 무문토기유적이 있던 곳에 삼국시대에 성을 설치하면서 지표가 교란된 것으로 보인다. 유물은 청동기시대의 무문토기편과 삼각형석도, 석촉, 석부, 고석 등과 원삼국에서 백제에 이르는 각종토기편, 기와편들이 다량으로 수습되었다.

(12) **장동리토성**

부안 줄포면 장동리에 있으며, 해발 45m의 대산 고지를 원형으로 감은 테머리식 토성이다. 토루 둘레는 310m이며, 내면에는 너비 8~9m의 회랑도를 둘렀다. 이 토성에는 두 곳의 문이 있으며, 남문지는 너비 9.2m, 북문지는 너비 8.2m이다. 정상에는 임란 당시 의병 김홍원의 신도비가 있으며, 삼국시대의 토기와 기와편이 발견된다. 성곽은 고려시대에 축성된 것으로 보이나, 출토유물로 보아 백제시대에 이미 성이 있었던 것으로 보인다.

3) 부안의 백제산성

(1) **부안 백제산성의 특징**

산성의 축조가 활발하게 이루어지는 시기는 삼국시대부터 이다. 특히 부안지역에는 신라군이나 당나라군과의 전쟁과 관련한 성들이 많이 남아 있다. 현재 부안에는 백제시대의 성곽이 12개정도 알려져 있다. 부안에 있는 백제의 산성은 산이나 구릉의 지형을 이용하여 구축하고 있으며, 군사교통의 통로, 감시초소, 해안방어용 기지, 전초기지 등의 역할을 하였던 것으로 보인다.

부안지역 백제 산성의 유형은 크게 테머리식, 평지식, 누에고치식, 포곡식으로 나누어 볼 수 있다. 테머리식 산성은 산 정상을 테머리식으로 감고 사방을 감시하는 초소의 기능을 가진다. 이러한 성은 상소산성, 사산리산성, 소산리산성, 장동리토성을 들 수 있다. 그러나 엄밀히 말하면 부안의 백제산성은 주류산성의 포곡식을 제외하면 모두 테머리식 산성의 기능을 가지고 있다. 성의 기본구조는 산 능선의 바깥사면을 깍아 통로를 내고 그 아래쪽에 석축이나 호열석을 쌓은 다음, 그 위에 흙을 쌓아 복토를 하는 것이 일반적인데, 언저리에 흙을 쌓아 올리는 것을 토루, 석축이 없이 쌓는 것은 토단이라 한다. 이른바 산의 바깥사면을 계단상으로 깍아 내어 쌓은 방식을 내탁법이라 하며, 부안의 상소산성, 사산리산성과 소산리산성에서는 판축을 하지 않고 호석을 설치하고 있다. 지금도 상소산성, 사산리산성, 소산리산성에서는 호열석으로 사용된 석축이 노출되어 있다. 백제시대 토성의 토루의 너비는 대개 6m, 높이 3m 내외이며, 토루 기저부의 호석열은 1m 전후로 쌓고 목책의 주공열이 있다. 따라서 이들 토성은 구릉 정상부위에 평탄한 대지를 만들어 테머리식으로 돌린 토단 성책지라 할 수 있다.

평지식 산성은 평지나 낮은 대지를 감은 형식이며, 구지리토성, 당후리토성, 용화동토성, 용정리토성 등 주로 동진반도 연안에 집중하고 있다. 지금은 계화도가 간척화 사업에 의해 육지화 되었지만, 당시에는 배가 성의 수문까지 접안할 수 있었다. 이들 토성은 기능상 테머리식 산성이며, 수문산성, 반곡리토성과 함께 부안의 상소산성이나 주류산성의 전후 방어기지, 감시초소 등의 역할을 한 것으로 보인다.

누에고치식 산성은 테머리식과 같은 양상이나 두 봉우리를 감고 있는 것으로, 그 평면형태가 누에고치처럼 길게 보이는 것이다. 이러한 형태의 성은 수문산성과 반곡리토성, 백산토성이 있으며, 성의 규모도 큰 편이다.

포곡식산성은 골짜기를 감싸서 성을 쌓는 것으로 성 내부가 감추어지는 형태이다. 주로 고구려 산성에 많이 이용되며, 조선시대의 산성에서는 많이 이용되고 있는 편이다. 부안에서는 주류산성이 좋은 예이다. 골짜기를 이용하여 쌓기 때문에 비교적 규모가 큰 산성 축조에 이용되고 있다.

또 하나 특이한 것은 낮은 산 봉우리를 정상을 테머리식으로 깍아내어 회랑도를 설치하고, 다시 그 아래로 2~3중으로 회랑도를 돌리는 것이다. 이 경우 겹성 중에 아래의 평지를 두른 외성이 길게 뻗어내린 올챙이 형태가 되는 성이 있다. 이는 해안의 방어나 야전 전투의 기능을 가진 구조이다. 이러한 성은 반곡리토성, 수문산성, 용정리토성 등으로 동진반도에 방사상으로 위치한 해안가의 기슭에 연접해 있으며, 여기에 목책을 돌리는 방어시설이다. 이러한 방어 토성은 지형과 기능에 적응시킨 테머리식 토성의 변형된 형태인 것이다. 이러한 유형의 방어시설은 다른 지역에서는 찾아볼 수 없으나 유일하게 유사한 것으로 전남 보성의 동로고성이 있다. 이곳은 주류성이 함락된 후 백제유민들이 배를 타고 일본으로 건너간 지역이며, 백제 유민들과 관련된 이들이 축성한 성으로 보인다.

부안의 백제산성은 유형에 따라 성의 규모도 다르다. 둘레가 500m 미만의 산성은 테머리식이나 누에고치식이 많다. 당후리토성, 수문산성, 상소산성, 사산리산성, 소산리산성, 장동리토성이 이에 해당한다. 포곡식은 주류산성으로 둘레가 무려 3,960m나 된다. 백제의 산성의 배치는 五方城을 중심으로 이루어진다. 방성을 중심으로 10여개 미만의 군, 현이 있고, 그 둘레에 작은 성들이 있다. 이것은 군, 현 소재지가 아닌 외곽에 감시나 방어초소가 있었음을 말해준다. 부안에서 가까운 정읍 고부지역에는 중방 古沙夫里城이 있으며, 이 성은 지금의 정읍 영원면 은성리의 금사동산성으로 비정된다. 그 주변에는 7~8개의 작은 테머리식 성이 있으며, 이들 성은 방사상으로 둘러 있다. 백제 말기가 되면 이 지방의 중심이 부안의 주류산성으로 옮겨오게 되는데, 역시 동진반도를 위시한 지역의 말발굽형태의 해안에 연하여 구지리토성, 용화동토성, 용정리토성, 당후리토성, 수문산성, 반곡리산성 등 방어진지, 혹은 감시초소로 테머리식 토성들이 많이 남아 있다.[32)]

(2) 주류성과 백강전투

주류성 · 백강은 나당연합군과 백제가 3차에 걸쳐 수륙공방전을 펼쳤던 곳이다. 이 3차례의 공방전은 삼국통일 전쟁의 대단원을 이룬 역사적 의의를 지니고 있다.

주류성은 사료에서 州柔, 州流, 豆良伊, 豆率 등으로 나와 있고, 백강은 伎伐浦 혹은 只火浦라고도 되어 있다. 이러한 지명이 현재의 어느 곳에 해당하는가 하는 연구는 조선시대에도 그렇고, 근대의 일본인 학자들도 금강 하류역으로 인식하여 왔다. 그러나 전영래는 1960년대부터 주류성과 백강에 대한 지명의 고증과 군사지리학적인 지정학적인 위치에 연구하고, 또 여기에 가장 중요하다고 할 수 있는 고고학적 현장의 증거들을 찾아내어 그 역사의 무대가 금강유역이 아닌 부안의 주류성(우금산성) 일대와 백강(동진강)이라는 사실을 밝혀내고, 많은 논저를 통해서 증명하고 있다.

여기에서는 그간 전영래의 연구성과에 비추어 주류성과 백강 일대에서 벌어진 3차례의 전투에 대한 역사적인 의의를 되짚어 보고자 한다.[33)]

32) 전영래, 『전북 고대산성 조사보고서』, 한서고대학연구소, 2003
33) 전영래, 『백촌강에서 대야성까지』, 신아출판사, 1996

제1차는 의자왕 20년(660) 나 · 당연합군이 사비 왕도를 공략하기 전에 백강에 상륙한 전투이다. 소정방이 이끄는 당나라 군사는 중국 산동반도의 城山에서 출발하여 6월 21일 덕물도에서 신라 왕자 김법민과 만나 7월 10일에 백제의 남쪽에서 합류하기로 하였고, 소정방은 이후 왕도를 포위하기까지 두 차례에 걸쳐 백제군과 전투를 거듭하였다. 첫 번째 전투의 장은「伎伐浦之岸」으로 지금의 동진강에 해당한다. 고고학적으로도 동진반도에는 맙발굽형태의 해안에 연하여 구지리토성, 용화동토성, 용정리토성, 수문산성, 반곡리산성, 백산토성 등 많은 백제의 토성들이 남아 있다. 또한 부안읍에는 소정방이 올랐다는 상소산이 있으며, 이 곳에도 백제시대 이후부터 산성이 존재한다. 이곳에서는 북쪽을 바라보면 동진반도의 성책지가 방사상으로 내려다보이며, 동쪽 기슭에는 북으로 흐르는 동진강이 있다. 이러한 지형은 사료에 나오는 서술내용과 맞아 떨어지며, 금강유역에서는 이러한 지형을 찾아볼 수 없다. 그렇다면 기벌포 전투는 어떠한 상황 하에서 전개되었을까? 당군의 소정방은 6월 21일에 와서 신라의 김법민과 7월 10일에 합류하기로 하고 12일에 사비 왕도를 포위하게 되는데, 그 사이의 20일간 당나라 군사들은 어딘가에 상륙해 있었을 것이다. 육지에 상륙하여 왕도를 함락하기 이전에 13만명분의 음식료 보급과 군사들의 휴양, 군대의 정비, 하절기 해상폭풍의 대피 등을 위한 육상의 교두보가 필요하였던 것이다. 동진반도의 기벌포 전투는 이렇게 당군의 교두보 확보가 꼭 필요한 시점에서 전개되었던 것으로 보인다. 두 번째 전투는 왕도 함락 최후의 결전이다. 웅진강에 들어선 나 · 당연합군은 사비 왕도 남쪽 20리 지점에서 백제군과 전투하여 백제군 만 여명이 희생되고 왕은 북방으로 도망하였다.

제2차는 사비 왕도가 함락되고 난 다음해(661) 신라군이 독자적으로 豆良伊城(주류산성)을 공격하였으나 실패하고 古沙比城으로 철수한 전투이다. 13만 대군의 나 · 당연합군에게 백제의 왕도가 함락 당하자, 백제의 유민들은 임존성과 주류성에 의지하여 당나라 주둔군을 포위하고 저항하게 된다. 신라 태종무열왕 8년(661)에 당군이 백제군에게 포위당하자 이를 구원한다는 명분으로 백제군을 독자적으로 공격하는데, 이것이 두량이성 진공작전이다. 이 작전은 3월 5일 신라의 품목 장군이 군대를 두량이성 남쪽으로 보냈으나 이를 내려다 본 백제군이 급격히 공격하자 신라군은 물러났고, 12일에는 대부대가 古沙比城 밖에 내둔하였다. 이후 백제군의 진지와 서로 대치하였으나 이를 빼앗지 못하고 4월 19일에 신라군이 물러나고 만다. 이 기간동안 고사비성은 두량이성을 공격하기 위한 신라군의 주둔지였다. 고사비성은 백제 五方城 중의 하나로서 中方古沙夫里城이며, 현재의 고부 근교에 있는 금사동산성이 이에 해당한다. 금사동산성은 동진강의 지류인 고부천을 사이에 두고 서쪽으로 8km지점에 주류산성이 있고, 북쪽 9km 지점에 상소산성이 있다. 이 주류산성 동방의 전초기지가 바로 사산리산성과 소산리산성이며, 특히 소산리산성은 고부천을 사이에 두고 금사동산성과 마주보며 대치할 수 있는 거리에 있다. 신라군이 두량이성을 함락하려면 먼저 백제군이 주둔하고 있는 이 소산리산성을 넘어야 한다.

제3차는 신라 문무왕 3년(663) 재차 나·당연합군이 결성되어 백강에서 왜의 수군과 해전을 벌이나 주류성이 함락당하는 전투이다. 이 전투는 나·당연합군과 백제·왜와의 4개국이 개입한 국제적인 전쟁의 성격을 띠고 있다. 백제의 복신장군과 백제부흥군은 일본에 머물러 있던 왕자 豊璋王(扶餘豊)을 영입하여 왕으로 세우고 웅진에 남아있는 당군을 공격하는 등 크게 세력을 떨치었다. 이에 663년 7월 17일 두 번째로 나·당연합군이 결성되어 당나라 장군 孫仁師와 신라 문무왕 등이 이끄는 육군이 웅진을 출발하여 8월 13일 주류성 아래에 도착하였다. 이 무렵 왜의 구원 장군인 蘆原君臣이 400척의 선단과 만 여명의 군사를 이끌고 백강에 들어와 백촌에 정박한다. 풍장왕이 이를 영접하기 위해 주류성을 나와 백촌으로 향하였다. 한편 劉仁軌, 扶餘隆 등이 이끄는 당나라 수군 170여척의 선단은 8월 17일 백강 앞바다에 집결하였다. 8월 27일과 28일 양일간에 걸친 해전 결과 당군이 승리하였고, 9월 7일에는 주류성도 무너지고 말았다. 백제군과 왜군은 동진강 하구의 조수간만의 시간을 고려하지 않고 공격하였다가 금방 조수가 빠져버리는 바람에 뱃머리를 돌릴 겨를도 없이 당의 수군에게 일격을 당하였던 것이다. 동진강유역 일대의 지세를 파악하지 못했던 것이 결정적인 패인의 원인이었을 것으로 추정된다.

이와 같이 주류산성을 중심으로 한 백제의 부흥운동은 막을 내리게 되었다. 백제 항전 최후의 전적지였던 주류산성을 중심으로 그 북방 말굽형의 동진반도 해안 연안에는 많은 성이 배치되어 있다. 북쪽 바다를 향하여 길게 뻗은 구릉상의 약간 높은 산 정상과 여기에 이어지는 낮은 구릉대지를 두른 테머리식 방책지는 구지리토성, 용화동토성, 용정리토성, 수문산성, 반곡리산성 등 지금도 그 흔적들이 고스란히 남아 있다. 이러한 토성에서는 지금도 백제시대의 토기편들이 수습되고 있다.

6. 맺음말

부안이 있는 변산반도는 산과 바다, 그리고 평야가 있는 지리적 특징과 자연환경 때문에 농 · 수산물 등 산해진미가 다양하게 생산되고 있으며, 선사시대 이래 인류의 거주가 지속되어 온 곳이다. 특히 반곡리토성이 있는 부근에서는 타격흔이 가해진 구석기편을 채집하여 동진강유역과 그 주변에 이미 구석기시대부터 우리 선조들의 역사와 문화가 전개되고 있음을 알 수 있었다.

그 이후 부안과 그 주변지역에서는 신석기시대 전 시기에 걸쳐 패총이 확인되고 있으며, 유물의 성격도 서해안과 남해안에까지 연결되고 있다. 부안에서는 아직까지 본격적인 패총 발굴조사가 이루어지지 않아 단언할 수 없지만, 주변 지역의 패총에서와 같이 다양한 유물이 출토될 것으로 예상되고 있다.

청동기유적은 크게 패총과 지석묘로 구분할 수 있다. 부안지역에서 청동기시대의 패총이 발굴 조사된 예는 없으나 마포리, 신복리, 계화면 일대에서 지표조사를 통하여 패총의 존재가 알려져 있다. 또한 변산반도에는 많은 지석묘가 존재한다. 외견상으로 본다면 부안지역에서는 남방식이 29기, 개석식이 51기 정도로 파악되고 있다. 상석의 평면형태는 다양하나 방형이 가장 많은 양상이며, 거북모양과 같은 타원형도 제법 확인되고 있다. 상석의 무게에 있어서는 평균 10톤이 넘는 것으로 나타나고 있다. 부안지역에서 보이는 지석묘의 지석은 하부가 대부분 매몰되어 있기 때문에 정확한 양상을 알 수 없으나 4지석이 기본을 이룬다. 근래에 하입석리와 신리 I 유적에서는 송국리형 주거지가 출토되기도 하였다.

마한시기의 부곡리II, 장동리, 신리IV유적에서는 주거지가 조사되었다. 주거지의 입지는 대부분 구릉의 정상부나 남사면에 위치하고 있으며, 형태는 대부분 방형을 이루고 있다. 주거 내부의 기둥은 기본적으로 4주식을 이루고 있으며, 대부분 내부의 벽 주위로 도랑이 있는 배수시설의 역할을 하는 벽구시설을 갖추고 있다. 주거지에서 주로 출토되는 토기는 장란형토기, 발형토기, 호형토기, 완형토기가 있다. 주거유적은 대체로 3세기대의 연대를 보이고 있다. 부곡리 I , 하입석리, 장동리, 대동리, 신리II, 신리III유적에서는 주구묘가 조사되었다. 입지는 일반적으로 낮은 구릉대지 위에 위치하고 있으며, 초기에는 나란히 연접하는 경우는 드물지만 점차 연접되거나 중복되어 분구묘로 이행된다. 매장주체부도 토광묘에서 옹관으로 변화되는 것으로 연구되고 있으며, 매장주체부의 토광묘에서 이중구연호와 단경호,

철도자, 옥류 등이 출토되고 있다. 부안지역에서 조사된 주구묘는 마한의 중심을 이루는 3세기 전후에 조영된 것으로 보인다.

백제시대에는 산성의 축조가 활발하게 이루어지고 있다. 특히 부안지역에는 신라군이나 당나라군과의 전쟁과 관련한 성들이 많이 남아 있다. 현재 부안에는 백제시대의 성곽이 12개 정도 알려져 있다. 부안에 있는 백제의 산성은 산이나 구릉의 지형을 이용하여 구축하고 있으며, 군사교통의 통로, 감시초소, 해안방어용 기지, 전초기지 등의 역할을 하였던 것으로 보인다. 부안지역 백제 산성의 유형은 크게 테머리식, 평지식, 누에고치식, 포곡식으로 나누어 볼 수 있다. 또 하나 특이한 것은 낮은 산 봉우리의 정상을 테머리식으로 깍아내어 회랑도를 설치하고, 다시 그 아래로 2~3중으로 회랑도를 돌리는 올챙이 형태의 성이 있는데, 이는 해안의 방어나 야전 전투의 기능을 가진 구조이다. 부안의 백제산성은 유형에 따라 성의 규모도 다르며, 둘레가 500m 미만의 산성은 테머리식이나 누에고치식이 많다. 포곡식은 주류산성으로 둘레가 무려 3,960m나 된다. 백제 말기가 되면 성의 중심이 주류산성으로 옮겨오게 되는데, 동진반도를 위시한 지역의 말발굽 형태의 해안에 연하여, 방어진지, 혹은 감시초소 역할의 테머리식 토성들이 많이 존재하게 된다.

이렇듯 변산반도에는 선사시대부터 인류의 거주가 시작되었고, 새롭게 알려진 많은 유적들이 있다. 그러나 정식으로 조사된 유적이 드물어 변산반도의 선사와 고대문화의 연구가 진전되지 않고 있다. 게다가 근래에 산업화의 물결에 의해 이러한 유적들이 점차로 파괴되어 가는 모습을 보면 안타까울 따름이며, 학술조사에 의존해서라도 체계적인 조사와 연구가 이루어져야 할 것으로 판단된다.

Ⅲ. 섬진강 중 · 상류역의 문화유적

섬진강 중 · 상류역의 문화유적

1. 머리말

섬진강은 금남 · 호남정맥의 팔공산 기슭의 전북 진안군 백운면 신암리 원심암마을 데미샘에서 발원하여 임실과 순창의 분지를 거쳐 곡성의 전남지방과 도계를 이루며 흘러내리고, 도중 지리산 등지에서 발원하는 요천이 남원에서 섬진강에 합류한다. 또한 압록에서는 보성과 순천지역에서 북류하는 보성강이 합류하고, 구례를 지나고 부터는 경남 하동군과 경계를 이루며 광양만으로 흘러내린다. 따라서 3도에 걸쳐 길이가 약 212km나 되는 섬진강유역의 선사, 고대의 문화를 하나의 문화권으로 파악하기는 어려운 실정이다. 호남평야의 만경강과 동진강, 나주평야의 영산강과는 달리, 섬진강은 비교적 험준한 산지를 접하며 곡류하기 때문에 협소한 충적평야가 하천 곳곳에 형성되어 있다. 선사와 고대인들은 이러한 지형과 구릉지대에 거주하면서 근처의 높은 산지에서는 수렵활동, 하천에서의 어로활동으로 생활을 영위했던 것으로 보인다.

본고에서는 전북지역에 위치하는 섬진강 중 · 상류역의 구석기시대에서 삼국시대에 이르는 시기까지의 유적에 대하여 개요적으로 기술하고, 각 유적의 시기와 성격에 대하여 언급하고자 한다.

2. 구석기시대

1) 구석기시대의 유적

(1) 임실 하가유적

사진1. 하가유적 전경

사진2. 하가유적 구석기

임실 신평면 가덕리 하가마을에 위치하며, 유적 바로 앞으로 섬진강의 상류인 오원천이 흐르고 있다.(사진1) 이 유적은 조선대학교 박물관에 의해 4차에 걸쳐서 조사가 이루어졌다. 제1차 조사는 7개의 지층 중에 2층과 4층에서 석기가 출토되었다. 석기는 주로 2층의 "위 문화층"에서 출토되었으며, 석기의 재질은 산성화산암과 석영맥암이 주류를 이룬다. 석기 중에는 격지와 돌날이 92.6%를 차지하며, 각추상석기, 슴베찌르개, 새기개, 밀개, 긁개, 홈날, 등손잡이칼 등의 석기가 출토되었다.(사진2) 특히 각추상석기는 한반도에서는 처음으로 발견된 것이어서 후기구석기시대 일본열도와의 비교연구에 중요한 자료로 평가된다. AMS연대는 19,700±300BP와 19,500±200BP이며, 보정연대는 21,850-21,270BC이다. 따라서 하가유적의 위 문화층은 후기구석기 후반으로 추정되고 있다. 제2차 조사는 "위 문화층"에서 석기제작소와 2,700여점의 석기가 출토되었으며, 신석기시대의 문화층과 빗살문양토기편도 확인되었다. 제3차 조사에서는 석기제작소와 일본열도에서 보이는 나이프형석기를 포함하여 4,900점의 석기가 조사되었다. 제4차 조사에서는 석기제작소와 다량의 슴베찌르개, 새로운 형태의 찌르개가 출토되어 주목을 받고 있다. 이들 석기는 한반도는 물론, 동북아시아의 후기구석기 연구에 있어서 귀중한 학술자료로 판단된다.[1)]

(2) 곡성 주산리유적

주산리유적은 송전리유적과 더불어 곡성 옥과면에 위치하며, 서울대학교 박물관에서 조사하였다. 주산리유적은 옥과천변 단구상의 하천쪽 말단부에 있고, 해발고도는 85m정도이다. 구석기문화층은 경지정리와 경작에 의해 대부분 교란되었으나 잔존부위의 층위에서 본다면, 황갈색을 띤 고토양층이 문화층일 가능성이 크다고 보여진다. 이 문화층은 현 경작층에 해당이 되며, 따라서 지표에서 많은 유물이 수습되었다. 유물은 몸돌, 밀개, 톱니날석기 등이 출토되었다.(도면1-1) 석기는 니암제가 많으며 눌러 떼기를 한 세석기의 제작기법과 유사한 것이 많아 이는 당시 후기구석기시대에 동아시아에서 유행하던 석기 제작법과도 일맥상통한다.[2)]

---

1) 조선대학교 박물관, 『임실 하가유적』, 2008
조선대학교 박물관, 『임실 하가유적-제4차 지도위원회 자료』, 2010
2) 이선복 외, 『옥과 구석기유적』, 서울대학교 박물관, 1990

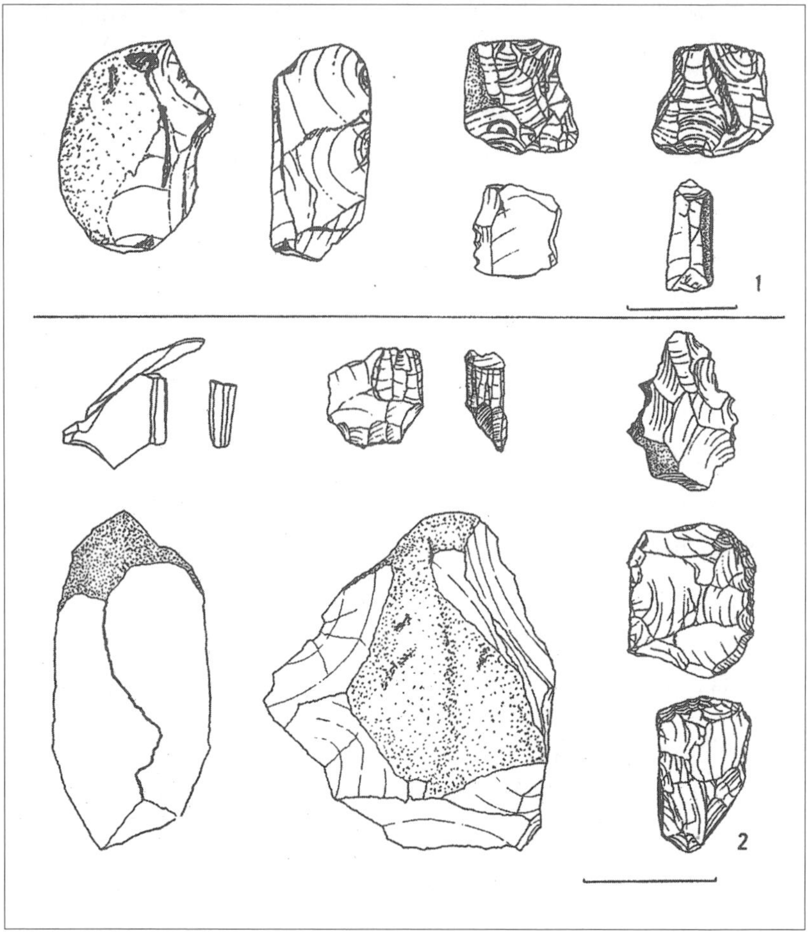

도면1. 1. 주산리 2. 송전리 스케일 4cm

(3) 곡성 송전리유적

송전리유적은 옥과천과 섬진강의 본류가 합쳐지는 지역에 발달한 하안단구상에 있고, 해발고도는 78m정도로 주산리유적과는 5km이내의 가까운 거리에 있다. 조사는 단구상면의 고도가 가장 높은 지점에서 이루어졌고, 경작층인 지표면에서 중요한 유물이 많이 수습되었다. 석기는 좀돌날몸돌, 쐐기형몸돌, 긁개, 밀개, 톱니날석기, 찍개가 출토되었으며, 재질은 주변의 화순 동복 일대에 존재하는 니암제가 많다.(도면1-2) 이 유적에서 출토 된 몸돌류는 일본의 북해도 지방에서 많이 발견되는 좀돌날의 제작기법인 유우베쓰(湧別)기법과 유사하다. 따라서 좀돌날의 제작기법과 연대측정이 비교적 정확하게 파악되어 있는 연해주, 일본 북해도 지역의 편년에서 본다면, 주산리와 더불어 본 유적의 생성연대는 후기구석기시대의 후엽인 15,000년전 경으로 추정할 수 있을 것이다.[3)]

(4) 곡성 제월리유적

곡성 입면 제월리에서 1984, 85년 건국대학교 박물관에 의해서 지표조사가 이루어졌다. 유적은 섬진강으로부터 700m 떨어진 제월분교 근처의 해발 70m의 구릉 위에 위치하며, 송전리유적과는 5km이내의 가까운 거리에 있다. 유물이 채집된 곳의 토양은 적황색 점토질이며, 출토된 유물의 석제는 경도가 낮은 맥석영제가 주류를 이룬다. 유물은 주먹도끼, 긁개, 밀개, 송곳, 조각기, 몸돌, 첨두기 등 63점이 수습되었다. 주변의 곡성읍 승법리에서도 구석기의 존재가 확인되고 있다. 시기는 후기구석기시대로 보고되고 있다.[4)]

(5) 곡성 오지리유적

곡성 오곡면 오지리 일원으로 구 곡성역사의 동쪽에 위치하는 평야지대이며, 이 일대는 섬진강의 지류인 곡성천이 곡류하면서 형성된 강안 충적지에 해당한다. 조사결과 후기구석기~고려시대에 이르는 복합적인 유적이었다. 구석기시대 유물은 토양쐐기 위층인 명갈색

---

3) 이선복 외, 『옥과 구석기유적』, 서울대학교 박물관, 1990

4) 최무장, 「전남 곡성군 입면 제월리 출토 구석기」, 『인문과학논총』 18호, 건국대학교, 1986

사진3. 오지리유적 전경

사진4. 오지리 구석기 출토모습

찰흙층에서 출토되었다. 석기제작소와 같은 양상을 보이고 있으며, 석기는 3군데에 군집되어 있는 모습이다. 석기는 몸돌 11점, 격지 283점, 돌날 157점, 긁개 7점, 홈날석기 7점, 새기개 8점, 뚜르개 1점 석기 31점 등이 확인되었으며, 재질은 유문암을 사용하여 제작하였다. 격지와 돌날이 주류를 이루며, 5점의 각기 다른 석기가 접합되어 돌날의 제작기법 연구에 좋은 자료를 제공하고 있다. 명갈색 찰흙층 문화층의 절대연대는 9,180±80BP로 확인되었다.[5]

---

5) 마한문화재연구원, 『곡성 오지리유적』, 2008

2) 구석기유적의 성격

섬진강 중·상류역에서는 후기구석기시대의 유적이 대부분을 차지한다. 유적의 입지는 완신세가 시작되기 직전에 형성된 하안단구면, 또는 길게 뻗어 내린 산자락 끝의 구릉 위에 주로 형성되어 있고, 이러한 단구면과 구릉은 섬진강유역의 도처에서 확인되고 있다. 섬진강 중·상류역에서 조사된 유적은 임실 하가와 곡성 일원의 주산리, 송전리, 제월리, 오지리유적 등이 있다. 이들 유적의 시기는 후기구석기에서도 임실 하가유적 위 문화층(19,700±300BP), 주산리와 송전리유적(늦은 단계의 좀돌날), 오지리유적(9,180±80BP)의 순으로 진행된 것으로 보인다. 이 시기에는 중기구석기시대의 구례 용두리나 순천 죽내리유적의 영향을 받으면서 석재에 있어서도 기존의 석영맥암이나 응회암이 사용되면서 새롭게 유문암, 셰일 등으로 석기제작이 이루어진다. 오지리유적의 단계에서는 모든 석재가 유문암이 사용되고 있다.

임실 하가유적은 돌날을 제작하는 석기제작소이며, 돌날의 제작과정을 파악할 수 있을 것으로 보인다. 나이프형석기, 각추상석기는 일본열도에서 비교적 많이 출토되는 것으로 한반도와의 비교연구가 가능하게 되었다. 또한 돌확모양석기는 갈거나 으깨는 용도로 사용되어 생업의 양상이 다양했음을 알 수 있다. 오지리유적에서는 다양한 종류의 긁개와 새기개가 출토되었고, 3군데의 집중적 출토양상을 보이고 있다. 이 유적에서는 5점의 각기 다른 석기가 접합되어 돌날의 제작기법 연구에 좋은 자료를 제공하고 있다. 눌러 다듬기로 양면가공된 석촉은 후기구석기 마지막 단계의 동해 기곡유적과 제주 고산리유적의 양상과도 유사한 것으로 판단되며, 후기구석기시대에서 신석기시대로 넘어가는 과도기에 속할 가능성도 제기되고 있다.[6)]

---

6) 이기길, 「섬진강유역 구석기문화의 연구와 성과」, 『호남 동부지역의 가야와 백제』, 제18회 호남고고학회 학술대회, 2010

곡성 송전리, 주산리유적에서는 좀돌날과 좀돌날몸돌, 쐐기형좀돌날 등이 보이고 있으며, 이러한 석기는 섬진강유역의 순천 우산리 곡천, 월평, 죽내리, 화순 대전, 신평리 금평유적 등에서도 일반적으로 보이는 것들이다. 이러한 세석기문화는 시베리아에 근원을 두고 중국을 거쳐 한반도에 도래하게 되며, 일본 九州지역에까지 연결된 것으로 보인다. 섬진강 유역에서의 후기구석기 문화는 당시 동아시아에서 확대되었던 세석기문화가 중심을 이루었으며, 중국대륙과 일본열도를 연결하는 교량역할을 하는 지역이어서 중요한 지역으로 평가된다.

3. 신석기시대

1) 신석기시대의 유적

(1) 진안 좌포리유적

임실 성수면 좌포리 봉좌마을 앞의 경작지에 대한 시굴조사에서 빗살문양토기편이 수습되었다. 토기편은 구연부 1점, 동부 4점, 저부 1점이 출토되었으며, 신석기문화층은 확인할 수 없었다. 토기의 문양은 사선문, 능형집선문, 격자문 등이 시문되며, 시기는 신석기 후기 이후로 추정된다.[7)]

(2) 임실 운정리유적

임실 운암면 운정리 장자골의 남동쪽에 위치하고 있다. 이곳은 섬진강의 본류가 감아도는 지류의 정상부와 남측에 유구가 분포하고 있다. 운정리의 유물산포지A에서는 석부, 타날문토기, 경질토기편이, 유

---

7) 김대성, 「진안 좌포리유적 수습 즐문토기」, 『한국신석기연구』 6호, 2003

물산포지B에서는 신석기시대의 토기편과 석기편이 수습된 바 있다. 신석기시대의 유물산포지인 운정리 유물산포지 B지점은 장자골에서 남쪽으로 점등을 향해 완만하게 내려오는 구릉과 점등 사이에 위치한다. 이곳은 지형의 변화가 심하여 유구는 확인할 수 없었으며, 빗살문양토기 구연부편 2점, 동부편 2점이 수습되었다. 문양은 침선문, 압인문, 태선침선문이 시문되고 있다. 시기는 신석기 중기말~후기단계의 토기로 추정되고 있다.[8)]

(3) 임실 하가유적

임실 신평면 가덕리 하가 마을에 위치하며, 유적 바로 앞으로 섬진강의 상류인 오원천이 흐르고 있다. 이 유적은 조선대학교 박물관에 의해 4차에 걸쳐서 구석기유적의 조사가 이루어졌다. 이중 신석기시대의 문화층은 제2차 조사에서 확인되었으나, 전면적인 조사는 이루어지지 않았다. 이 문화층에서는 5점의 빗살문양토기편이 수습되었다.(사진5) 수습된 토기는 구연부편이 4점, 동부편이 1점이다. 문양은 압인문과 사침선문이 시문된 것이 있으며, 이중구연토기도 보이고 있다. 시기는 신석기 후기에서 만기 단계의 것으로 추정된다.[9)]

사진5. 하가유적 신석기 토기

8) 군산대학교 박물관, 『임실 섬진강댐 수몰지구내 문화유적조사 약보고서』, 2005
9) 조선대학교 박물관, 『임실 하가유적』, 2008
조선대학교 박물관, 『임실 하가유적-제4차 지도위원회 자료』, 2010

(4) 남원 대곡리유적

남원 대산면 대곡리유적에서는 삼국시대의 자연수로, 삼국시대 주거지 2기, 고려시대 건물지 등과 신석기시대 빗살문양토기편 산포지가 조사되었다. 빗살문양토기의 기형은 원저 혹은 첨저를 이루며, 문양은 단사선문, 이중단사선문, 사격자문, 태선문, 이중구연토기 등이 있다. 이 지역에서는 경작에 의한 형질변경으로 유구는 확인되지 않았다. 수습된 유물로 보아 신석기 후기~만기의 시기로 추정되며, 장수지역이나 진안지역 등의 유적과 관련이 있어 보인다.[10]

(5) 순창 원촌유적

사진6. 원촌유적 토기

순창 적성면 고원리 원촌마을 남서쪽에 위치하며, 유적이 있는 곳은 섬진강 중류 곡류천변의 넓은 충적대지 위에 있다. 유적의 동쪽으로 섬진강이 남서방향으로 굽이쳐 흐르고 있다. 원촌유적에서 확인된 유구는 신석기시대 수혈유구 6기, 적석노지 4기, 구상유구 1기와 청동기시대 주거지 2기가 조사되었다. 수혈유구의 평면형태는 원형과 방형계이며, 내부의 퇴적토에서는 토기편과 함께 어망추, 갈돌, 굴지구, 고석 등이 출토되었다. 4호수혈유구에서는 17점의 소형 석제어망추가 출토되었으며, 이 어망추는 투망에 사용한 것으로 보인다. 적석노지는 원형계통이며, 자갈돌을 사용하여 축조하였다. 그러나 1호적석노지의 원판형석기 이외에 유물은 확인되지 않았다.

---

10) 이민석, 「남원 대곡리 신석기시대 유적과 유물」, 『한국신석기연구』 4호, 2002

수혈유구에서 출토된 토기의 문양은 격자문, 집열문, 능형조대문, 사선문, 조우문과 문양이 없는 토기편도 상당 수 있으며, 이중구연토기도 출토되었다.(사진6) 토기편은 구연부가 외반되고 구연부에 일정한 공백을 두고 시문되는 것이 있으며, 이 시문기법은 용담댐 수몰지구의 갈머리, 진그늘, 운암유적과도 유사하며, 남부 내륙지역에 보이고 있는 봉계리식토기와 같은 유형으로 판단된다.[11)]

(6) 곡성 유정리유적

곡성 석곡면 유정리 유평마을에 있으며, 보성강 지류가 곡류하는 곳에 형성된 충적지를 앞에 두고 구릉지가 시작되는 곳에 입지한다. 4기의 주거지가 조사되었으며, 2~4호주거지 내에서 빗살문양토기편이 출토되었다. 문양은 주로 동부에 시문되어 있으며, 능형집선문, 격자문, 지자문 등이 보이고 있다. 이중 지자문은 호형토기이다. 토기의 양상으로 보아 남부 내륙지역에서 보이는 신석기 후기의 양상을 보이고 있으며, 전북지역 섬진강 상류역의 양상과도 유사하다.[12)]

2) 신석기유적의 성격

신석기시대에는 구석기시대와는 달리 유구와 유물의 성격이 다양해진다. 즉 토기의 제작, 마제석기, 활과 화살촉의 출현, 정주성 주거지군의 존재, 무덤과 패총의 출현, 곡물농경의 시작 등 인류사에 있어서 많은 진보를 이룬 시기이며, 연구대상도 많아지게 된다. 이러한 상황에 비하면, 섬진강 유역에서는 신석기시대의 발굴조사가 미비하고 수습된 유물도 토기 외에는 별로 없는 실정이다.

---

11) 호남문화재연구원, 『순창 원촌 · 관평유적』, 2005

12) 전남대학교 박물관, 『호남고속도로 확장구간(고서-순천간) 문화유적 발굴조사 보고서』, 1997

섬진강 중·상류역에서 수습된 신석기시대 유물은 석기보다는 토기에 의해 그 성격을 추정해 볼 수 있다. 토기의 문양은 주로 단사선문, 평행사선문, 사격자문, 압날문, 삼각집선문, 자돌문, 압인문, 능형문 등 비교적 다양하다. 이 지역에서 정식 조사된 유적이 별로 없고 적은 수량의 토기편으로 시기를 추정하기에는 어려운 점이 많으나, 상한시기가 자돌문, 압인문계통, 태선에 의한 삼각집선문, 평행사선문 등이 있어 남해안 편년의 수가리식기에 대비되는 중기로 생각된다. 하한시기는 청동기시대의 무문토기가 성립되기 이전의 신석기만기까지이다. 수습된 토기 중에는 침선의 형태가 정연하지 못하고 규칙성이 없는 단사선문, 평행사선문 등의 침선문계통도 많아 신석기시대 후기에서 만기 정도의 시기이고, 격자문계통의 토기는 영선동식기 이후에도 꾸준히 출토되는 문양이어서 중기 이후로 생각되어진다. 그리고 전주박물관에서 수습한 능형 계통의 자돌문은 남해안 지역에서는 출토되지 않는 문양이어서 섬진강 상류지역 독자적인 문양일 가능성이 있다. 이 능형 계통의 토기는 금강유역에서 발견되는 이른바 금강식토기와는 시문수법이 다르다. 경남내륙지역과 관련하여서 보면, 합천 봉계리나 산청 강루리유적 등지에서는 자돌문, 압인문계통, 밀집단사선문, 삼각집선문, 어골문 등 전기 말엽의 영선동식토기의 전통을 남기는 토기가 출토되어 중기 이후에는 비교적 많이 내륙의 하천과 그 주변에 생활기반이 조성되었던 것으로 보이며, 후기 이후에는 섬진강 유역과도 교류가 지속된 것으로 보인다.

특히 발굴조사가 이루어진 순창 원촌유적은 진안의 갈머리유적과도 대비되고 있으며, 유물의 성격으로 보아 신석기 후기가 중심을 이루고, 만기에 까지 지속된 것으로 보인다. 원촌유적의 신석기유적은 동일한 섬진강 수계의 진안 좌포리, 임실 운정리, 남원 대곡리유적과 함께 남부지방 신석기 후기에서 만기의 시기로 판단된다.

4. 청동기시대

1) 청동기시대의 유적

(1) 남원 고죽동유적

남원 고죽동의 야산에 남원의료원 신축부지가 조사되어 청동기시대 주거지 3기와 가야계 석곽묘 6기가 조사되었다. 능선에서 조사된 3기의 주거형태는 말각방형이고, 그중 가장 큰 1호주거지는 장축11.4m, 단축 4.5m, 깊이 0.6m의 크기이다.

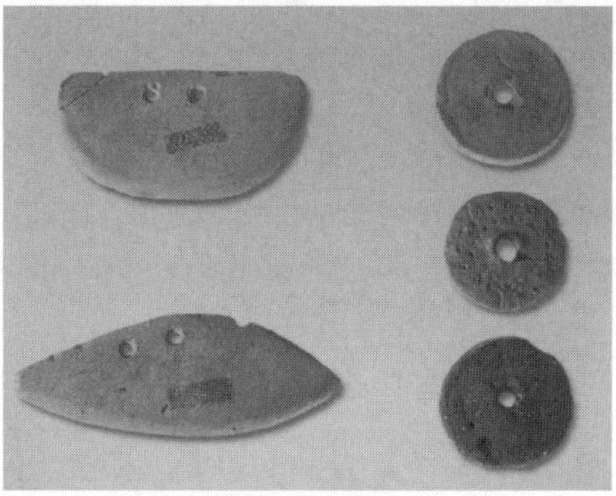

사진7. 고죽동유적 돌칼, 방추차

서벽에 집중적으로 불에 탄 흔적과 목탄이 검출되었다. 유물은 반월형석도, 방추차, 구순각목토기, 공렬문토기, 마연토기 등이 출토하였다.(사진7) 2호주거지는 말각방형이며, 유물은 무문토기, 방추차, 석부, 석착이 출토되었다. 3호주거지는 말각방형 혹은 타원형으로 중앙부에 노지로 추정되는 유구가 존재한다. 유물은 무문토기, 석착이 출토되었다.[13)]

(2) 순창 원촌유적

순창 적성면 고원리 원촌마을 남서쪽에 위치하며, 유적이 있는 곳은 섬진강 중류 곡류천변의 넓은 충적대지 위에 있다. 원촌유적에서 확인된 유구는 신석기시대 수혈유구 6기, 적석노지 4기, 구상유구 1기와 청동기시대 주거지 2기가 조사되었다. 청동기시대 1호주거지는 말각

13) 전북대학교 박물관, 『남원 고죽동유적』, 1997

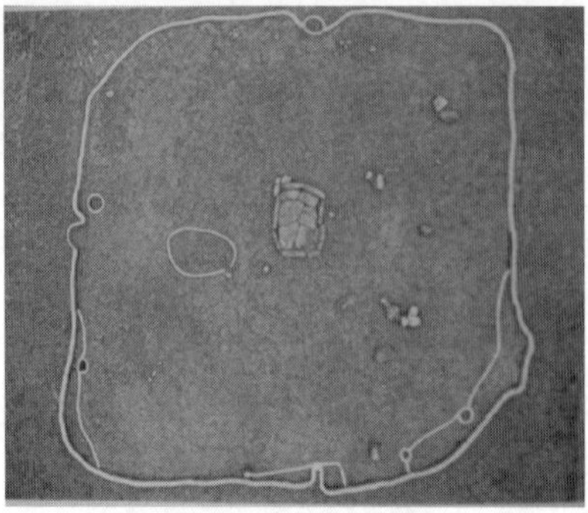
사진8. 원촌 1호주거지

방형의 형태이며, 내부에는 위석식 노지가 확인되었다.(사진8) 유물은 각목돌대문토기, 직구옹 구연부편, 고배편, 원판형석기, 석착, 지석, 토제 어망추 등이 출토되고 있다. 2호주거지는 호남지방에서 일반적으로 발견되는 송국리형 주거지이다.[14)]

(3) 곡성 오지리유적

곡성 오곡면 오지리 일원으로 구 곡성역사의 동쪽에 위치하는 평야지대이며, 이 일대는 섬진강의 지류인 곡성천이 곡류하면서 형성된 강안 충적지에 해당한다. 조사결과 후기구석기시대 유물포함층, 청동기시대 주거지 20기, 수혈유구, 원삼국시대 주거지 47기, 수혈유구, 고려시대의 수혈유구, 수로 등이 확인되었다.

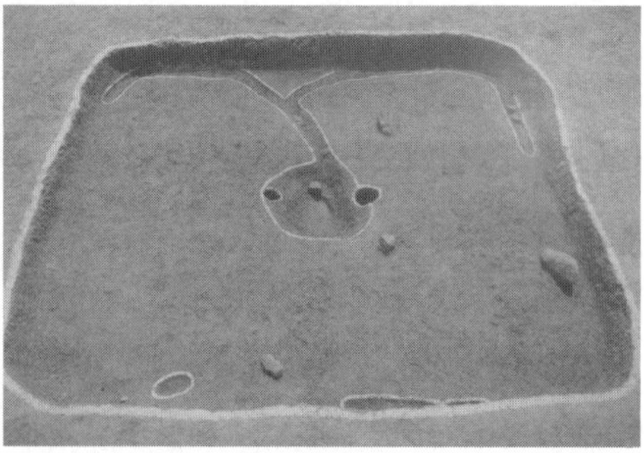
사진9. 오지리 청동기 6호주거지

주거지는 청동기시대의 대표적인 송국리형 주거지 20기가 조사되었다. 평면형태는 규격화된 방형이며, 주공시설이 존재한다.(사진9) 장축방향은 타원형 구덩이의 방향과 대체로 일치한다. 주거내부의 중앙에는 타원형 구덩이가 있다. 타원형 구덩이에서는 주로 미완성된 석기가 수습되어 석기제작소의 양상을 보이고 있다. 타원형 구덩이는 외부 양단

14) 호남문화재연구원, 『순창 원촌 · 관평유적』, 2005

에 주공이 있으며, 이러한 구조는 호남 동부지역의 특징적인 것이다. 또한 6호, 12호, 15호주거지에서는 벽에서 타원형 구덩이로 연결되는 구 시설이 확인되고 있어, 집수기능을 하였던 것으로 보인다. 유물은 무문토기편으로 심발형토기, 공렬토기편이 있다. 석기는 석부, 석촉, 석도, 석착 등의 완성품과 미완성품인 고석, 지석 등이 출토되었으며, 유구석부, 유경식 석촉, 삼각형 석도 등도 확인되었다. 시기는 청동기 시대 중기로 편년되고 있으며, 방사성탄소연대는 6호주거지의 경우 2,650±50BP를 보이고 있다.[15)]

(4) 순창 내동리 지석묘

사진10. 내동리 1호지석묘

순창 금과면 내동리 연화마을 남쪽 구릉에 위치하며, 아미산에서 남쪽으로 뻗은 완만한 구릉에 있다. 지석묘는 2기가 조사되었으며, 묘실은 후대에 재이용되어 축조 당시의 모습과는 다르다. 그나마 상태가 좋은 1호지석묘는 묘역시설과 함께 석곽형의 묘실이 확인되었으나, 삼국시대에 지석묘 하부를 재이용하여 횡구식석실로 개조되었다.(사진10) 지석묘와 관련된 유물은 없으며, 삼국시대의 광구호, 배, 철겸 등이 출토되었다.[16)]

(5) 곡성 연화리 지석묘군

곡성 오산면 연화리 일대의 옥과천 상류에 해당하며, 주변에 비교

15) 마한문화재연구원, 『곡성 오지리유적』, 2008
16) 호남문화재연구원, 『순창 내동리 지석묘』, 2007

적 넓은 평지가 펼쳐지는데, 이곳에서 지석묘 22기가 분포하고 있다. 이 지석묘 중 일부는 호남고속도로 확장공사로 인해 조사가 불가피했고, 상석이 있는 지석묘 13기, 상석이 없는 것 9기가 발굴되었다. 지석묘에서 유물은 마제석검, 마제석촉, 곡옥, 무문토기편, 흑도편, 홍도편 등이 출토되었다. 이 지석묘 조사과정에서 백제시대의 토광묘 1기, 석곽묘 3기, 옹관묘 1기가 중복되어 있었고, 유물은 철촉, 철부, 철도자, 철겸, 삼족토기, 소호, 개배, 병 등이 출토되었다.[17)]

(6) 곡성 공북리 지석묘군

곡성 목사동면 공북리에 있으며, 입지는 아미산의 능선을 끼고 보성강이 석곡면에서 크게 우회하여 목사동면에 이르러 반달형의 충적평지가 발달한 곳에 위치한다. 이 평야 일대에 3개 군집지역에 35기의 지석묘가 알려졌고, 이중에 1965년 국립중앙박물관에 의해 5기가 조사되었다. 하부구조는 강돌로 쌓은 석곽형이며, 유물은 B호 지석묘에서 적갈색 무문토기편과 약간 떨어진 곳에서 검파두식이 발견되었고, D호지석묘에서는 적갈색 무문토기편과 마제석촉 등이 발견되었다.[18)]

(7) 곡성 연반리 지석묘군

곡성 석곡면 연반리 북쪽 일대의 구릉지역 혹은 하천변의 평지에 20여기의 지석묘가 자리하고 있다. 이중 일부는 호남고속도로 확장으로 인해 10여기가 조사되었다. 백천교 남쪽에서 조사된 괴석형 지석묘에서는 석부, 무문토기편 등이 수습되었고, 또 전기마을에서는

---

17) 전남대학교 박물관, 『곡성군 문화유적 학술조사』, 1996
전남대학교 박물관, 『호남고속도로 광주-순천간 확장예정지역 문화유적 지표조사 보고서』, 1992

18) 김재원 외, 『한국지석묘연구』, 국립박물관, 1967
전남대학교 박물관, 『곡성군 문화유적 학술조사』, 1996

석실 없이 지석만 배치되어 있는 위석형 2기가 조사되어 유구석부, 삼각형석도, 석봉 등이 출토되었다.[19)]

2) 청동기유적의 성격

섬진강 중 · 상류역의 주거지군 분포는 강변의 충적평지나 얕은 구릉지대에 형성이 되며, 남원 고죽동, 순창 원촌, 곡성 오지리유적 등이 조사되었다. 순창 원촌유적에서는 말각방형과 송국리형의 원형주거지가 조사되었다. 이중 1호주거지는 호남지방의 송국리형 주거양상과는 다른 한강유역의 미사리식 주거지와 유사한 것으로 보고되고 있으며, 지리적으로 본다면 남강댐 수몰지구의 상촌리, 옥방 5지구에 가까운 것으로 연구되고 있다. 곡성 오지리의 주거지는 20기의 주거지 중에 방형계가 19기에 달하며, 내부의 타원형 구덩이의 외부 양단에 주공이 위치하는 점이 특징적이다. 이러한 양상은 순천 죽내리, 대곡리, 가곡동, 구례 봉북리유적에서도 확인되고 있다. 주거내의 유물에 있어서 남원 고죽동, 곡성 오지리유적에서는 공렬문토기가 다른 토기들과 공반되고 있는 점이 특징적이다. 이러한 현상은 섬진강 하류역의 순천 대곡리, 우산리, 구산리, 죽내리, 가곡동, 구례 봉북리유적에서도 보이고 있다. 남원 고죽동과 순창 원촌에서는 구순각목문토기가 출토되었다. 이러한 토기는 청동기 전기에 공렬문토기, 구순각목문토기 등이 사용되면서 송국리형 문화가 확산되면서 점차로 청동기 중기의 외반구연호, 심발형토기, 적색마연호 등의 토기로 이행하는 것으로 판단된다.

지석묘는 전반적으로 섬진강 하류역에서 많이 조사되었으며, 중 · 상류역에서의 조사는 미미하다. 그나마 곡성에서의 조사가 진행된

19) 전남대학교 박물관, 『곡성군 문화유적 학술조사』, 1996

편이다. 지석묘에서의 유물은 송국리형 무문토기를 비롯하여 유구석부, 석도류가 출토되고 있어 송국리형 문화권과도 연계됨을 알 수 있다. 무문토기는 지석묘에서도 많이 수습되고 있으며, 공렬문토기는 섬진강 유역, 특히 하류역인 광양 원월리, 여천 월내동, 여천 봉계동 등의 지석묘에서 발견되고 있다. 이밖에도 남부지방 거의 전역에 분포하는 홍도는 보성 덕치리, 보성 죽산리, 여천 적량동, 여천 월내동, 여천 봉계동, 광양 원월리, 여수 오림동 등의 지석묘에서 출토되었고, 채문토기는 순천 구산리 주거지, 화순 장학리 지석묘에서 출토되었다. 석기류의 출토는 석검, 석촉, 석도류, 유구석부 등 다양하다. 먼저 석검은 유경식과 유병식으로 구분되고 있으며, 곡성 오지리, 공북리에서는 유병식석검이 출토되었다. 유병식석검은 화순 창랑리, 순천 우산리, 순천 대치리, 여천 월내동, 여천 봉계동 지석묘 등에서도 보이며, 유경식석검은 섬진강 수계의 하류지역에서 많이 보이고 있다. 석도류는 송국리형 문화권에서 많이 출토되는 유물로 반월형석도와 삼각형석도가 있다. 반월형석도는 한반도 전역에 분포하나, 삼각형석도는 주로 충청, 전라도지역에 많고, 일부 남해안과 일본 九州에서도 발견된다. 남원 고죽동, 순천 대곡리 주거지에서 반월형석도, 곡성 오지리 주거지와 곡성 연반리, 순천 우산리 내우, 보성 덕치리 지석묘에서는 삼각형석도가 출토되었다.

5. 초기철기 · 원삼국시대

1) 초기철기 · 원삼국시대의 유적

(1) 순창 노동리유적

순창 인계면 노동리 일원이며, 조사지역은 건지산에서 뻗어 내려오는 해발 131m 정도의 낮은 구릉 사면부에 위치하고 있다. 조사결과 원삼국시대 주거지 3기, 가마터 1기, 폐기장이 확인되었고, 이외에도 조선시대의 토광묘와 회곽묘가 각각 1기씩 조사되었다.

사진11. 노동리 1호주거지

주거지는 1호가 말각방형, 2호, 3호는 방형으로 추정된다.(사진11) 내부시설은 노지, 배연시설이 확인되었다. 노지는 1호와 3호주거지에서 확인되었다. 노지는 부뚜막의 형태이며, 토기가 솥받침으로 사용되었다. 바닥은 생토면을 그대로 이용하였다. 1호주거지의 북쪽 벽면에서 노지와 연결되는 벽구가 확인되었는데, 배연과 관련된 시설로 추정된다. 주거지의 유물은 장란형토기, 발형토기, 파수, 도지미, 내박자 등이 출토되었다.

사진12. 노동리 가마터

가마터는 자연경사면을 활용하였으며, 경사도는 14°의 등요이다.(사진12) 상당수 유실되었고, 잔존규모는 길이 545cm, 최대너비 140cm 내외이다. 가마는 아궁이, 연소실, 소성실, 벽체의 일부가 조사되었다. 소성실의 중간에는 높이 15cm 정도의 단이 있어, 2개소의 소성실이 존재한 것으로 추정된다. 가마의 서벽에서는 주공이 5개가 확인되었다. 유물은 주거지보다는 가마터와 폐기장에서 더 많이 출토되었으며, 내부의 소성실에서 다량의 도지미와 토기편, 대옹편이 확인되었다. 이 유적의 중심연대는 4세기 전후의 시점으로 추정된다.[20)]

(2) 순창 내월유적

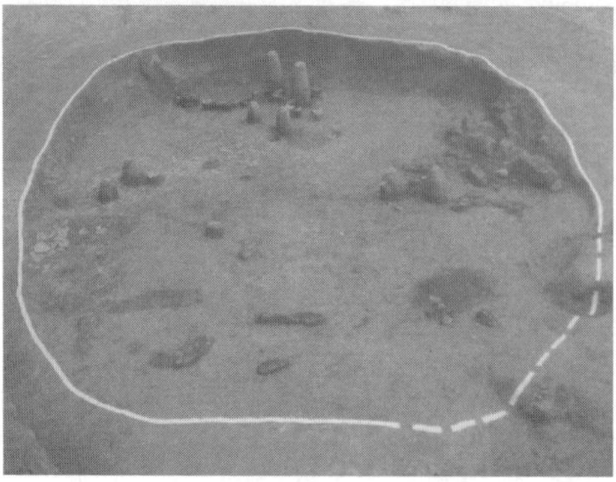
사진13. 내월유적 4호주거지

순창 팔덕면 월곡리 내월마을 북쪽 해발 275m의 원통산 서사면 하단부에 위치하고 있다. 유구는 원삼국시대 주거지 6기, 삼국시대 석실분 1기, 석곽묘 5기, 토광묘 1기 등이 조사되었다.

주거지는 북쪽 구릉 남사면에서 4기, 남쪽 구릉에서 2기가 확인되었다. 주거지의 평면형태는 말각방형이며, 일부 주거지에서는 부뚜막과 주공이 확인되었다.(사진13) 부뚜막은 1호, 4호주거지에서 보이며, 특히 1호주거지의 부뚜막은 점토벽까지 남아 있어 형태 파악이 가능하다. 내월유적의 주거지는 모두 화재로 폐기되었으며, 그중 1호주거지에서는 완형의 많은 토기들이 출토되었다. 유물은 단경호, 직구호, 호형토기, 장란형토기, 심발, 대발, 주구토기, 시루, 뚜껑, 방추차 등이 출토되었다. 이 주거지에서는 경질무문토기가 확인되지 않는 점과 출토된 토기로 보아, 3세기 후반이 중심연대로 추정된다.[21]

(3) 남원 세전리유적

남원 송동면 세전리에 있으며, 이 부락의 남쪽 들판의 수지천과 요천이 합류하여 이루는 강안의 평지 위에 위치한다. 바로 섬진강에 합류하는 부근이고, 유적이 있는 곳은 밭으로 경작되고 있다. 이 유적에

20) 전북대학교 박물관, 『순창 노동리유적』, 2006
21) 호남문화재연구원, 『순창 내월유적』, 2008

서는 23기의 주거지가 조사되었고, 주거형태는 원형, 장타원형, 말각방형이다.(사진14) 주거지 내부에는 일반적으로 한쪽에 치우친 점토를 발라 만든 화덕이 존재하는데, 그 주변에는 대형

사진14. 세전리 2호주거지

독의 토기편이 있는 것이 많다. 출토유물은 석검, 석도, 석촉, 한국식동검, 철제가래, 방추차와 어망추의 토제품 등의 다양한 유물이 출토되었다.(도면2) 토기류는 주구토기, 우각형파수, 시루, 독, 개배, 고배, 단경호, 대옹, 발형토기, 소형토기 등의 회색 연질토기류가 주를 이루고, 경질무문토기와 회

사진15. 세전리유적 토기

청색 경질토기도 있다.(사진15) 토기의 구성으로 보면 마한의 시기에 해당하고, 무문토기의 전통을 가진 타날된 토기가 많다. 특히 대부분 주거지 내에서 출토한 관옥, 다면옥, 곡옥과 수정옥 등의 장신구도 많고 소형토기 등 실용성이 결여된 것들이 있다.[22)]

---

22) 윤덕향, 「남원 세전리유적 지표수습유물보고」, 『전라문화논총』 1집, 전북대 전라문화연구소, 1986
전북대학교 박물관, 『세전리』 도면, 도판 I · II, 1989

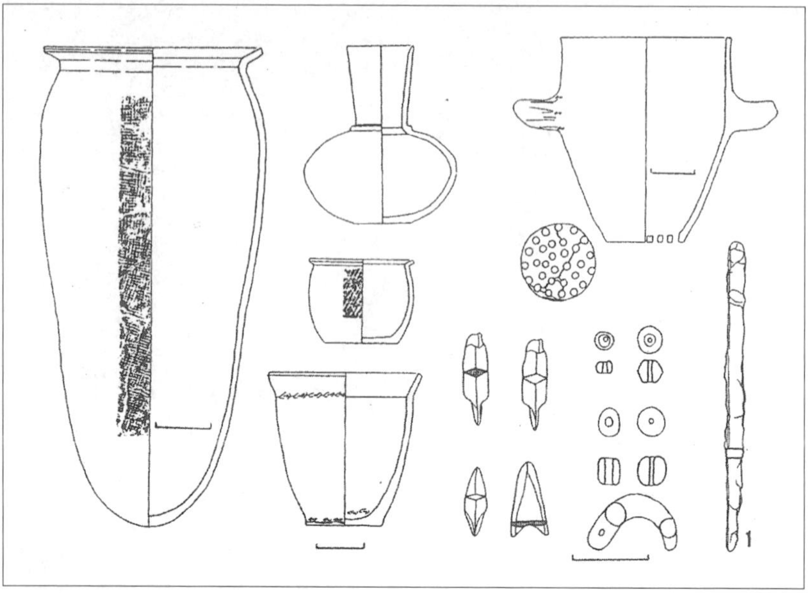

도면2. 세전리 스케일 5cm

(4) 곡성 오지리유적

곡성 오곡면 오지리 일원으로 구 곡성역사의 동쪽에 위치하는 평야지대이며, 이 일대는 섬진강의 지류인 곡성천이 곡류하면서 형성된 강안 충적지에 해당한다. 조사결과 후기구석기시대 유물포함층, 청동기시대 주거지 20기, 수혈유구, 원삼국시대 주거지 47기, 수혈유구, 고려시대의 수혈유구, 수로 등이 확인되었다.

원삼국시대의 주거지는 평면형태가 타원형계가 주류를 이루고 있으며, 일부는 중복된 양상을 보인다.(사진16) 이중에 13호주거지만이 방형의 형태이다. 내부시설은 노지, 벽구시설, 집수구, 벽주공, 장방형수혈이 있다. 노지는 북쪽과 서쪽에 치우쳐 있으며, 솥받침과 점토가 무너진 소토의 흔적이 확인되었다. 이중에 화재로 인하여 폐기된 10호와 25호주거지의 경우는 부뚜막의 구조가 비교적 잘 남아 있다.

벽구는 주거지 내부 벽의 전체를 돌린 경우와 일부를 돌린 경우가 있으며, 낮은 쪽을 향해 배수구로 연결되어 있다. 주거지 내에서는 벽구와 연결된 집수구가 있는 경우도 있으며, 주공은 대부분 벽을 따라 남아 있다. 토기유물은 경질무문토기가 많이 보이고 있다. 기형은 발형토기, 호형토기, 장란형토기 등 빠른 시기의 특징이 있다. 철기유물은 주조철부, 단조철부, 철겸, 철도자 등이 출토되었다. 유물과 방사성탄소연대에 의하면 시기는 2~3세기에 해당되고 있다.[23)]

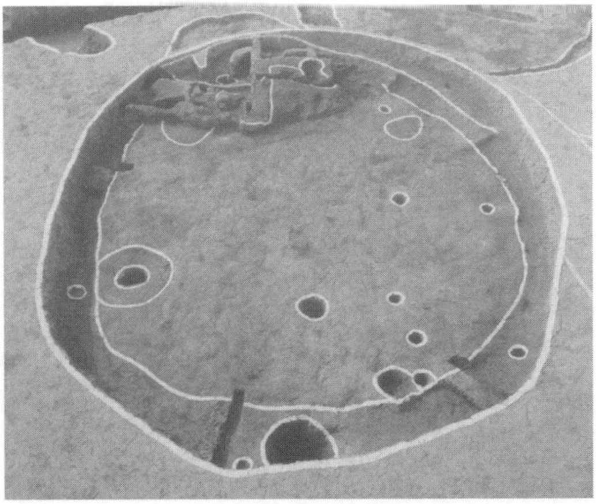

사진16. 오지리 10호주거지

(5) 남원 두락리 옹관묘

남원 두락리 옹관묘는 지리산의 한 줄기인 연비산에서 서쪽으로 뻗어 내린 해발고도 450여m 지점이다. 비교적 경사가 급한 구릉 줄기를 따라서 성내마을이 있고, 그 서쪽으로 하천을 건너 송림에서 조사되었다. 옹관은 계란형 대옹에 구형호를 연결한 합구식옹관으로 거의 수평으로 놓았다. 장축방향은 남북이고, 출토유물은 주관 내부에서 발형토기가 출토되었다. 계란형 대옹은 연질이며, 격자문이 시문되어 있다. 견부 양쪽에 돌기가 있어 우각형파수의 흔적으로 보인다. 소옹은 연질이며, 수직타날, 승석문, 격자문을 혼합한 외반구호이다.[24)]

---

23) 마한문화재연구원, 『곡성 오지리유적』, 2008
24) 전영래, 「전북지방출토 옹관묘 2예」, 『전북유적 조사보고』 3집, 1973

2) 초기철기 · 원삼국시대의 성격

전북지역의 원삼국시대 주거지의 특징은 평면 방형에 4주식 주공, 부뚜막과 벽구시설을 가지는 것이다. 그러나 섬진강 중 · 상류역의 주거지는 약간의 차이가 있어 보인다. 주거형태는 방형이 아닌 타원형이나 말각방형이 많으며, 4주식 주공이 없는 경우도 있다. 순창 내월유적도 이와 유사한 양상을 보여주고 있다. 순창 노동리유적의 주거지에서는 전북지역 원삼국시대의 주거지에서 확인되는 4주식 주공과 벽구, 배수구, 타원형 수혈 등은 확인되지 않아 평면형태 이외에는 다른 면모를 보이고 있다. 곡성 오지리유적에서는 평면 타원형계의 주거지가 대부분이며, 주거지의 벽을 따라 소형의 주공이 돌려져 있는 점이 특징이다. 이러한 양상은 순창 내월 1호주거지에서도 확인되고 있다. 전북지역의 원삼국시대 주거지는 대개 방형을 이루나, 남원 세전리, 곡성 오지리 주거지는 타원형, 원형이 주류를 이루고 있어 다소 차이를 보이고 있다. 원형, 타원형 주거지는 섬진강 수계의 순천 대곡리, 낙수리, 죽산리, 가곡동, 덕암동, 여수 화장동, 광양 용강리유적 등에서도 조사되고 있다.

순창 노동리유적에서는 가마터가 조사되었다. 전북지역에서 조사된 원삼국시대 가마는 부안 부곡리, 고창 성남리, 전주 송천동유적이 있다. 이들 가마는 대개 반지하식의 등요이며, 길이는 5m 정도의 규모이다. 아궁이, 연소실, 소성실이 일직선으로 배치되며, 경사는 대략 10~15° 정도이다. 노동리유적의 가마도 전북지역의 가마현상과 유사한 면을 보이고 있으나, 단을 이루며 2개소의 소성실이 있는 경우와 서벽의 주공의 존재는 다른 지역에서 볼 수 없는 구조이다.

남원 두락리의 옹관묘는 대형 계란형 옹관에 구형호를 연결한 합구식옹관이며, 유물은 발형토기가 출토되었다. 본래 옹관묘는 청동기시대 후기에 생겨났고, 단옹을 수직으로 매장하였으나 원삼국시대에 들어서는 두 개의 옹을 결합하는 합구식이 많이 유행한다. 초기에는 광주 신창동 옹관에서와 같이 청동기시대의 영향이 가미되었고, 이어서 크기가 거의 비슷한 옹관을 결합한 것으로 발전한다. 원삼국시대에는 큰 옹관에 작은 옹관을 결합하는 형식으로 발전하는데, 주로 영산강유역을 중심으로 발달하며, 남원 두락리에까지 영향이 미친다.

유물의 상황은 섬진강유역을 포함한 전라도지역에서 경질무문토기, 타날문토기가 많이 발견되며 기형도 장란형, 심발형, 옹형, 호형, 발형, 파수부토기, 대부토기, 시루 등 다양하다. 이 지역의 토기양상은 원삼국시대 초기에는 청동기시대의 무문토기의 전통이 경질무문토기로 이어지며, 이후 타날문토기로 발전한 것으로 생각된다. 남원 세전리, 곡성 오지리, 순천 구산리, 낙수리주거지에서 경질무문토기가 많이 출토되었고, 남원 세전리나 순천 대곡리 등의 타날문토기로 연결된다. 연질에서 경질토기로 변화하면서 점차로 토기제작법도 변화하여 정선된 태토, 회전대와 등요를 이용한 토기의 대량생산이 이루어졌다고 생각한다. 석기류는 많지 않으며, 세전리유적에서 석검과 석도가 출토되었다.

이 지역에서 철기유물은 기원원년 이전에 등장했을 것으로 보인다. 장수 남양리에서 청동과 철기가 공반되는 예가 있어 철기가 생활용구로 사용되기 시작했을 것이다. 철기의 종류와 수량이 그다지 많지 않으며, 철도자, 철촉, 철착, 철부, 철겸 등이 출토되고 있다. 남원 세전리유적에서는 철제가래와 한국식동검이 출토되어 청동과 철기가 공용되고 있어, 원삼국시대에도 청동기가 지속적으로 제작되었음을 알 수 있다. 곡성 오지리유적에서는 주조철부, 단조철부, 철겸, 철도자 등이 출토되었고, 특히 2세기대의 주조철부가 등장하는 점은 이 지역의 특징이기도 하다. 섬진강 중 · 상류역의 유구와 유물 양상에서 본다면 외부에서 철기가 도입된 이후에도 청동기문화가 원삼국시대에까지 이어지고 있어 토착세력에 의해 점차적으로 철기문화로 교체된 것으로 보인다.

6. 삼국시대

1) 삼국시대의 유적

(1) 임실 금성리고분

임실 관촌면 금성리의 화성부락에 있으며, 운암천으로 합류하는 임실천에 면하는 분지에 위치한다. 이 분지는 해발고도 230m정도이고, 석곽묘는 화성부락 전방의 구릉에서 3기의 석곽묘가 1열로 발견되었다. 봉분은 없고 장방형의 석곽인데, 2기는 주곽과 부곽이 있다. 주곽의 장축이 280cm, 너비가 72cm로 비교적 소형에 속한다. 나머지 1기는 주곽만 존재한다. 석곽 내에서 출토된 유물은 철모, 철도자, 철부, 철검, 마구 등이고, 토기는 단경원저호, 장경호, 광구호, 고배가 수습되었다. 부장품이 무기류가 많고, 토기는 가야토기의 초기형식으로 알려졌으며, 이러한 양상은 전북 동남지역에 많이 분포한다. 따라서 이 지역도 백제의 지배 이전에는 가야계의 영향이 있었던 것으로 판단된다. 시기는 4~5세기 중엽으로 추정되고 있다.[25)]

(2) 순창 내월유적

순창 팔덕면 월곡리 내월마을 북쪽 해발 275m의 원통산 서사면 하단부에 위치하고 있다. 유구는 원삼국시대 주거지 6기, 삼국시대 석실분 1기, 석곽묘 5기, 토광묘 1기 등이 조사되었다.(사진17) 석실분은 횡혈식석실분으로 문주석이 확인되었으며, 짧은 연도 시설이 갖추어져 있다. 주구가 있으며, 분구가 형성되었을 것으로 판단된다. 바닥에는 소형할석이 깔려져 있으며, 부장유물은 출토되지 않았다. 석곽묘는 장축방향이 등고선과 직교하는 양상을 보이고 있으며, 석곽

---

25) 전영래, 「임실 금성리 석곽묘군」, 『전북유적 조사보고』 3집, 1974

묘는 2호를 제외하고는 횡구식석곽묘이다. 벽석은 할석이나 판석형 할석이며, 바닥은 작은 할석을 깔았다. 3호와 4호석곽묘는 분구 성토의 흔적을 확인할 수 있었으며, 유물로는 호, 병, 개배, 직구소호 등이 출토되었다. 4호석곽묘에서 출토된 직구소호의 바닥 외면에 女자 형태의 글씨가 음각되어 있다. 출토된 토기로 보아 중심연대는 6세기경으로 추정된다.[26)]

사진17. 내월유적 3호석곽

(3) 남원 초촌리고분

남원 이백면 초촌리에 있고, 전영래에 의해 조사되었다.(도면 3-1) 고분은 오촌부락 구릉의 남사면(E지구)에 16기, 무동산의 남사면(M지구)에 135기, 무동산 서쪽 사면(N지구)에 60기 등 크게 3개 지구에 211기가 분포하고 있는데, 대부분 도굴되거나 파괴된 것이었다. 이중에 파괴되지 않은 것 1기(M60호분)와 옹관묘 1기(M120호분)가 발굴 조사되고, 이미 파괴된 고분 12기가 실측되었다. M60호분은 봉토는 없고 평면 장방형의 석실이 조사되었는데, 현실과 천도가 있는 백제계 고분이다. 현실내부에서는 배형토기, 직구호 등의 백제계토기와 철겸, 철촉, 철도

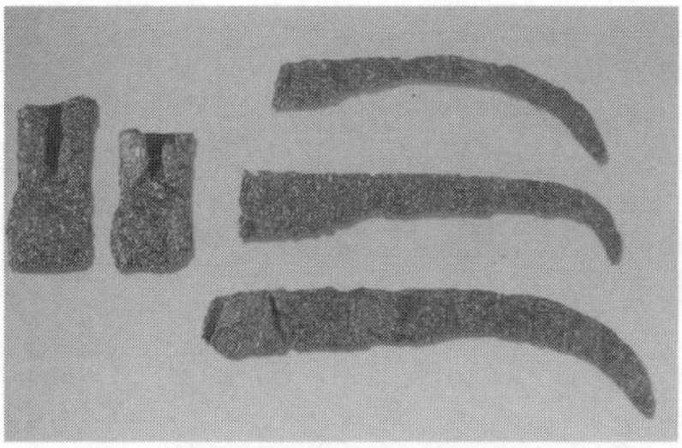

사진18. 초촌리고분 철기

26) 호남문화재연구원, 『순창 내월유적』, 2008

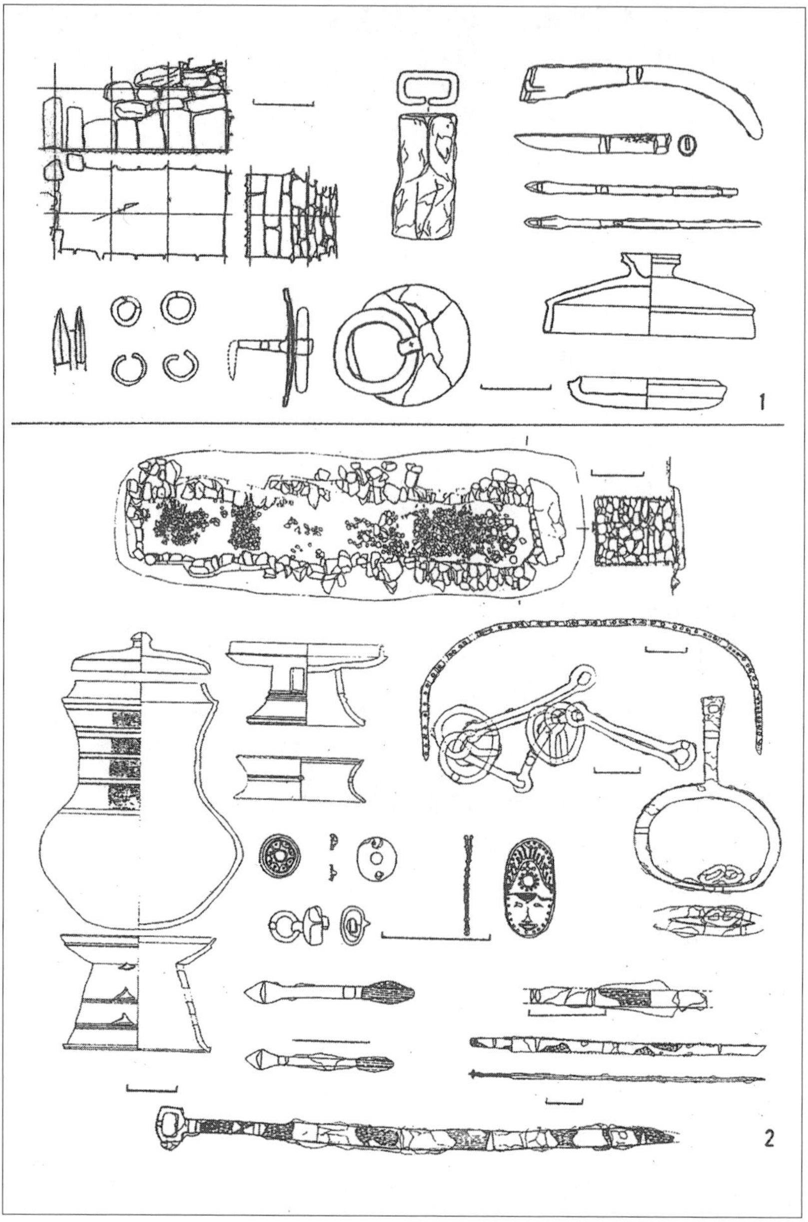

도면3. 1.초촌리 2.두락리　　　　　스케일 유구 1m, 유물 5cm

자, 철부, 방추차, 관의 고리인 좌식환 등이 출토되었고,(사진18) 장신구는 없었다. 무동산 남사면에서 발견된 옹관은 돌로 주위를 돌렸으며, 합구식으로 구연이 없는 옹관 2개를 연결한 전장은 156cm이다. 옹관에서 약간 벗어난 바닥에서 동제세환 2점, 유리소옥 38점이 출토되었다. 이외에 파괴된 고분 등에서 수습된 토기는 개형토기, 배형토기, 직구호, 광구호, 세경호 등이며, 회색이나 회청색의 경질토기계통이 많이 출토되었다. 이 초촌리고분군의 조영연대는 6세기대로 추정하고 있다. [27]

(4) **남원 고죽동고분**

남원 고죽동의 야산에 남원의료원 신축부지가 조사되어 청동기시대 주거지 3기, 삼국시대 고분 4기, 고려시대 고분 2기가 조사되었다. 이중 삼국시대와 관련된 고분은은 석곽묘 2기와 석관묘 1기, 불명 1기이다. 석곽묘는 구조에 있어서는 전반적으로 가야계로 판단되고 있으며, 동서 장축을 이룬다. 2호석곽묘는 청동기시대의 주거지 내부에 자리하고 있다. 잔존상태가 가장 양호한 4호석곽묘는 길이 255cm, 폭 80cm, 최대깊이 동북단에서 66cm이다.(사진19) 석곽의 동쪽 벽에서 토기 5점과 북벽 아래 가운데 부분에서 철겸, 철도자 등의 철기가 출토되었다. 내부에서 출토된 유물은 가야계의 토기도 보이지만 오히려 토기의 전반적인

사진19. 고죽동 4호석곽묘

27) 전영래, 「남원 초촌리고분군 발굴조사보고」, 『전북유적 조사보고』 12집, 1981

양상은 백제토기로 분류할 수 있는 것이다. 출토유물로 보아 주변의 척문리산성 유적이나 초촌리 고분과 비교할 수 있는 자료이며, 시기는 6세기 전반을 전후한 연대를 생각할 수 있다.[28]

(5) 남원 두락리고분

사진20. 두락리고분 장신구

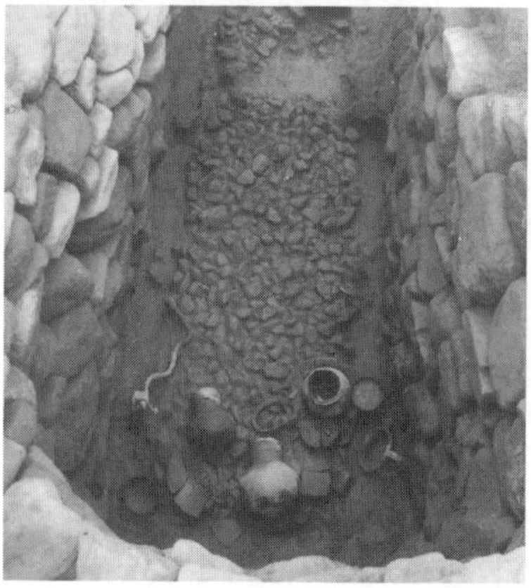

사진21. 두락리 1호분

남원 아영면 두락리와 동면 유곡리의 낮은 구릉의 정상부분에 위치한다. 이 구릉은 지리산의 한 줄기인 연비산에서 서쪽으로 뻗어 내린 해발고도 440m 지점이다. 비교적 경사가 급한 구릉 줄기를 따라서 성내마을이 있고, 그 서쪽으로 하천이 흐른다. 두락리고분군은 34기가 존재하는 것으로 보고되었고, 이 중 5기가 조사되었다.(도면3-2) 비교적 높은 봉분을 가진 1호, 3호, 5호분은 수혈식석실묘, 2호분은 횡혈식석실묘, 4호분은 수혈식석곽묘로 확인되었다. 2호분의 횡혈식석실묘는 장방형의 연도와 장축 300cm, 240cm의 석실이다. 관대시설이 있고 회칠을 하여 축조하였으며, 이와 비슷한 석실구조는 가까운 남원 초촌리의 백제계석실분에서도 조사되었다. 도굴되어 유물은 적고 사발, 청동 장신구, 인골편

28) 전북대학교 박물관, 『남원 고죽동유적』, 1997

등이 수습되었다. 4호분의 수혈식석곽묘는 축조방법에서 석실묘와 차이가 있고, 주변 건지리고분의 석곽묘와 유사하다. 유물은 환두대도, 철도자, 금동이식, 화살촉, 옥이 출토되었으나 많은 토기류와 유물이 도굴되었다.(사진20) 수혈식석실묘 중 1호분은 대형에 속하며, 석실은 주곽과 부곽이 있고, 유물은 장경호 셋트, 대부호, 통형기대, 개배, 고배, 단경호, 장경호, 각종 마구류, 철촉, 석제 검파두식, 청동수저 등이 비교적 많이 수습되었다.(사진21) 고분은 가야계통이나 2호는 백제계통의 영향이 보인다. 출토된 토기나 철기류도 가야계통이며 시기는 6세기 전반으로 추정하고 있다.[29)]

(6) 남원 건지리고분

남원 동면 건지리에 있고, 경남 함양과 접경을 이룬다. 고분군은 상산에서 서북쪽으로 흘러내린 해발고도 400m 정도의 구릉평지에 자리하고, 이 완만한 능선과 경사면에 모두 고분이 들어서 있어 350기 이상 분포된 것으로 추정된다. 건지리 고분군 외에도 상산에서 서쪽으로 뻗어 내린 자래리의 능선에는 150여기의 고분이 있고, 상산 북쪽지역의 연비산 동남쪽 능선에는 200여기 이상의 고분이 있는 것으로 알려졌다. 건지리 고분군에서는 1, 2차에 걸쳐 봉분이 있는 것을 포함해서 40여기의 석곽묘가 조사되었다.(사진22, 도면4-1) 하나의 봉분에 하나의 석곽이나 두 개 이상

사진22. 건지리 B3호분

29) 전북대학교 박물관, 『두락리』, 1989

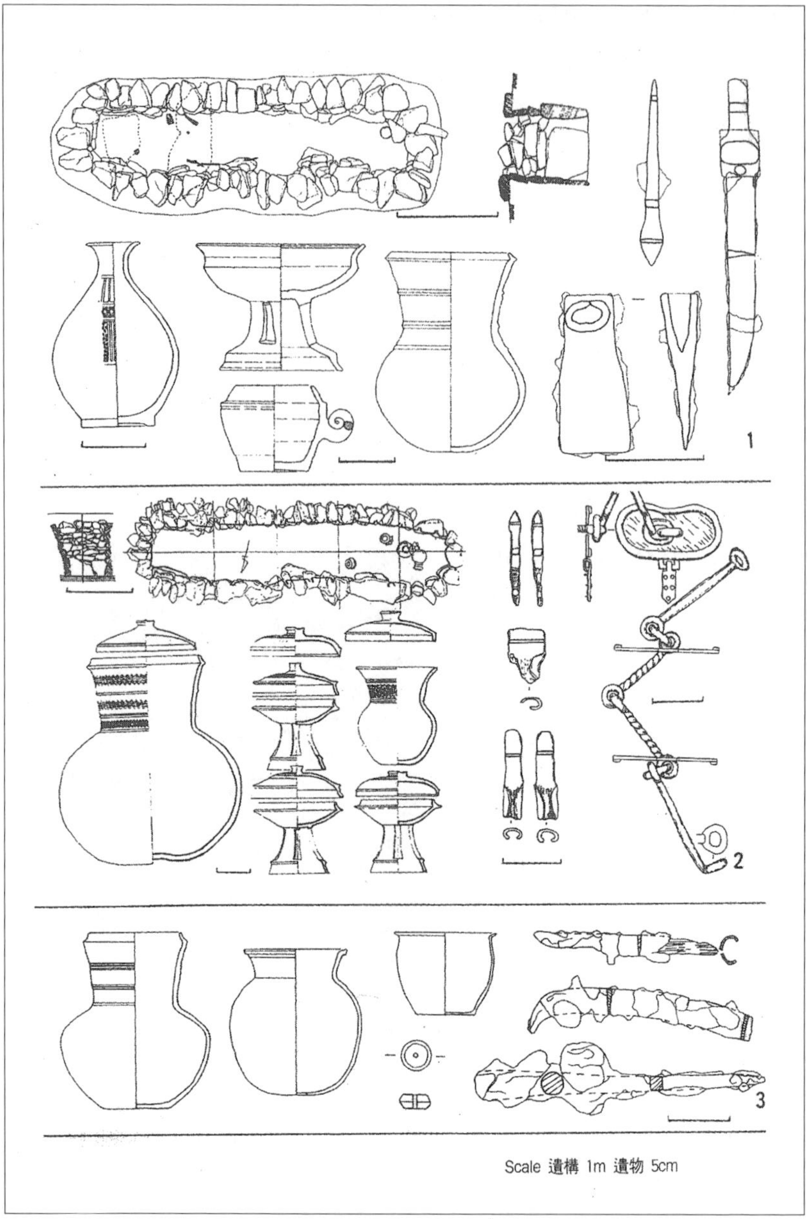

도면4. 1.건지리 2.월산리 3.행정리

의 석곽이 배치된 것도 있다. 석곽의 바닥은 별 시설이 없이 생토바닥이 이용되었고, 측벽은 판상석을 세우고, 그 위에 냇돌을 쌓아서 축조하였으며, 장축방향도 일정하지 않다. 유물은 단경호, 장경호, 개배, 고배, 보시기 등의 토기와 철부, 철촉, 철도자, 철겸, 금제고리, 은제고리 등이 출토된다. 그러나 인근 두락리에서와 같이 마구류와 그릇받침 등의 유물은 보이지 않는다. 이 유물은 가야계통의 것이나 다지구의 고분에서는 백제계토기의 전통이 반영되는 것도 있는 것으로 보고되고 있다. 시기는 5세기 후반에서 6세기 전반으로 추정되고 있다.[30]

(7) **남원 월산리고분**

사진23. 월산리고분 전경

남원 아영면 월산리에 있고, 9기의 고분 중 88고속도로 공사구간에 포함된 4기를 원광대 마한 · 백제문화연구소에서 조사하였다.(사진23, 도면4-2) 이곳은 해발고도 400m이상의 구릉 평지를 이루며, 동남향으로 흐르는 남강과 서향으로 흐르는 섬진강의 지류인 요천 상류와 분수령을 이루는 곳이다. 인근에 두락리, 건지리, 자래리 등지에도 많은 고분이 분포하고 있다. 고분의 규모가 가장 큰 M1호분에서는 수혈식 장방형대형석실(M1-A)외에도 중복된 것으로 보이는 기존의 상식소형석관(M1-B, C, D, F), 무개식석곽(M1-E, G) 6기가 조사되었고, 유물은 대형석실에서 광구소호, 단경호, 고배, 기

30) 국립문화재연구소, 『남원 건지리 고분군』, 1991

사진24. 월산리고분 토기

대, 뚜껑접시의 토기류와 철도자, 철모, 환두대도편, 철촉, 철겸, 철부의 철기류, 무구류, 각종 마구류 등 많은 종류의 대량의 유물이 출토되었다.(사진24) M2호분과 M3호분에서는 무개식석곽이 각각 1기씩 조사되었고, 유물은 단경호, 장경호, 기대 등의 토기류와 철도자, 철모, 철촉, 마구 등이 출토되었다. 고분의 축조나 유물의 조합상으로 보면 수혈식 장방형대형석실(M1-A, M4호)이 기존의 상식소형석관과 무개식석곽분보다 늦은 시기로 보고되고 있다. 이 시기는 M1호-A와 M4호분이 6세기초, 나머지는 5세기대로 추정되고 있다.[31] 최근에 88고속도로 확장공사를 위한 조사에서 추가로 3기가 조사되었다. 이중 M5호분에서 청자천계호, 청동자루솥이 출토되어 중국, 백제, 신라 등과 교류한 흔적을 확인할 수 있다.

(8) 남원 행정리고분

남원 운봉면 행정리 서쪽 광천변의 구릉에 위치하고, 수정봉의 한 줄기인 해발고도 500~550m 정도에 고분군이 분포하고 있다. 이 운봉의 분지지역에는 삼국시대의 산성도 많이 존재하고 있다. 행정리고분군에서는 12기의 석곽묘와 1기의 토광묘가 조사되었다.(도면4-3) 대부분이 가야계통의 석곽묘이며, 바닥은 생토처리이나 판상석을 깐 것도 있다. 4호분은 석곽 주위에 원형의 호석을 돌렸다. 이 고분군의 석곽묘는 인근에서 조사된 건지리, 두락리, 월산리고분과 상통한다. 철제유물은 철도자, 철모, 철겸, 철부, 철촉 등이고, 토기류는 장경호,

31) 전영래, 『남원 월산리고분군 발굴조사보고』, 원광대 마한 · 백제문화연구소, 1983

단경호, 광구호, 광구장경호와 그 외에 옥류, 방추차가 출토되었다. 토광묘는 장축 150cm로 풍화화강암층을 파고 축조되었으며, 그 안에서 격자문양을 타날한 연질의 적갈색토기가 출토되었는데, 문양과 기형에 있어서 백제계통의 토기와 유사한 것으로 보고되고 있다. 이 고분군의 시기는 건지리나 초촌리고분군과 비슷한 6세기 전반으로 추정하고 있다.[32)]

(9) 남원 척문리산성

남원 이백면 척문리에 있고, 남원시에서 동북쪽으로 4km정도 올라간 섬진강 지류인 요천강에 돌출한 산 정상에 위치한다. 이곳에서 불과 남쪽 1km정도 거리에 초촌리고분군이 있다. 입지는 여원치의 남북으로 뻗은 산맥에서 서향하는 능선의 끝부분이며, 자연능선을 따라 축조한 석성이다. 산성은 능선을 따라 흙으로 단을 만들고 그 외곽에 석축 하였으며, 성 내부에는 우물, 사찰이 있었다고 한다. 산성의 둘레는 567m, 동서182m, 남북120m로 3개소의 문과 건물지 등으로 추정되는 평지가 존재한다. 성내에서 수습된 토기는 삼족토기, 개배, 광구호, 외반구호, 단구호 등 백제계 토기이다. 또한 승석문이 있는 백제시대 평기와도 많이 퇴적되어 있다.[33)]

2) 삼국시대의 성격

(1) 유구와 유물의 상황

묘제는 백제계의 석실묘와 가야계의 석곽묘가 조사되었다. 남원 초촌리고분군은 횡혈식석실이 조사되었고, 장방형현실과 천도가 있으

---

32) 전북대학교 박물관, 『행정리고분군』, 1994

33) 전영래, 「남원 초촌리고분군 발굴조사보고」, 『전북유적 조사보고』 12집, 1981

며, 대부분이 위벽을 내경시켜 천정면을 좁히고 있는 맞조임식 석실묘이다. 이러한 석실은 정읍 은선리에서 5기, 익산 입점리에서 4기와 익산 웅포리, 전주 평화동, 완주 제내리 등 전북지방에서도 조사되었고, 공주지역에도 많이 분포한다. 전북지방에서도 현실내부가 가장 선행되는 것으로 보이는 조촌리 M21호, M43호, M60호 등은 부여와 공주지역의 우금리, 금학리고분과 연결되고, 백제 지배세력이 남원지역을 점거했던 6세기 초반과도 부합되는 것으로 연구되었다. 또한 두락리 2호분은 횡혈식석실 전면에 회칠과 관대시설, 배수시설, 4벽구성의 궁륭상 천장 등이 특징인데, 전면에 회칠을 하고 관대시설이 있는 석실구조는 남원 초촌리의 백제계석실묘에서도 확인되고 있다. 두락리 2호분과 같은 궁륭상 천장은 한강유역의 가락동 3호분, 방이동 1호분, 익산의 입점리 1호분, 공주 송산리 1~5호분, 공주 웅진동에서도 5기정도 보이고, 북한지방에도 존재하여 비교적 넓은 지역에서 축조되었다. 그러나 두락리 2호분에서 출토된 유물은 가야의 마지막 단계로 보고되고 있으며, 묘제는 백제 석실묘계통이고, 유물은 가야계통이어서 주목된다.

석곽묘는 주로 남원 동부지역에서 많이 발견된 가야계통의 것인데 석곽 측벽의 축조기법이 판상석을 세우거나 냇돌이나 할석으로 축조하고 있으며, 바닥은 냇돌을 깔거나 그대로 흙바닥을 이용하고 있다. 그러나 두락리의 1호분은 석곽의 규모가 크고 바닥에 작은 돌을 깔고 측벽사이에 점토를 바르고 있는데, 근처의 월산리M1-A, M4호분에도 예가 보고되고 있다. 두락리 3호, 5호 석곽은 측벽과 바닥까지도 점토를 발라 축조하였는데, 이런 양상은 주변의 합천 삼가고분, 함양 상백리고분에서도 보인다. 행정리의 석곽묘는 생토로 바닥처리를 했고, 특히 4호분은 석곽주위에 원형의 호석을 배치하고 있어 주목된다. 석곽의 규모가 적은 곳에서는 단순한 유물이 출토되지만 석곽이 비교적 큰 두락리 1, 4, 5호분, 월산리 M1-A, M4호분, 건지리 가8, 가

10, 다1호분 등에서는 환두대도, 철제대두, 각종 마구류가 출토되어 피장자의 신분이 높은 지위였음을 짐작할 수 있다. 남원 동부지역의 석곽묘군은 남강 상류역의 함양 상백리, 백천리, 거창 말흘리 등지와 밀접한 관련을 가진다. 그러나 석곽의 축조나 출토유물에서 지역성이 보이기도 하여 남원 두락리, 건지리, 월산리, 자래리, 행정리, 입석리고분군, 순창 내월유적의 피장자들은 대가야에 정복되기 이전의 가야 토착세력이었을 것으로 생각된다.

이 시기의 섬진강유역에서는 고분의 조사가 주류를 이룬다. 특히 가야지역과 접경지역인 남원에서의 조사는 이전부터 지속되어 왔고 많은 유물이 수습되었다. 유물의 상황을 보면, 먼저 백제계의 토기류는 남원 초촌리에서는 개형토기, 배형토기, 직구호, 광구호, 세경호 등의 회색이나 회청색의 경질토기계통이 많이 출토되고 있고, 직구무경호는 백제초기부터 일정하게 존재한다. 남원 척문리산성에서는 삼족토기, 개배, 광구호, 외반구호, 단구호 등의 백제계토기가 출토되었다. 가야계통의 토기는 장경호, 단경호, 광구호, 광구장경호, 개배, 고배, 기대 등 다양하며, 남원 동부지역의 건지리, 월산리, 두락리, 행정리고분의 토기양상은 비슷하다. 두락리고분에서 출토된 토기는 고령지산동, 합천 반계제고분 출토의 것과 관련이 깊으며, 건지리고분의 장경호, 고배 등은 함양 상백리, 백천리, 거창 말흘리 고분과 밀접한 관련을 보이고 있다.

철기유물은 백제계통의 남원 초촌리고분에서 철겸, 철촉, 철도자, 철부, 방추차, 좌식환 등이 출토되었으며, 관의 고리인 좌식환은 주로 원형과 팔각형이 있는데 원형은 지척의 척문리산성에서, 팔각형은 공주 송산리 고분에서 출토 예가 있다. 가야계의 철기유물은 두락리, 건지리, 월산리, 행정리에서 철부, 철촉, 철도자, 철겸 등이 출토되었다. 그 외에 철모는 행정리, 월산리고분에서, 환두대도는 월산리고분에서, 검파두식은 두락리고분에서 출토되었다. 그리고 각종 마구류가 두락리, 월산리고분에서 많이 출토되어 피장자 신분의 위용을 짐작할 수 있다. 철기 이외의 유물로는 청동수저가 두락리고분에서, 금제고리와 은제고리가 건지리고분에서 출토되었다.

(2) 주변지역과의 관계

백제계의 횡혈식석실인 남원 초촌리고분군과 두락리 2호의 석실은 배수시설이 있고 전형적인 궁륭상 천장인데, 백제시대의 한강유역, 공주지역에도 이런 구조의 석실이 많아 백제의 영향이 많이 가미되었다고 할 수 있으며, 출토된 가야계 유물로 보아 회칠과 관대가 있는 고령 고아동 벽화고분과도 연결되는 것으로 보고 있다. 남원 건지리 고분의 다지구의 고분에서는 백제계통의 토기가 보고되기도 하였다.

가야계로 보이는 임실 금성리고분은 비교적 소형석곽묘로 지석묘 하부구조에 원류가 예상되며, 목관을 사용할 수혈식석곽묘로 이행하는 단계로 생각된다. 가야계고분은 전북 동남산간지역의 신라와 백제의 접경지역에 많다. 비교적 많이 발견되는 남원 운봉면, 동면, 아영면 일대는 남강수계의 최상류지역인데, 이러한 가야계의 문화가 섬진강 상류역에까지 파급된 양상을 보인다. 이에 반해 두락리 2호분의 횡혈식석실은 남원 초촌리의 백제계석실묘와도 관련되고 있어, 섬진강 상류역에서 남강 최상류지역에까지 백제계통과 가야계통의 문화가 공유하고 있음을 말해주고 있다.

또한 남원지역은 변방지역에 대한 백제와 가야의 각축의 장소로도 파악된다. 영토확장을 놓고 가야계통의 세력이 남강 최상류 지역인 남원 동부산간지역에 거점을 두고 섬진강 상류역의 백제영역인 남원, 임실, 장수지역에까지 도달했던 것이다. 이러한 가야의 세력을 저지하기 위하여 남원지역으로 백제의 지배세력이 내려온 것은 일본서기 문헌의 기록으로 보면 513년(무령왕 13년)경이다. 이러한 문헌을 뒷받침이라도 하듯이 남원 서부지역의 초촌리고분군에서 백제계 횡혈식석실묘가 200여기이상 분포하고 있다. 대가야가 신라에게 정복(562년)된 이후에도 백제는 대가야 변방지역을 차지하기 위해 무왕대에 운봉의 아모산성을 점령(616년)하고 소백산맥을 넘어 함양지역에까지 진출하기도 한다. 운봉분지에는 이 시기에 축조되었던 것으로 추정되는 노치산성, 음지산성, 양지산성 등과 이 외에도 많은 석성이 확인되었다. 즉 남원지역은 대가야와 신라를 견제하기 위한 백제세력의 기지였고 삼국시대의 석성이 많이 존재한다. 척문리산성도 그 기지의 하나로 생각되며, 초촌리고분군의 세력과 밀접한 관련이 있을 것이다. 기본적으로 남원동부 산간지역의 운봉면, 동면, 아영면 일대의 두락리, 월산리, 건지리, 자래리, 행정리 등의 고분군은 가야계통의 석곽묘인데 두락리에서 백제계통의 석실묘, 건지리에서는 백제계통의 토기도 보고되고 있어 변방지역에서의 공방전과 아울러 문화교류의 양상을 엿볼 수 있다. 남원동부 산간지역은 함양 상백리, 함양 백천리와는 같은 문화권에 있었고, 거창 말흘리와도 밀접한 관련을 가진다.

이러한 역사적 사실은 묘제의 변천에 있어서도 설명된다고 볼 수 있다. 토광묘와 옹관묘는 청동기시대 후기 이후 마한문화권에서 주로 사용되는 묘제이며, 석곽묘는 가야토착세력으로 여겨지는 변한 문화권에서 주로 축조된다. 따라서 남원, 장수의 일부지역은 백제세력이 내려오기 이전에는 가야토착세력이 정주했던 것으로 생각된다. 백제가 마한을 복속시키고 한성에 있을 때에는 지리적 여건상 정치적 세력이 전라도 변방까지는 강하게 미치지 못했으나 웅진으로 천도한 5세기말 이후에는 영향력이 강하게 반영되었다고 생각한다. 그러한 고고학적 유구가 남원 초촌리와 두락리고분에서 조사된 석실묘인데, 이 시기가 6세기경으로 편년되고 있다.

Ⅳ. 용담댐 수몰지구의 문화유적

용담댐 수몰지구의 문화유적

1. 머리말

진안군은 소백산맥과 노령산맥의 중간에 위치하고 있으며, 장수의 뜬봉샘에서 발원한 금강은 그 사이를 관통하고 있다. 용담댐 수몰지구는 진안군에서도 북쪽지역인 용담, 안천, 정천, 상전, 진안읍에 걸쳐 있으며, 이중에 용담면, 정천면의 경우는 면소재지가 잠기어 이전을 한 상태이다. 용담댐 수몰지구는 금강의 상류역에 해당하며, 금강의 지류인 안자천, 주자천, 정자천 등이 포함되고 있다. 강의 양안에는 험한 산이 둘려져 있고, 지형상으로 전형적인 고원지대를 이루고 있다. 유적은 대개 강변을 중심으로 한 지역에 집중되어 있는 양상을 보이고 있다. 용담댐 수몰지구에 대한 발굴조사는 1995년부터 4차에 걸쳐 이루어졌으며, 구석기시대부터 조선시대에 이르기까지 40여개소의 다양한 유적이 조사되었다.

용담댐 수몰지역은 금강의 상류지역으로 삼국시대에 교통로가 발달하여 정치적, 군사적인 요충지였으며, 실제로 유적에서도 백제와 가야의 유물이 공반되기도 하여 그 의미를 확인할 수 있었다. 특히 용담면 일대는 남북방향의 교통로가 교차하는 지점이어서 각 시기의 중요한 유적이 집중되고 있다.

용담댐 수몰지구에 대한 고고학적인 성과는 이미 호남고고학회에서 전반적인 연구발표가 있었으며,[1] 또한 국립전주박물관에서는 기획전을 통하여 학술적인 연구와 전시가 진행되기도 하였다.[2] 필자는 용담

1) 호남고고학회, 『용담댐 수몰지구의 고고학』, 제11회 학술대회 요지, 2003
2) 국립전주박물관, 『수몰된 옛사람의 흔적 용담』, 기획전 도록, 2003

댐 수몰지구의 조사에 참여한 바 있으며, 본고에서는 그 내용과 더불어 용담댐 수몰지구 유적의 개요를 시대별로 정리해 보고자 한다.

2. 구석기시대

사진1. 진그늘 구석기유적 전경

진그늘 구석기유적은 진안 정천면 모정리 진그늘마을에 있으며, 전북에서는 처음으로 구석기유적이 발굴조사 되었다.(사진1) 마을 앞으로는 정자천이 흐르고 있으며, 구석기유적 바로 연접한 지역에서 신석기시대 주거지 3기 및 청동기시대 주거지 1기 등이 조사되었다.

구석기 유물은 전반적으로 후기구석기의 양상을 띠고 있으며, 유문암계통의 석기들이 주류를 이룬다. 이곳에서 조사된 석기제작소, 노지의 양상에서 당시의 생활양상을 엿볼 수 있으며, 석기 사용공간의 파악도 가능하다. 이 유적에서는 20여개소의 석기제작소와 노지가 조사되었고, 유물은 몸돌과 함께 격지, 돌날, 좀돌날, 슴베찌르개, 밀개, 새기개, 긁개, 자르개, 뚜루개 등이 출토되었다.(사진2) 특히 슴베찌르개가 90여점 출토된 점으로 보아 이 유적은 수렵용 석기도구를 만들어 동물 등을 해체하던 캠프장소로 추정되고 있다. 슴베찌르개는 전주 송천동, 임실 하가지구에서도 확인되고 있으며, 주변지역에서는 순천 월평, 순천 죽내리, 대전 용호동, 공주 석장리, 단양 수양개, 밀양 고례리유적 등에서 많이 보이고 있다. 또한 대형 밀개도 발견되어 도구의 가공도 동시에 이루어진 것으로 보인다.

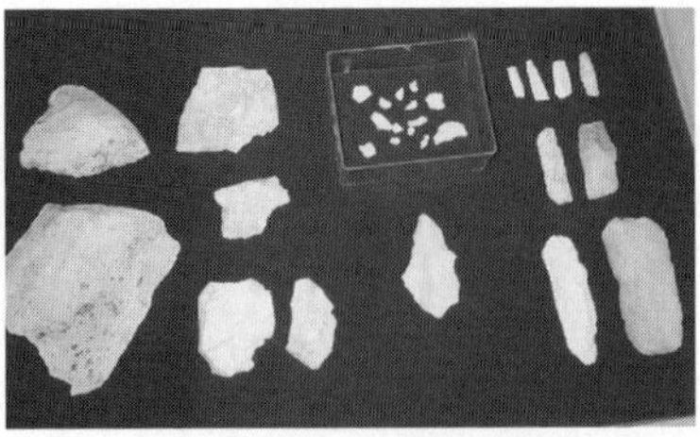
사진2. 진그늘유적 구석기

노지는 불 먹은 응회암의 자갈이 집중된 곳이며, 주변에서는 목탄이 흩어져 있었다. 진그늘유적이 있는 지역은 주변지역이 산에 둘러싸여 있고 사냥감과 식생자원이 풍부하여 후기 구석기인들은 한 장소에서 장기간 머물면서 석기를 제작하고, 식생활을 영위하였을 것이다. 노지에서 나온 숯의 연대는 22,850±350BP로 밝혀졌으며, 후기 구석기의 늦은 단계의 양상을 보이는 생활유적이다. 후기구석기층의 아래층에서는 중기구석기로 추정되는 석영제의 찍개, 몸돌 등 4점이 발견되었다.[3)] 이외에도 용담댐 수몰지역에서는 외송, 모실, 평은, 신전, 원주평 등의 지역에서 석기가 수습된 바 있다.

3. 신석기시대

1) 용평리 운암유적

진안 상전면 용평리 운암마을 뒤편의 구릉지역에 위치한다. 유적은 금강이 크게 S자로 굽어도는 능선에 해당한다. 유구는 소토된 흔적이 있는 경화면과 야외노지로 추정되는 곳이 확인되었다. 야외노지로 추정되는 곳은 집석시설이 없고 소토된 경화면이 군데군데 확인되며, 토기편과 돌이 비교적 많이 밀집되어 있는 곳이다. 이곳에서 출토된 토기편은 60여점 정도이며, 토기에 시문된 문양은 자돌문, 압날문, 침선문 등이 주류를 이룬다. 조사구간의 남서측에서는 갈판과 석부, 보습, 어망추 등 주로 석기류가 많이 출토되었다.

이 유적은 석기의 조합상과 유적의 입지에서 보면, 농경을 기반으로 하면서 이 능선에서 굽어다 보이는 강에서 어로에도 종사했을 것으로 생각된다. 유적의 성격이 농경과 관련되고 있는 만큼 수렵구는 출토되지 않고 있다. 이곳에서는 주거지가 발견되지 않고 유물의 출토 상황으로 보면 야외 임시조리장의 성격이 강하다. 완만하고 경사면이 넓게 펼쳐진 곳에서 농경에 종사하면서 전망이 좋고 평탄한 이곳에서 정주의 필요성 없이 간단한 취사나 도구의 제작 등이 행해진 것으로 생각된다. 이 유적은 금강유역의 둔산, 쌍청리, 금정리유적과 공통된 양상을 보이고 있다.[4)]

2) 갈머리유적

사진3. 갈머리유적 적석노지

진안 정천면 갈룡리 갈두마을의 정자천변의 충적지에 위치하고 있다. 이 유적에서는 주거지 3기와 적석노지 53기, 특수유구 3기가 조사되었

3) 조선대학교 박물관, 『진안 진그늘 선사유적』, 2005

4) 전북대학교 박물관, 『진안 용담댐 수몰지구내 문화유적발굴조사보고서 II』, 2001

다.(사진3) 주거지는 원형이며, 중앙에 노지가 존재한다. 주거지는 2기가 조사되었으며, 주거의 평면형태가 원형이다. 이 중 1호주거지는 중앙에 노지가 있다. 가장 많이 출토된 적석노지는 원형을 이루고 있으며, 주변에 불을 지핀 흔적이 완연히 확인되고 있다. 적석노지는 대부분 지표면 위에 강돌을 1~2단 깔아서 축조하였으며, 재는 적석의 내부와 바닥에서 검출되었다. 이 유구의 토양을 지방산 분석한 결과 도토리의 지방산으로 확인되어 도토리가공과 관련된 야외노지 시설로 판단된다.

사진4. 갈머리유적 토기

이곳에서 출토된 유물은 토기와 석기가 주류를 이룬다.(사진4) 토기는 빠른 시기가 중기단계의 단사집선문, 조대문, 능격문, 조우문 등의 문양이며, 후기단계의 점열문, 격자문이 구연부의 공백을 둔 후 시문되며, 만기단계의 이중구연토기까지 수습되어 오랜 기간동안 생업에 종사하였음을 알 수 있다. 석기는 석촉, 환형석기, 석부, 굴지구, 원판형석기, 갈돌, 갈판, 발화석, 고석, 홈돌, 지석 등 다양하다. 이중에는 굴지구가 40% 정도로 가장 많고, 도토리 등의 가공용구인 갈돌과 갈판도 많이 발견되고 있다.[5)]

3) 진그늘 신석기유적

진안 정천면 모정리 진그늘 마을을 정자천이 감아 돌고 있으며, 유적은 천변의 곡류하는 충적대지상에 위치한다. 진그늘유적은 전북에서는 처음으로 구석기유적이 발굴조사 되었으며, 바로 연접한 지역에

5) 호남문화재연구원, 『갈머리유적』, 2002

서 신석기시대 주거지 3기, 집석유구 13기, 청동기시대 주거지 1기 등이 조사되었다. 유물은 다양한 빗살무늬토기와 석기류, 그리고 도토리, 씨앗 등이 출토되었다.[6)]

사진5. 진그늘 3호주거지

신석기시대 1호주거지는 원형이며, 내부 벽선 주변에서는 비스듬하게 주공 2개가 확인되었다. 2호주거지는 말각방형이며, 내부에서는 8개의 구멍이 확인되었다. 3호주거지는 벽선이 뚜렷하지 않으나 원형으로 추정된다.(사진5) 노지로 보이는 중앙부분에는 강돌을 원형으로 돌리고 있다. 이들 주거지에서는 단사선문, 집선문, 어골문, 점열문 등의 토기와 굴지구, 석촉, 지석 등이 출토되었다.

집석유구는 13기이며, 원형 내지는 타원형을 이루고 있다. 7호, 8호, 9호집석유구 주변에서 90여 점의 도토리가 산포되어 있었다. 도토리는 껍질이 온전하거나 반쪽 혹은 1/4쪽의 알맹이 상태여서 껍질을 벗기는 작업 공정이 이루어진 것으로 보고하고 있다. 출토된 도토리 주변에 토기의 밀집도가 가장 높게 나타나 도토리 가공에 있어서 집석유구는 물론, 토기와도 밀접한 관련이 있어 보인다.

4) 농산유적

진안 정천면 갈룡리 농산마을의 정자천변에 위치하고 있다. 이곳에서는 신석기시대 노지 7기, 수혈유구 2기, 청동기시대 주거지 8기, 야

6) 조선대학교 박물관, 『진안 진그늘 선사유적』, 2005

외노지, 수혈유구 100여기 등이 조사되었다. 신석기시대 노지는 위석형과 집석형이 있으며, 직경은 60~100cm 내외이다. 유물은 신석기시대 후기에서 만기에 걸치는 이중구연토기와 갈판, 굴지구 등이 출토되었다. 농산유적의 노지 배치는 인근의 갈머리유적과는 다른 산발적으로 분포하는 양상을 보이고 있다. 수혈유구는 원형과 말각방형 각각 1기씩이며, 내부에서는 평행밀집단사선문이 시문된 토기편이 출토되었다.(사진6)[7]

사진6. 농산유적 원형수혈유구

4. 청동기시대

1) 월포리 지석묘

진안 상전면 월포리 월포마을에서 서쪽으로 200m 정도 지점의 낮은 구릉에 위치하고 있다. 이곳에서 조사된 지석묘는 5기이며, 구릉을 따라 열을 지어 상석이 놓여 있었다. 3호 상석을 제외하고는 하부구조가 확인되었으며, 용담댐 수몰지역의 다른 지석묘에서는 묘역을 설치하는데 이곳에서는 그러한 양상이 보이지 않는다. 주변에서 유물 등이 발견되지 않아 축조시기, 집단 등에 대해 불분명하다.[8]

7) 전북대학교 박물관, 『진안 용담댐 수몰지구내 문화유적발굴조사보고서IX』, 2001
8) 전북대학교 박물관, 『진안 용담댐 수몰지구내 문화유적발굴조사보고서 II』, 2001

2) 구곡유적

사진7. 구곡 7,8호지석묘 하부구조

진안 안천면 삼락리 구곡마을에 위치한다. A지역에서는 지석묘 10기, B지역에서 3기의 주거지, C지역에서 8기의 지석묘가 조사되었다.(사진7) A지역의 지석묘열은 2열이며, 안자동과 유사하다. 상석은 개석식이 대부분이고, 대개 5톤 전후의 무게이다. 바닥에는 부석을 깔아서 방형이나 장방형의 일정한 묘역을 설정하였으며, 묘역은 서로 연접되어 있는 양상을 보이고 있다. 유물은 무문토기, 석촉, 석검, 소옥, 방추차 등이 출토되었다. 이 유적은 용담댐으로 인하여 수몰되었으나, 갈수기에는 일부가 드러난다.[9]

3) 수좌동유적

진안 안천면 삼락리 수좌동마을에 위치한다. 이곳에서는 청동기시대의 지석묘 8기, 석관묘 3기, 주거지 1기가 조사되었다. 지석묘의 상석은 개석식이며, 바닥에는 부석을 깔아서 묘역을 구분하였다. 단독묘역과 연접묘역의 구역이 동서로 구분되어 있는 것이 특징이다. 출토된 유물은 무문토기, 석촉, 석검 등이다. 석관묘는 모두 지하식이며, 3호석관묘는 이단으로 토광을 파고 축조하였다. 내부에 유물이 출토되지 않았으며, 지석묘와의 배치상황으로 보아, 시기를 달리하여

9) 국립전주박물관, 『진안 용담댐 수몰지구내 문화유적발굴조사보고서Ⅲ』, 2001

축조되었을 가능성이 높다. 지석묘보다 높은 입시에서 청동기시대의 원형주거지 1기가 조사되었으며, 내부에서는 석도, 석검, 무문토기편 등이 출토되었다.[10)]

4) 안자동유적

사진8. 안자동유적 전경

진안 안천면 삼락리 안자동에 위치하며 바로 앞으로 안자천이 흐른다. 이곳의 전북대 조사구간에서는 신석기시대의 집석유구 1기와 지석묘 2기가 조사되었다. 신석기시대 토기는 점열문, 조우문 등 신석기 후기에 해당하는 것들이다. 2기의 지석묘는 방형의 묘역을 갖추고 있으며, 중앙에 단독장의 매장주체부가 있다. 유물은 무문토기가 많으며, 소량의 석검과 유구석부 등이 출토되었다. 전주박물관 조사 구간에서는 11기의 지석묘가 조사되었다.(사진8) 상석은 개석식이 대부분이고 일정한 묘역을 설정하였다. 단독묘역도 있지만 묘역은 일반적으로 연접되어 있는 양상을

사진9. 안자동 9호지석묘

10) 국립전주박물관, 『진안 용담댐 수몰지구내 문화유적발굴조사보고서Ⅲ』, 2001
11) 국립전주박물관, 『진안 용담댐 수몰지구내 문화유적발굴조사보고서Ⅲ』, 2001

보이고 있다. 출토유물은 적색마연토기, 송국리형토기, 석검, 석부, 석도, 옥 등이 출토되고 있다.(사진9)[11]

5) 풍암유적

사진10. 풍암유적 전경

진안 안천면 삼락리의 삼거리에 자리하고 있다. 이 유적에서는 16기의 지석묘가 조사되었으며, 상석은 괴석형이 많다.(사진10) 방형의 묘역을 갖추고 있으며, 단독장을 이루는 것과 연접 혹은 나열되어 있는 집단묘적인 성격을 가진 2가지 유형이 있다. 후자의 유형은 풍암유적 이외에도 삼락리, 모정유적에서도 집중적으로 조사되고 있다. 유물은 무문토기, 홍도편, 마제석검, 마제석촉, 옥 등이 출토되었다. 유물중에 삼각만입석촉과 이단병식석검 등은 청동기시대의 빠른시기에 해당한다. 지석묘의 구조와 유물로 보면, 풍암유적은 기원전 9~5세기경에 축조된 것으로 추정된다.[12]

6) 망덕유적

진안 정천면 모정리 망덕마을에 위치한다. 정자천변에 위치한 이곳에서 북쪽으로 1km 지점에 여의곡유적이 있고, 남쪽으로 1km 지점에는 모곡유적이 있다. 이 유적의 가지구에서 지석묘 18기, 나지구에

---

12) 전북대학교 박물관, 『진안 용담댐 수몰지구내 문화유적발굴조사보고서 X』, 2001

사진11. 망덕유적 전경

서 5기가 조사되었다.(사진11) 상석의 무게는 5~11톤 정도이며, 지석식과 무지석식으로 구분된다. 지석묘군은 2열로 축조되었으며, 방형 내지는 원형의 묘역 시설을 갖추거나 묘역이 연접되어 있는 양상이다. 적석내와 개석 상부에서 확인되는 토기나 석기편은 매장의례와 관련이 있는 것으로 추정된다. 출토유물은 토기류가 무문토기, 홍도편이며, 석기류는 석검, 석촉, 석착, 석부, 석도, 굴지구 등 다양하다. 이 유적에서는 지석묘군의 외곽에서 석관묘가 발견되기도 하였다.[13]

7) 모곡유적

진안 정천면 모정리 모곡마을 정자천변에 위치한다. 이곳에서는 지석묘 6기와 석관묘 2기가 조사되었다. 조사된 지석묘는 방형의 묘역을 갖추고, 중앙에 매장주체부를 축조하였다. 지석묘의 열은 1열이며, 유

13) 호남문화재연구원, 『망덕유적』, 2003

물은 무문토기편과 석촉 등이 출토되었다. 석관묘는 지석묘의 장축방향과 동일한 방향으로 축조하였으며, 2호석관묘의 경우는 개석이 2중으로 설치되어 있다. 유물은 마제석검과 홍도편이 출토되었다.[14)]

8) 여의곡유적

사진12. 여의곡유적 지석묘 전경

진안 정천면 모정리 여의곡에 위치하며, 신석기시대부터 조선시대에 이르기까지 다양한 유구가 존재한다.(사진12) 이중에서도 청동기시대가 중심을 이루고 있다. 이곳에서는 지석묘와 석관묘가 동일유적에서 함께 조사되기도 하였다. 하부구조는 외곽에 타원형, 장방형, 방형 등의 묘역을 구획한 다음, 중앙에 지하식 혹은 지상식의 매장주체부를 갖추었다. 대개 3~5기 정도의 묘가 군집을 이루며, 묘역이 연접된 양상을 보인다. 원형 지석

사진13. 지석묘 상석 이동로

14) 전북대학교 박물관, 『진안 용담댐 수몰지구내 문화유적발굴조사보고서Ⅱ』, 2001

묘 중에는 방형 제단이 부속된 형태가 있다.

이곳에서는 지석묘의 상석을 옮기는 이동로가 조사되었으며,(사진13) 이동로 바로 옆에서 고랑과 두둑이 있는 밭 경작지가 107×40m 범위에서 확인되었다. 석관묘는 송국리형의 무덤이며, 석개토광묘, 여의곡 C지구에서 옹관묘가 조사되기도 하였다. 구상유구와 집석유구도 확인되었다. 또한 지석묘군이 있는 뒤의 구릉지역에서는 청동기시대의 송국리형 주거지와 고려, 조선시대의 석곽묘와 토광묘가 능선상에 자리하고 있다. 여의곡 C지구에서 백제시대의 횡혈식 석실분이 조사되기도 하였다.[15)]

9) 농산유적

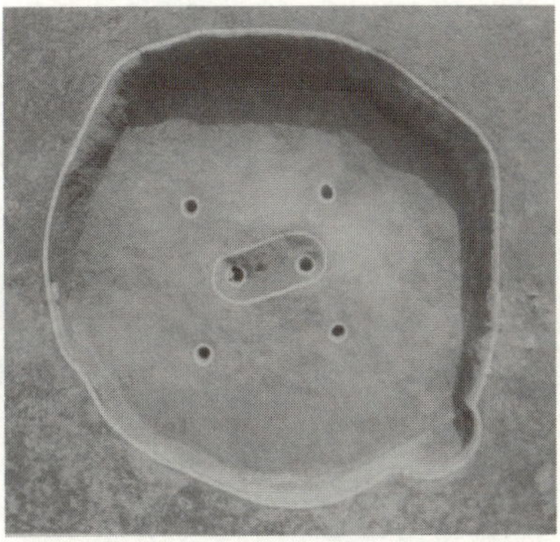
사진14. 농산유적 8호주거지

진안 정천면 갈룡리 농산마을에 있으며, 정자천의 퇴적에 의해 형성된 충적지이다. 이곳에서는 신석기시대 노지 7기, 수혈유구 2기, 청동기시대 주거지 8기, 야외노지, 수혈유구 100여기, 우물 등이 조사되었다. 청동기시대 주거지는 낮은 구릉의 북사면에 위치하며, 진안지역에서는 가장 많이 발견된 취락유적이다. 주거지의 형태는 장방형과 원형이다. 송국리형 주거지로 중앙에 타원형 구덩이가 설치되고 있으며, 특히 8호주거지에서는 벽면 한쪽에 계단식의 반원형 돌출부인 출입시설을 마련하였다.(사진14) 송국리형 주거지는 대부분 원형이나, 장방형의 주거지도

15) 전북대학교 박물관, 『진안 용담댐 수몰지구내 문화유적발굴조사보고서Ⅷ』, 2001

출토되고 있다. 이러한 양상은 부여 송국리, 전주 송천동, 익산 영등동, 순천 대곡리, 거창 대야리유적 등이 있다. 출토된 유물은 많은 양의 무문토기와 홍도, 지석, 대석, 석검편, 방추차 등이 출토되었다. 수혈유구는 장방형 20기, 원형 80여기가 확인되었으며, 바닥에서는 토기편과 강돌이 출토되었다. 우물에서는 심발형토기, 홍도, 무문토기 등이 출토되었다.[16)]

5. 삼국시대

1) 와룡리 와요지

진안 용담면 와룡리 신정마을 주자천변에 위치하고 있다. 이곳에서는 와요지 3기가 조사되었으며, 반지하식의 등요이다. 상태가 좋은 1호와요지의 경우, 평면은 배모양의 형태이고, 길이 12.7cm, 너비 168cm, 벽체 높이 60.4cm 정도이다. 기와는 암키와가 주류를 이루고 있으며, 수키와는 소량이 출토되었다. 기와의 문양은 곡집선문양이 대부분이다. 2, 3호와요지도 1호와요지와 거의 유사한 구조이다.[17)]

2) 성남리산성

진안 용담면 월계리 성남마을에 위치하고 있으며, 금강 본류가 S자로 감아 도는 지역의 낮은 능선 정상에 성남리산성이 자리하고 있다. 이 성은 테뫼식산성이며, 성벽의 구조는 협축식과 내탁식을 자연지형

16) 전북대학교 박물관, 『진안 용담댐 수몰지구내 문화유적발굴조사보고서IX』, 2001
17) 원광대학교 마한 · 백제문화연구소, 『진안 용담댐 수몰지구내 문화유적발굴조사보고서Ⅴ』, 2001

의 조건에 알맞게 혼용하여 축조하였다.(사진15) 성벽중 북서 모서리가 가장 잘 남아 있으며, 동문지로 추정되는 곳이 있다. 잔존하는 내벽의 높이는 1.5m, 외벽은 2.3m 이며, 상단의 폭은 4m, 단면형태는 사다리꼴 형태이다. 성벽의 둘레는 약 400m이며, 산성의 형식과 구조는 백제지역 산성에서 보이는 양상과 유사하다. 금강이 동쪽으로 U자형으로 돌고 있어, 동쪽에서 오는 가야군을 방어하는데 유리한 입지에 있다. 금강 상류역을 방어하는 전진기지로 판단되며, 인근에 와정토성은 전초기지로 볼 수 있다. 이곳에서 수습된 유물은 호형토기, 시루, 발형토기, 완형토기, 병형토기, 기와편 등이며, 시기는 삼국~고려시대에 이르고 있다. 이 유적은 용담댐의 수몰선을 벗어나는 지역에 있다.[18)]

사진15. 성남리산성

3) 월계리 와정유적

진안 용담면 월계리 와정마을 금강변 반월형의 산 정상에 위치한다. 1차 조사에서는 온돌시설이 있는 7기의 주거지가 조사되었으며, 2차 조사에는 이 주거군을 둘러싼 판축법을 이용한 목책 토성이 조사되었다. 주거지의 형태는 장방형이 주류를 이루며, 내부에는 온돌시설인 구들시설을 갖추고 있다. 이중 상태가 좋은 4호주거지의 내부시설은 부엌과 주거공간으로 구분되어 있고, 온돌과 주공이 있

18) 군산대학교 박물관, 『진안 용담댐 수몰지구내 문화유적발굴조사보고서IV』, 2001

사진16. 와정유적 4·5호주거지

다.(사진16) 온돌은 다곬식이며, 하나의 아궁이에서 동서로 열리 분산되는 형태이다. 출입시설은 2개소에 있었던 것으로 보인다. 유물은 호형토기, 단경호, 심발형토기, 직구호, 우각형파수, 시루, 삼족토기, 뚜껑 등 대다수가 백제계토기이며, 소량의 가야토기도 출토되었다. 이 유적의 연대는 5세기를 전후한 시기에 형성된 것으로 추정된다.

사진17. 와정토성

토성의 목책열은 주거지의 외곽을 따라 돌려져 있으며, 30cm 내외의 기둥이 깊이 100~150cm 이상의 깊이로 박혀 있다.(사진17) 구조는 목책을 성의 안과 바깥쪽에 세우고, 내부에 흙을 채워 토루를 축조한 것으로 보인다. 서쪽 목책열에서는 문지터로 추정되는 유구가 있다. 이 유적은 백제가 쌓은 토성과 같이 있으며, 이를 거점으로 백제가 금강 상류역에 진출해 있었음을 알 수 있다. 그러나 목책열의 화재흔이나 가야계의 토기가 있는 것으로 보아 가야가 토성을 점령한 시기도 있었던 것으로 보인다. 이 토성은 주변에 있는 성남리산성의 전초기지로 보여진다.[19)]

19) 전북대학교·군산대학교 박물관, 『진안 용담댐 수몰지구내 문화유적발굴조사보고서 I』, 2001

4) 월계리 와요지

사진18. 월계리 와요지

진안 용담면 월계리 원월계마을 외곽의 주자천변 낮은 구릉 위에 위치한다. 이곳에서는 백제 말기의 와요지 3기가 조사되었다.(사진18) 월계리 와요지는 1호와요지가 반지하식, 2호, 3호와요지가 지하식 구조의 등요인데, 와요의 축조방법에 있어서 1호와요지는 인위적으로 성토한 흔적, 2호와요지는 보조연통의 존재, 내부에 계단식 구조로 축조되었음이 확인되었다. 또한 기와 제작에 있어서는 기와의 분할흔적, 와도 등면에 의한 단면처리, 모골와통의 연결흔 등의 특징을 관찰할 수 있었다. 이 와요지는 와요형태, 기와의 문양과 제작기법, 출토된 토기에 미루어 보면, 백제 말기인 7세기 후반을 전후한 시기에 조업한 것으로 추정된다.[20)]

5) 황산리 고분군

진안 용담면 월계리 황산마을 동쪽의 구릉정상에 위치한다. 가지구

20) 군산대학교 박물관, 『진안 용담댐 수몰지구내 문화유적발굴조사보고서IV』, 2001

에서는 12기의 고분이, 나지구에서는 5기의 고분이 조사되었다.(사진19) 이 고분은 가야계의 수혈식석곽묘이며, 다곽식이 있기는 하지만 봉토 내에 하나의 고분만 배치되는 단곽식이 주류를 이룬다. 벽석은 강돌과 할석을 혼용하여 4~6단 정도를 쌓아 올리고, 그 위에 장방형의 천정석을 덮은 구조이다. 바닥은 생토면을 이용하였으며, 장축방향은 등고선과 평행하다. 축조방법과 장축방향, 유물의 부장은 전북의 동부 산악지대에서 발견된 것과 유사하다. 특히 장수 삼고리유적의 벽석 축조방법, 고분의 배치상태, 삼족토기 등 백제토기의 부장에 있어서 황산리고분과 유사한 점을 보이고 있다.

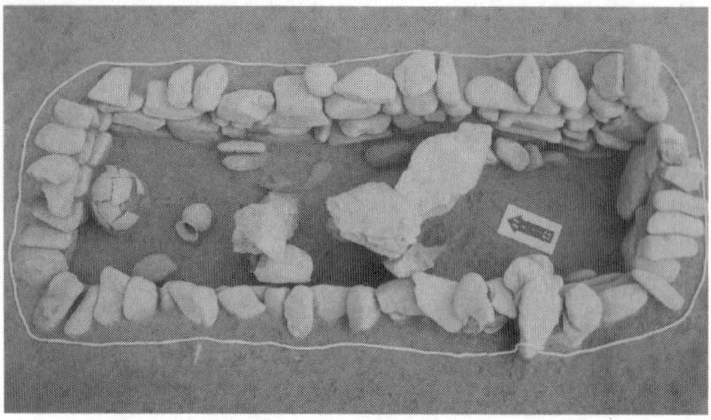

사진19. 황산리 2호분

이곳에서 출토된 유물은 토기가 주종을 이루고 있으며, 토기는 가야계와 백제계가 주류를 이루고 있다.(사진20) 토기는 일부 재지계, 신라계도 보이고 있다. 이 고분군의 가지구에서는 백제계와 가야계토기들이 거의 절반씩 부장되어 있는 반면, 나지구에서는 가야계인 고령양식의 토기가 주류를 이루고 있다. 시기는 5세기 후반에서 6세기 전반으로 추정되며, 이 시기에 대가야 세력이 금강 상류로 진출한 증거이기도 하다.[21)]

사진20. 황산리 13호분 출토토기

6) 승금유적

진안 안천면 삼락리 승금마을에 위치한다. 마을 앞으로 안자천이 흐르며, 이곳에서 지석묘 6기와 부석유구 1기, 그리고 삼국시대의 석곽묘 2기가 조사되었다. 이중 석곽묘는 벽석과 시상석, 바닥에 깐돌이 냇돌로 구성되어 있다. 내부에서는 고배, 대부장경호, 단경소호, 병 등의 부장유물이 출토되었으며, 전형적인 신라후기의 양식이다. 시기는 6세기 후반 신라문화의 영향을 반영하고 있다.[22)]

7) 여의곡 석실분

진안 정천면 모정리 여의곡에 위치하며, 청동기시대가 중심을 이루는 지역이다. 이곳 여의곡 C지구에서 백제시대의 횡혈식 석실분이 조사되었다. 석실분은 동서로 길게 뻗은 구릉의 남사면에 축조되어 있으며, 장축방향은 능선방향과 직교한다. 석실은 지하식이며, 벽석은 강돌과 할석을 이용하여 축조한 4벽 조임식이다. 연도는 긴 편이며, 장방형 현실의 천장석은 대부분 파괴되었다. 이 석실분은 공주나 부여를 제외한 금강유역의 석실분과 유사하다. 출토된 유물은 개배편, 도자, 철기류, 유리구슬 등이 있다.[23)]

---

21) 군산대학교 박물관, 『진안 용담댐 수몰지구내 문화유적발굴조사보고서Ⅳ』, 2001
22) 전북대학교 박물관, 『진안 용담댐 수몰지구내 문화유적발굴조사보고서Ⅱ』, 2001
23) 전북대학교 박물관, 『진안 용담댐 수몰지구내 문화유적발굴조사보고서Ⅷ』, 2001

6. 역사시대

1) 수천리 고분군

진안 용담면 수천리 산 중턱에 위치하고 있으며, 사신사상에 입각하여 분묘를 선정하였다. 이 고분군에서는 고려시대 석곽묘 53기, 고려~조선시대의 토광묘 37기, 조선시대 석곽묘 5기, 회곽묘 3기 등 총 98기의 분묘가 조사되었다. 호석을 돌린 횡구식석곽묘는 고분군의 서쪽 상단에 밀집하고 있다. 호석을 돌린 고분과 그렇지 않은 고분은 신분상의 차이일 가능성이 높다. 이 지역에서는 보기 드문 청자, 금속유물, 도기, 장신구 등 다양하고 귀중한 유물이 출토되었다. 유물로 본 고분의 축조된 순서는 도기만 부장된 석곽묘, 토기와 해무리굽의 청자가 공반되는 석곽묘, 무문청자와 양각청자가 공반된 석곽묘, 양각청자와 상감청자가 공반된 석곽묘의 순으로 축조된 것으로 보인다. 고려시대 유구에서는 11세기의 해무리굽 청자와 12세기대의 청자주자, 청자광구병, 청자유병, 향완, 도기, 청동접시, 청동합, 청동수저, 동곳, 장신구, 인장, 동경, 허리띠장식 등이 출토되었다. 해무리굽의 청자가마터는 주로 서남해안에 분포되어 있으며, 진안 도통리, 고창 용계리, 강진 대구면 일대, 고흥 운대리 등이 있다.

토광묘는 1단으로 굴광한 형태이며, 유물상으로는 석곽묘와의 시기차가 불분명하여 고려시대에는 토광묘와 석곽묘가 혼용되었음을 짐작할 수 있다. 이 유적은 용담댐으로 인하여 수몰되었으나, 높은 지역의 석곽묘는 지금도 노출되어 있다.[24)]

---

24) 원광대학교 마한 · 백제문화연구소, 『진안 용담댐 수몰지구내 문화유적발굴조사보고서 Ⅴ』, 2001

2) 두곡 와요지

진안 정천면 모정리 두곡마을에 위치한다. 와요는 회구부가 이미 파괴된 상태이며, 소성실과 벽체만이 남아 있다. 와요의 전체적인 형태는 장타원형이며, 잔존길이는 380cm, 너비 180cm 정도이다. 기와는 수키와보다 암키와가 많으며, 원문, 삼각집선문, 곡집선문 등이 주류를 이루고 있다. 문양으로 보아 조선 후기에 해당한다고 볼 수 있다. 이 주변에서는 신석기시대의 토기편과 선돌이 확인되었다.[25)]

3) 월포리 와요지

진안 상전면 월포리의 외곽에 위치하며, 이곳에서는 와요지 2기가 조사되었다. 와요는 남북 산경사면에 맞게 길게 축조되었고, 아래쪽에 재와 기와를 폐기했던 장소가 있다. 논을 개간하면서 많은 기와편이 노출되었다 한다. 출토된 기와는 암, 수키와이며, 문양은 어골집선문, 대상파상문 등이 있다. 시기는 고려 중기의 것으로 보고되고 있다.[26)]

4) 대구평유적

진안 상전면 월포리 대구평마을 앞의 산기슭에 위치하며, 회곽묘의 봉분을 조사하였다. 봉분은 이미 도굴된 상태이며, 내부에는 목판이 3장 깔려 있었다. 남은 회곽으로 추정하면 관의 길이는 200cm, 너비 50cm 정도이다. 감실이 발견되었으나 아무런 유물도 출토되지 않았

---

25) 전북대학교 박물관, 『진안 용담댐 수몰지구내 문화유적발굴조사보고서II』, 2001

26) 전북대학교 박물관, 『진안 용담댐 수몰지구내 문화유적발굴조사보고서II』, 2001

다. 시기를 추정할만한 유물이 없지만 회곽을 사용한 것이므로 조선시대 후기로 볼 수 있다.[27)]

7. 맺음말

용담댐 수몰지구는 전북의 동부지역에 대한 본격적인 고고학적 조사였으며, 진안군사를 새롭게 써야할 정도로 다양한 유적이 조사되었다. 시기는 구석기시대부터 조선시대에 이르기까지 각종 유적이 조사되어, 이 지역이 선사시대부터 고대, 역사시대에 이르기까지 중요한 지역이었음을 입증할 수 있었으며, 그에 상응하는 좋은 고고학적 자료를 확보하는 성과를 이루었다.

진그늘에서 조사된 구석기유적은 전북에서는 처음으로 발굴 조사된 유적이며, 특히 밀양 고례리유적과 더불어 후기구석기 돌날의 제작기법과 사용을 알 수 있는 좋은 자료를 제공해 주고 있다. 이곳에서 조사된 석기제작소, 노지의 양상에서 당시의 생활양상을 엿볼 수 있으며, 석기 사용공간의 파악도 가능하다. 진그늘 구석기유적은 이후 전북지역에서 조사된 익산 신막, 전주 송천동, 사근리, 봉곡, 임실 하가유적 등의 구석기 유물과도 비교할 수 있는 유적으로 평가되고 있다.

운암 용평, 진그늘, 농산, 갈머리유적은 전북의 내륙지역에서는 드물게 발견된 신석기유적이다. 특히 갈머리유적에서는 적석유구의 토양을 지방산 분석한 결과, 도토리의 지방산으로 확인되어 도토리가공과 관련된 야외노지 시설로 판단되었다. 운암 용평, 갈머리유적의 유물에서 본다면, 용담댐 수몰지구는 기존 금강유역의 신석기유적에서 출토된 토기나 석기조합이 유사한 면을 보이고 있으며, 남강수계 경

27) 전북대학교 박물관, 『진안 용담댐 수몰지구내 문화유적발굴조사보고서 II』, 2001

남 동부지역의 거창 임불리, 합천 봉계리, 산청 강루리유적과도 비교되고 있다.

용담댐 수몰지구에서 가장 많이 조사된 유구는 청동기시대의 유적이다. 청동기시대의 유구는 크게 생활유적과 지석묘군이 존재한다. 생활유적은 대부분 정자천 유역에서 조사되었으며, 수좌동, 여의곡, 농산, 진그늘유적 등에서는 송국리형문화 요소의 주거지, 밭, 상석 이동로, 수혈유구, 구상유구 등이 조사되어 주목을 끌었다. 특히 여의곡유적에서는 한반도 최초로 지석묘 상석의 이동로가 확인되었다. 이동로는 레일처럼 보이며, 통나무를 굴린 흔적으로 추정되고 있다. 지석묘 상석의 이동방향이나 이동방법 등의 복원이 가능할 것으로 보인다. 이동로의 바로 옆으로는 규모 107×40m 범위에 고랑과 두둑이 있는 밭 유적이 조사되었다. 청동기시대의 분묘는 지석묘, 송국리형 무덤인 석관묘, 토광묘, 옹관묘 등이 있으며, 이중에서는 지석묘가 대표적이다. 지석묘는 전반적으로 군집된 양상이며, 혈연관계를 보여주고 있다.

용담댐 수몰지역은 금강의 상류역에 해당하며, 백제가 동진하면서 지나야 하고, 상대적으로 가야가 서진하기 위해서 거쳐야 하는 요충지에 해당한다. 특히 용담면의 월계리 지역은 교통의 요충지로서 백제와 가야가 충돌할 수밖에 없는 지역이다. 따라서 이 지역에는 와정유적의 주거지나 토성, 그리고 월계리 와요지와 같이 백제의 유구들이 존재하며, 또한 황산리 고분군은 가야의 특징을 보여주는 유물들이 많이 출토되어 백제와 가야의 접경을 이루는 양상을 보이고 있다. 특히 와정유적은 백제가 쌓은 토성 내부에 있으며, 이를 거점으로 백제가 금강 상류역에 진출해 있었음을 알 수 있다. 그리고 와정유적은 진출시기와 경로를 밝히는 중요한 자료이며, 아울러 가야와의 관련성을 엿볼 수 있다. 황산고분과 와정유적의 토성에서는 백제토기와 가야토기가 공존하고 있으며, 특히 황산고분에서는 가야계, 백제계, 신라계의 토기가 동일한 석곽묘에서 출토된 것으로 보아 용담지역이 동서 양지역을 연결하는 교통상의 요충지였음을 알 수 있다.

고려~조선시대의 유적은 고분의 경우, 수천리, 여의곡, 대구평 등이 있으며, 분묘로는 석곽묘, 토광묘, 회곽묘 등이 있다. 특히 수천리 고분군에서는 고려시대 석곽묘 53기, 고려~조선시대의 토광묘 37기, 조선시대 석곽묘 5기, 회곽묘 3기 등 총 98기의 분묘가 조사되기도 하였다. 수천리의 고려시대 고분에서는 11세기의 해무리굽 청자와 12세기 이후의 다양한 청자와 청동유물, 도기 등이 출토되었다. 수천리 고려고분의 해무리굽 청자는 발생기 청자의 모습을 보여주고 있으며, 다양한 종류의 청자가 변천하는 과정을 살펴볼 수 있다.

이와같이 용담댐 수몰지구에서 조사된 유구와 유물은 전북 동부지역의 문화와 역사를 규명하는 자료로서 중요하며, 그간 소외되었던 이 지역의 연구를 활성화시키는 계기가 되었다. 이를 기반으로 호남고고학회에서는 용담댐 수몰지구의 유적을 주제로 학술대회가 열린 바 있으며, 주변지역과의 비교연구 성과도 제시되었다. 이러한 성과들은 앞으로 조사되는 각 시대의 유적에 대해 기초적인 자료로 제공될 것이며, 용담댐 수몰지구의 유적은 그런 의미에서 중요성을 내포하고 있다.

V. 고창 지석묘군 상석 채굴지의 제문제

고창 지석묘군 상석 채굴지의 제문제

1. 머리말

전라도 지역에는 세계적으로도 유례를 볼 수 없는 청동기시대의 지석묘군이 산재하고 있다. 그 중에서도 고창군은 지석묘군의 중심을 이루는 지역이어서 많은 연구자나 일반인들의 관심 대상이 되어 왔다. 이에 학술적인 측면에서 죽림리 일대 지석묘군의 지표조사 및 발굴조사의 성과가 학계에 보고되었고,[1] 나아가 고창의 지석묘를 세계문화유산에 등록시키기 위한 중대한 사업이 진행되고 있다.

여기에 발맞추어 전주대학교 역사문화연구소에서는 고창 죽림리 지석묘군과 관련하여 그 학술적 중요성과 보존·개발 문제를 집중 조명하는 학술대회를 가진바 있다.[2] 이 자리에서 고창 지석묘의 학술적인 가치, 보존·개발 문제와 더불어 지석묘 상석의 채굴지 문제가 거론되었고, 이에 상석 채굴지의 중요성이 인정되어 여기에 대한 지표조사 계획이 구체화되었다. 필자는 이 조사에 참여하게 되었고, 지석묘 상석의 채굴장소 파악, 채굴방법, 운반·축조과정, 지석묘에 이용한 암반의 재질분석·화학적 분석, 채굴지의 활용방안 등의 문제를 종합적으로 다루어 그 성과가 보고되었다.[3]

본고에서는 고창 죽림리 일대의 지석묘 상석 채굴방법에 대한 문제를 정리해 보고, 지석묘군 상석에 보이는 타격방법과의 관련성에 대해 조명해 보고자 한다.

---

1) 전영래, 『고창 죽림리 지석묘군 발굴조사보고서』, 원광대학교 마한·백제문화연구소, 1993
2) 전주대학교 역사문화연구소, 『전북 문화사업의 육성과 방향-고창 지석묘군과 관련하여』, 1998
3) 전주대학교 박물관·역사문화연구소, 『고창 지석묘군 상석채굴지 지표조사 보고서』, 1999

2. 지석묘군의 위치와 주변환경

고창읍 죽림리, 아산면 상갑리 일대의 지석묘군은 고창읍내에서 서쪽으로 약4km정도의 직선거리에 위치하고 있다. 아산면 소재지의 삼거리에서 선운사 방면으로 200여m 지점에 하갑교가 있고, 지석묘는 이 하갑교를 건너 우측 산기슭의 능선으로부터 시작하여 약 1.7km정도의 범위에 걸쳐 군집하고 있다. 그 중심을 이루는 지역이 고창읍 죽림리 매산마을이다. 이 지역은 동북방향에 있는 화시봉(해발403m)에서 뻗어내리는 능선의 말단 가까이에 위치하고 있으며, 옥녀봉(해발192m), 중봉(해발199m), 성틀봉(해발158m), 봉동마을 능선의 말단부분(해발60m)에까지 이어지고 있다. 지석묘군은 성틀봉과 중봉의 남쪽 산기슭에 군집하고 있으며, 대개 해발 20~50m정도의 범위에 있다. 지석묘군의 전방에는 최근에 이전에 있던 마을도로 밑으로 새로운 도로가 나 있고, 그 밑으로 넓은 농경지가 자리한다. 이 농경지를 안고 단진강 상류인 고창천이 흐르고 있으며, 이 하천은 하갑교를 지나서 본류에 합류한다.

이 지역에 있는 지석묘군은 전영래에 의해 지석묘의 실측이 가능한 것 442기, 매몰 · 파괴된 것이 108기가 있는 것으로 조사되었다. 그러나 지석묘가 군집한 지역에는 넓은 범위에 걸쳐 마을이 들어서 있어 파괴가 많이 진행되었을 것으로 생각된다. 이 지역의 지석묘군은 2열로 나열되어 있는 규칙성을 보이며, 전방의 하천의 흐름 방향과 일치하고 있다. 이 곳 매산마을을 중심으로 한 주변 지역에는 지석묘 주변에까지 논이나 밭으로 개간하여 농경지로 이용되고 있었으나, 최근에는 이 지석묘군의 세계문화유산 등록과 관련하여 정비사업이 진행되

---

4) 전북대학교 박물관, 『고창지방 문화재지표조사보고서』, 1984
지역발전연구소, 『고창 고인돌 유적-보존과 활용방안의 연구』, 1995

고 있다.

지석묘군이 위치한 성틀봉 정상주변에는 삼국시대에 축성된 것으로 보이는 산성이 있고, 백제시대의 고분군, 고려시대의 고분이 존재한다.[4] 또한 이 지역에는 토기편, 기와편 등이 많이 흩어져 있어 청동기시대 이후에도 인간의 이동이 끊이지 않았던 것으로 생각된다.

3. 지석묘의 상석 채굴지

지석묘의 상석 채굴지 조사는 고창읍 죽림리, 아산면 상갑리 일대의 현 지석묘군이 위치한 지역의 성틀봉과 중봉을 중심으로 이루어졌으며, 조사결과 성틀봉 주위의 7~8부 능선에서 15개소, 중봉 주위의 능선에서 8개소가 조사되었다.(도면1) 이 지역은 많은 암반이 넓은 범위에 고르게 걸쳐 있어서, 능선 전체가 채굴지로 판단되는 곳이다. 본장에서는 상석 채굴지의 규모가 크고, 채굴 방법의 양상을 비교적 잘 파악할 수 있는 몇 지점을 설명하고, 지표조사에서 확인된 23개소의 채굴장소에 대한 개요를 표로 정리하고자 한다.(표1)

표1. 지석묘 상석 채굴지 개요

지점	위 치 (해 발)	범 위 (동서,남북)	타격 방법	개 요
A	75m	40m, 15m	①②	장방형, 방형의 4~5개의 큰 암석 잔존 소형 상석이 많이 떼어짐
B	75~80m	30m, 20m	①②	계단상으로 순서있게 잘 떼어낸 흔적이 보임 대형 상석 채굴 가능
C	80~85m	50m, 10m	②③④	부정형의 암석이 많으며 비교적 소형의 상석이 채굴됨
D	95~100m	15m, 30m	②	잔존 원석에 절리면 형성 순차적으로 떼어낸 암석이 5~6개정도 잔존

지점	위 치 (해 발)	범 위 (동서,남북)	타격 방법	개 요
E	85~90m	20m, 10m	③④	소군집이지만 떼어낸 중, 소형 암석이 주변에서 많이 발견됨
F	70~75m	30m, 20m	①②	장방형, 방형의 중, 대형 상석이 상당량 떼어져 나가 잔존부위 적음
G	70~75m	35m, 30m	⑤	정연한 중, 소형 암석이 많이 떼어져 상석으로 이용됨
H	110~115m	30~40m	①	중, 소형의 암석이 주류를 이룸
I	80m	10m, 5m	①⑤⑥	중형 정도의 상석이 원석에서 떼어지고 남은 부위가 있음
J	85m	30m, 20m	②⑥	잔존 암석은 장방형, 방형이 많고 이미 상당량의 암석이 떼어짐
K	80~85m	40m, 20m	④⑥	장방형의 소형 상석이 많이 떼어짐.
L	80~85m	100m, 25m	④⑤	얇은 장방형, 방형이 많이 존재. 중, 소형 상석으로 주로 이용됨
M	65m	50m, 30m	①②④	지석묘군과 근접. 중, 소형의 상석이 많이 떼어진 것으로 보임
N	60m	5m, 20m	②⑥	지석묘군과 가정 근접. 소형 상석이 주로 떼어짐
O	65m	10m, 20m	②⑤	얇은 장방형, 방형이 주류. 소형 상석이 주로 떼어짐
P	70m	10m, 15m	②④⑥	소형의 얇은 장방형. 군데군데 소형 암석에 떼어진 흔적 있음
Q	100m	50m, 20m	②⑤	중, 대형 암석이 잔존하며 경사가 급하여 상석 확보에 비교적 용이함
R	145~150m	40m, 30m	①②	대형의 원석이 많이 존재. 중형 정도 크기의 상석을 많이 떼어냄
S	150~160m	40m, 20m	②③④⑤	잔존 암석은 장방형, 방형 등 정연. 중, 대형 상석이 많이 이용됨
T	150~160m	30m, 20m	⑤	원석은 소형이지만 장방형, 방형 등 정연한 암석이 상석으로 떼어짐
U	160~170m	45m, 20m	③④⑤	잔존 암석은 장방형, 방형의 대형암석. 동측으로 중형 원석으로 연결됨
V	140~150m	45m, 20m	②③	잔존 암석은 정연하며 중, 소형의 상석이 떼어진 것으로 보임
W	130m	15m, 10m	③	대형 암석이 상당량 떼어짐. 주변의 작은 원석에서도 상석을 채취함

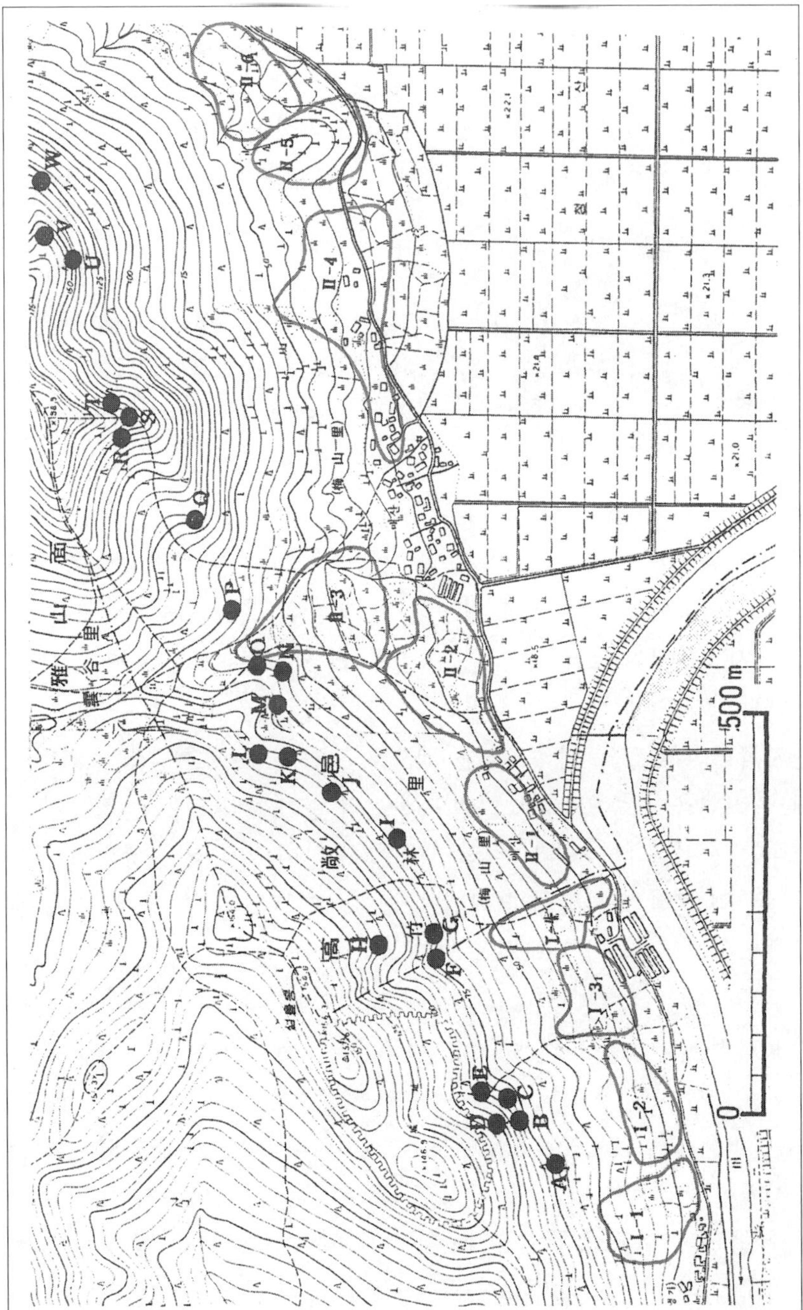

도면1. 지석묘 상석의 채굴지점

1) A지점

사진1. A지점

A지점은 해발 약 75m 정도에 위치한다. 원석의 주축은 남북방향으로 존재하며, 노출된 부위는 동서 40m, 남북 15m 정도의 범위이다. 잔존 암석은 장방형, 방형을 이루는 것이 많고, 일부 부정형의 암석도 남아있다. 절리면의 양상에서 보면 주로 소형의 암석이 주류를 이루고 있으나, 대형 암석도 5~6개소 떼어진 것으로 보인다. 그리고 연결되고 있는 우측에는 폭 15m, 높이 10m 정도의 원석이 段을 이루고 있는데, 이 부분이 절리면에 해당이 되며, 이미 지석묘의 재료로 상당 부분 잘려 나간 것으로 보인다.(사진1) 이 암반의 절리면에 틈이 많이 진행되어 대형 암석을 떼어낼 수 있고, 대형지석묘의 재료로 이용되었을 것으로 판단된다. 채굴방법은 암반의 제1절리면을 주축으로 제2절리면에서 암석 재료의 크기를 정하여 떼어내는 순서를 나타낸다. 절리면의 틈이 많이 벌어져 진행되어 있는 관계로 비교적 용이하게 떼어낼 수 있다. 타격점은 주로 양단의 2점, 중간부위에서 1점이 확인되고 있다.

2) K지점

K지점은 해발 약 80~85m 정도에 위치한다.(사진2) 원석의 주축은 동서방향으로 누워있고, 폭이 낮은 큰 원석 덩어리와 주변으로 소군락의 암석이 집중되어 있다. 노출된 부위는 동서 40m, 남북 20m 정도의 범위에 이른다. 좌측의 원석은 폭이 낮은 관계로 낮은 장방형의

소형 지석묘 재료가 많이 떼어진 것으로 보인다. 우측의 원석은 비교적 큰 덩어리가 잔존하고 있어 중 · 대형의 지석묘 재료로 적합하며, 상당량이 떨어져 나갔다.

사진2. K지점

좌측 원석의 떼어진 흔적은 주로 앞면에 잘 나타나고 있고, 제1절리면과 동시에 떼어진 것으로 생각된다. 이 지점에서는 암석을 떼어낸 흔적을 확인할 수 있다. 원석의 절리면을 이용하여 V자형의 홈을 길게 만들어 이 절리면에 쐐기를 박고, 상부의 절리면에 타격하는 방법이 이용된 듯하다. 타격점은 구멍을 뚫어 쐐기를 박은 흔적이 4~5군데에 남아 있는 부위가 있다.

3) M지점

M지점은 해발 약 65m 정도에 위치한다. 경사는 비교적 완만하며 원석의 군락은 동서 50m, 남북 30m 정도의 범위에 존재한다. 원석 암반의 높이는 낮으나 범위가 넓고 지석묘군과 근접해 있어 많은 양의 암석이 떨어져 나갔다. 원석의 군락으로 보아 대형의 암석이 약간 포함되며, 주로 중 · 소형 암석을 채취한 것으로 보인다. 이 지점은 많은 부분이 떨어져 나가 그 평탄면이 땅속에 묻혀 있다. 채굴은 절리면의 틈이 많이 진행되어 있는 관계로 비교적 용이하게 떼어낼 수 있고, 이 중 상당수는 형태가 정연한 장방형, 방형 등으로 떼어져 있는 경우가 많다. V자형의 홈을 절리면에 길게 만들어 이 절리면에 쐐기를 박아 떼어내는 방법, 중앙부위 1점, 양단에 2점의 타격점이 확인되고 있다.

4) S지점

S지점은 해발 약 150~160m 정도에 위치하며, 경사가 심한 지점이다. 비교적 큰 원석이 3군데 정도에 있으며, 위에는 비교적 작은 원석이 군락을 이룬다. 원석의 주축은 동서방향으로 존재하며, 노출된 부위는 동서 40m, 남북 20m 정도의 범위에 존재한다.

잔존 암석에서 미루어 보면, 떼어진 암석의 형태는 장방형, 방형 등 비교적 정연한 것으로 보이며, 중·대형의 암석이 상당량 이용된 듯하다. 채굴방법은 암반의 제2절리면을 중심으로 이루어지며, 타격점은 다른 지점에 비해 다양한 편이다. 타격점은 양단과 중앙부위의 3점, 중간부위 2점, 중간부위 1점 이용되고 있다. 또한 원석의 절리면에 V자형의 홈을 길게 만들어 이 중간부위에 타격을 가하여 떼어내는 복합적인 방법도 확인되고 있다.

4. 지석묘 상석 채굴지의 제문제

1) 채굴지의 선택문제

지금까지 지석묘 상석의 채굴지 문제에 있어서는 구체적으로 연구된 것은 드물다. 채굴지가 확인되어 간략하게 보고되거나, 채굴방법이 간략하게 언급되어 있는 정도이다.[5] 이곳 고창 죽림리에서도 채굴

5) 최몽룡, 「원시 채석문제에 대한 소고」, 『고고미술』 119, 1973
석광준, 「오덕리 고인돌 발굴 보고」, 『고고학자료집』 4, 1974
임세권, 「한반도 고인돌의 종합적 검토」, 『백산학보』 20, 1976
이영문 · 김승근, 『화순 지석묘군』 목포대학교 박물관 · 전라남도, 1999
Choi, Mong-Lyong, 「Origin and Diffusion of Korean Dolmens」, 『한국상고사학보』 30, 1999
최몽룡 · 김선우, 『한국 지석묘 연구이론과 방법』, 주류성, 2000

지가 지석묘군의 뒷산, 혹은 주변의 가까운 지역일 것으로만 추측하여 왔을 뿐 지석묘 상석 채굴지의 정확한 위치, 채굴방법 등의 문제는 다루어지지 않았다. 이번의 조사로 인하여 지석묘 상석의 채굴지는 현 지석묘군이 위치한 뒤의 성틀봉 주변에서 15개소, 중봉 주변에서 8개소가 조사되었으며, 주로 7~8부 능선 지점에 군집을 이루며, 넓은 범위에 존재하고 있음이 확인되었다. 이들의 암석은 주로 데사이트질응회암이 주류를 이루고 있고, 알카리화강암, 안산반암, 데사이트질유문암 등이 소량 존재한다.[6]

당시의 청동기인들은 무덤의 조성을 위해 이 지역을 의도적으로 선택했던 것으로 생각된다. 지석묘의 지형상의 위치는 다양하지만 일반적으로 지석묘가 있는 전방에는 농경지가 있고, 그 앞에 하천이 흐르고 있다. 대개 지석묘의 방향과 하천의 흐름이 평행하게 일치하는 것으로 연구되고 있다.[7] 이곳 죽림리 일대 지석묘의 위치도 능선이 시작되는 부위의 낮은 산기슭에 위치하고 있고, 전방에 넓은 농경지와 하천이 흐르고 있어, 지리적인 여건이 부합된다고 할 수 있다. 뿐만 아니라, 이곳에는 다른 지역과는 달리 대량의 암반이 넓은 범위에 걸쳐 존재하고 있고, 암반이 위치한 지점의 경사도가 급한 편이어서 지석묘 운반시의 노동력이 비교적 손쉬운 지역이기도 하다. 또한 군집된 암반의 원석은 절리면의 틈이 잘 진행되어 원석에서 지석묘 재료를 채굴하기에도 용이한 편이다. 따라서 고창 죽림리 일대의 주변은 지형상의 위치, 상석 재료의 확보성, 채굴시의 노동력 등의 모든 조건이 지석묘의 조성으로는 최적의 장소가 되고 있다. 당시의 청동기인은 이러한 주변의 자연환경을 숙지하고 사전에 계획된 집단 묘역을 이곳에 조성했던 것으로 생각된다.

---

6) 김정빈, 「고창군 고창읍 죽림리와 아산면 운곡리 부근의 지질」, 『고창 지석묘군 상석채굴지 지표조사 보고서』 전주대학교 박물관 · 역사문화연구소, 1999

7) 이영문, 『전남지방 지석묘 사회의 연구』 한국교원대학교 박사학위 논문, 1993

2) 채굴지의 현존상태

상술한 바와같이 지석묘 상석에 사용된 암반의 원석이 군집된 지역은 성틀봉 주변의 15개소(A~O지점), 중봉 주변의 8개소(P~W지점) 등 23개소가 조사되었다. 그러나 소규모 군집 혹은 단독으로 원석이 존재하는 경우도 많이 있어, 지석묘 상석의 채굴지는 성틀봉과 중봉, 그리고 옥녀봉의 거의 전 지역에서 이루어졌다고 해도 과언이 아니다. 채굴지점의 원석은 군집의 장축이 동서방향을 이루는 것이 많고, 남북방향, 사방향도 존재한다. 이 중에 K~L지점, R~T지점과 같이 채굴지가 거의 연결되어 있는 경우도 있다. 이 중에는 규모가 적은 지점에서 초대형 군집을 이루는 지점까지 다양하다. 채굴지의 현존 위치는 성틀봉 주변지역이 70~115m, 성틀봉과 중봉사이의 낮은 지점은 60~70m, 중봉은 100~170m 범위에 이른다. 이 현존 위치는 대개 산의 7~8부 능선에 해당하나 산의 높이에 따라 표고의 차이가 있다.

조사된 상석의 채굴지점은 상당량의 암석이 원석으로부터 떨어져 나간 부분이 많이 확인되고 있고, 지석묘 상석으로 사용하기 직전의 암석도 채굴지점 주변의 여기저기에 보이고 있다. 또한 많은 부분의 원석이 떨어져 나가 평탄면을 이루는 지역이 상당히 있음이 확인되었다. 이 부분은 땅속에 묻혀 있어 전체적인 양상을 파악하기 어렵다. 지금도 현존하는 이들 원석에는 제1절리면과 제2절리면의 틈이 잘 발달되어 있는 것으로 보아, 당시에 있어서도 지석묘 상석의 재료로 선택하는데 큰 어려움은 없었을 것으로 판단된다. 잔존상태의 원석을 보더라도 장방형, 방형 등 정연한 형태의 암석, 그리고 부정형의 암석을 얼마든지 떼어낼 수 있어 사용할 상석의 규모나 크기, 형태를 사전에 선택할 수 있었던 것으로 보인다. 채굴지역이 집중하는 주변에는 밑으로 굴리기 직전이나 굴리다가 실패한 것으로 보이는 암석이 흩어져 있는 경우가 많다. 이러한 현상은 7~8부 능선의 경사가 비교적 급한 지역보다는 낮은 지역의 채굴시에 많이 나타난다. 따라서 지석묘군까지 거리가 근접해 있어도 경사가 완만한 지역에서 운반하는 과정이 더욱 난이했음을 알 수 있다. 특히 대형 암석이 지석묘군 근처에까지 굴러 떨어졌지만 지석묘로 이용되지 않은 것이 많이 있다.

3) 상석 채굴과정

지석묘 상석은 주로 원석이 군집한 지역에서 많이 채굴되고 있으며, 특히 이 채굴지의 지점은 기존에 지표조사에서 확인된 I 군과 II 군 지역의 지석묘 위치와 거의 평행간격을 이루며 7~8부 능선에 자리하고 있다. 따라서 성틀봉, 중봉, 옥녀봉 밑의 지점에서 필요한 지석묘의 상석은 최단거리에서 그 재료를 구할 수 있다.

군집된 원석의 경우는 암석 절리면의 틈이 잘 발달되어 필요로 하는 상석의 크기를 사전에 선정할 수 있고, 비교적 용이하게 채굴을 할 수 있다. 즉 원석의 제1절리면이 장축방향(남북)으로 길게 진행되어 있는 경우가 많고, 제2절리면의 단축방향(동서)은 폭이 좁은 것에서 넓은 것까지 다양한 편이어서, 이 부분에 타격을 가함으로서 쉽게 떼어낼 수가 있다. 비단 제2절리면의 틈이 진행되지 않았다 하더라도 암석의 잔존부위에서 보면 몇 타격방법에 의해 의도적으로 떼어낸 흔적이 확인되므로 암석의 절리면을 최대한 이용하였고, 그렇지 않을 경우에는 최소한의 힘과 수고를 들여 인공적인 타격을 가하여 재료를 선택했던 것으로 보여진다. 또한 잔존 암석에 미루어 보면 떼어진 순서와 타격방법 등을 알 수 있다.

일반적으로 떼어낸 순서는 남북을 축으로 제1절리면의 틈을 기준하여 제2절리면에 타격을 가하여 순서있게 떼어낸다. 타격방법도 절리면의 형태, 암석의 위치에 따라 적합한 타격점이 있다. 이러한 순서와 타격방법을 이용한다면 비교적 용이하게 상석을 채굴할 수 있었을 것이다. 따라서 지석묘 상석을 채굴하기 위해서 지석묘 조영의 위치, 지석묘 상석의 운반 루트, 상석의 크기 등이 사전에 파악된 것으로 보이며, 여기에 대한 채굴방법, 순서 등이 계획적으로 이루어졌음을 알 수 있다.

4) 채굴방법의 유형

조사된 지석묘 상석 채굴지의 많은 원석에서는 채굴시에 떼어내는 방법과 타격점의 부위를 파악할 수 있다. 채굴방법은 원석의 절리면의 형태, 암석의 성질, 암석의 강도, 암석의 현존 위치 등에 의해 타격방법, 타격부위의 형태가 다르게 나타난다. 타격점의 부위는 대개 ①양단 2점, ②중앙부위 1점, ③중앙부위 2점, ④모서리 전면에 타격점, ⑤양단과 중앙부위의 3점, ⑥전면에 4점 이상의 타격방법 등 6가지의 방법으로 대별할 수 있다.(도면2, 표2) 이들 타격부위는 암석 현존위치의 횡위에 가해지는 것이 대부분이며, 종위에 가해지는 것도 일부 확인되고 있다. 그러나 6가지의 방법 이외에도 예외적인 타격점이 존재하고 있으며, 이들을 전부 파악하기는 어려운 실정이다. 여기에서 타격 방법에 대한 개요를 설명하기로 한다.

방법①은 암석의 양단에 타격을 가하는 방법으로 제2절리면의 틈이 진행되어 있는 경우에 사용할 수 있다. 이 방법은 암석의 양단에 타격을 가하는 정도로 쉽게 떼어낼 수 있다. 비교적 소형 암석을 떼어내는데 적합한 타격방법으로 생각된다.(사진3)

방법②는 중앙부위나 급소부위에 1점의 타격을 가해 떼어내는 방법이다. 이번에 조사된 채굴지점에는 일반적으로 제1절리면과 제2절리면의 틈이 잘 진행되어 있다. 따라서 이 절리면의 중앙 급소부위를 타격함으로서 대형 지석묘의 재료까지 비교적 손쉽게 구할 수 있다. 실제로 이번 조사에서도 이 방법이 제일 많이 이용되고 있음이 확인되었다.(사진4)

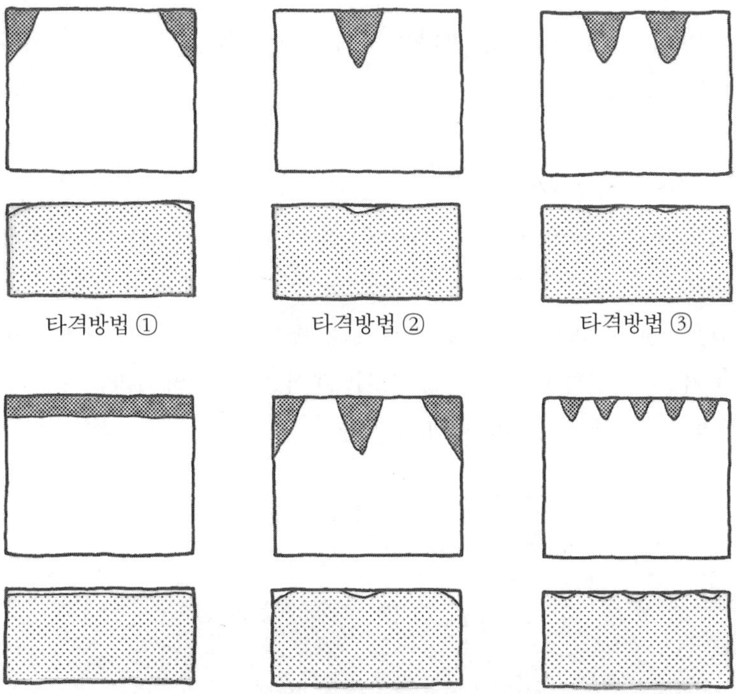

도면2. 지석묘 상석 채굴방법

방법③은 중앙부위에 2점의 타격점이 있는 것으로, 이 방법은 절리면의 틈이 잘 진행되지 않아 2개소에 타격을 가했던 것으로 생각된다.(사진5) 또 하나의 가능성은 ②의 방법에서 실패했을 경우에 재차 타격을 시도했던 흔적일 수도 있다. 이 방법의 이용 횟수는 ②의 방법에 비해 현저하게 낮은 편이다.

방법④는 원석의 절리면의 모서리에 V자형의 홈을 길게 넣어 여기에 쐐기를 박아 떼어내는 방법으로 비교적 많이 이용되고 있다.(사진6) 이 방법으로 떼어지지 않을 때에는 여기에 다시 ①이나 ②의 방법을 추가로 시도하는 경우도 있다.

방법⑤는 절리면을 이용하여 비교적 대형의 암반을 떼어낼 때 양단과 중앙에 3점의 타격을 가하는 방법이며 비교적 많이 이용되고 있다.(사진7) 3점의 타격점은 균등하게 나타나고 일반적으로 타격부위의 폭이 비교적 넓은 게 특징이다.

방법⑥은 4~5군데에 작은 구멍을 내어 그 곳에 쐐기를 넣고 타격을 가하여 떼어내는 방법이다.(사진8) 이 타격점은 절리면의 틈이 그다지 진행되지 않은 암석에서 많이 사용되는 타격법으로 보인다. 대형의 암석보다는 소형의 암석을 떼어낼 때 사용된다. 여기에서 타격점의 홈이 각이 만들어진 경우도 있어, 떼어낼 때의 타격하는 도구의 용도가 다양했던 것으로 파악되고 있다.

사진3. 타격방법 ①

사진4. 타격방법 ②

사진5. 타격방법 ③

사진6. 타격방법 ④

사진7. 타격방법 ⑤

사진8. 타격방법 ⑥

표2. 채굴시의 타격방법

방법＼지점	A	B	C	D	E	F	G	H	I	J	K	L	M	N	O	P	Q	R	S	T	U	V	W
①	○	○				○		○	○				○					○					
②	○	○	○	○		○				○			○	○	○	○	○	○	○			○	
③			○		○														○		○	○	○
④			○		○						○	○	○			○			○		○		
⑤							○		○			○			○		○		○	○	○		
⑥									○	○	○			○		○							

타격부위의 형태는 타격방법, 암석의 강도 등에 의해 다르게 나타난다. 가장 일반적인 경우는 타격시에 생기는 나선형 파편(Spiral flake)이 떨어져 나간 흔적의 폭이 넓게 나타나고 있다.(사진4) 이 폭의 크기는 일정한 기준이 없지만 10~30여cm 정도의 간격을 유지하며 원추형으로 좁아진다. 이러한 흔적이 채굴지점의 암석과 지석묘군에 있는 상석에서도 많이 확인되고 있다. 주로 타격점 ②, ③, ⑤의 방법에서 주로 사용된다. 타격점의 홈이 각이 만들어진 경우는 비교적 소형 암석의 절리면의 틈이 발달하지 않은 부위에 구멍을 내어 떼어낼 때 사용된 것으로 보인다.(사진5) 이러한 형태는 타격점 ①, ⑤,

⑥의 방법에서 확인되고 있으며, 여기에 사용된 쐐기는 강도가 높은 단단한 암질이었을 것으로 생각된다. 또한 타격점의 폭이 3~5cm정도로 좁은 형태가 있는데, 이것은 절리면이 없거나 발달되지 않은 경우에 원형에 가까운 구멍을 뚫어 여기에 나무 등의 쐐기를 박아 물로 불리어 타격하는 방법을 사용한 것으로 보인다.[8](사진8) 이러한 형태는 타격점 ⑤, ⑥의 방법에서 확인되고 있다. 따라서 원석에서 떼어낼 때의 암석의 구조, 암석의 강도, 절리면의 상황 등에 의해 타격하는 방법, 타격 부위, 쐐기의 종류 등 다양한 방법이 선택되어진 것으로 생각된다.

타격점의 홈이 각이 만들어진 것은 강도 높은 쐐기의 흔적으로 판단되는데, 여기에 사용된 쐐기는 금속을 사용했다기보다는 안산반암을 사용했을 가능성이 높다. 그 가능성으로는 이 지역의 주변에 강도가 높은 안산반암이 존재하고 있고, 압축강도 실험에서 보이듯이 안산반암이 월등하게 높게 나타나고 있다.[9] 안산반암은 대단히 치밀하고 단단하여 그 당시의 연모를 이용해 채굴하는 데에는 커다란 장애가 되었을 것이다. 실제로 안산반암이 지석묘 상석으로 쓰인 예는 몇기에 불과하며, 강도가 높아 지석묘 상석의 재료로는 적합하지 않았던 것으로 보인다. 따라서 안산반암은 지석묘 상석의 재료로 이용되기보다는 지석묘 상석을 채굴하는 도구로 사용되었을 가능성이 높다고 할 수 있다.

8) Choi, Mong-Lyong, 「Origin and Diffusion of Korean Dolmens」, 『한국상고사학보』 30, 1999

9) 김정빈의 연구에 의하면, 데사이트질 응회암으로 축조된 지석묘의 압축강도는 529kg/cm2로 연암의 범주에, 상석 채굴지의 데사이트질 응회암은 1,931kg/cm2로 경암에 속하는 것으로 보고되고 있다. 안산반암으로 축조된 지석묘와 그 주변에 분포하는 안산반암의 압축강도는 각각 903kg/cm2과, 3,826kg/cm으로 보통암에서 극경암의 영역에 해당하는 것으로 조사되었다.

5. 지석묘군 상석의 타격점 관찰

지석묘 상석 채굴지에서는 원석에서 상석 재료를 떼어낼 때 몇 타격방법이 제시되었고, 타격점의 부위가 여러 곳에서 확인되었다. 타격점의 부위가 ①양단 2점, ②중앙부위 1점, ③중앙부위 2점, ④모서리 전면에 타격점, ⑤양단과 중앙부위의 3점, ⑥전면에 4점 이상의 타격방법이 확인되었고, 이 방법 이외에도 예외적인 타격점이 존재함을 상술에서 설명하였다. 채굴지에서의 이와 같은 타격점이 현재 조성된 지석묘군의 상석에서도 확인되고 있는지 검토해 볼 필요가 있다. 따라서 본장에서는 기존에 조사된 Ⅰ군의 지석묘군[10]을 중심으로 타격점의 몇 예를 파악하여 그 개요를 설명하고, 상석 채굴지와의 관련성을 파악하고자 한다.[11](표3)

먼저 타격점이 파악된 지석묘군 상석의 개요를 설명하면, 1107은 남방식으로 소형 상석이며, 타격점이 하부의 중앙부위에 형성되어 있다. 상석이 놓인 방향은 채굴지에서 타격한 후에 이동해와 적절한 위치와 방향으로 놓이기 때문에 타격점이 상·하·좌·우 특정 구분없이 나타나고 있다. 1108은 지상석곽식으로 중형 정도의 상석이다. 양단과 중앙부위의 3점이 타격점으로 확인되고 있으며, 타격부위는 비교적 넓게 나타나고 있다.(사진9) 1109는 지상석곽식으로 소형 상석이며, 하부에서 4점 이상의 타격점이 확인되고 있다.(사진10) 1120은 지상석곽식으로 소형 상석이며, 많은 부위에서 불규칙적으로 타격점이 확인되고 있다. 1123은 남방식으로 중형의 상석이며, 중앙부위에

10) Ⅰ군 지석묘군은 전영래 교수에 의한 기존 지표조사 고유번호의 1101~1447번에 해당하며, 관찰은 이 번호에서 일부를 선별하여 이루어졌다.

11) 타격점의 관찰은 연구자들의 시각이나 관점에 의해서 다르게 해석될 수도 있고, 필자가 발견하지 못하고 누락된 부위도 상당수 있을 것이다. 따라서 필자의 관찰이 반드시 정석이 아니라는 점을 밝혀 두고자 한다.

큰 타격점과 모서리 부위에는 여러 점의 타격점이 동시에 존재하고 있다. 1129는 남방식으로 중형의 상석이며, 상부 한쪽 모서리 부분에 큰 타격점이 확인되고 있다. 1131은 남방식으로 중형의 상석이다. 3점의 비교적 큰 타격점이 확인되며, 나선형 박편의 흔적이 길게 형성되어 있다. 1201은 남방식으로 소형의 상석이며, 떼어내고자 하는 면을 전체적으로 V자형으로 조정한 후에 2군데 정도의 타격을 가한 것으로 보인다. 1204는 지상석곽식으로 소형상석이며, 중앙부위에 2점의 타격점이 있다.(사진11) 이 타격점은 규모가 적은 편이다. 1216은 남방식으로 중형의 상석이며, 중앙부위에 크게 2점의 절리흔적이 보인다. 1224는 지상석곽식으로 중형의 상석이다.

절리면을 이용한 타격이며, 중앙부위에 크게 1점의 타격점이 확인된다.(사진12) 1232는 남방식으로 소형 상석이며, 규모가 적은 5점 이상의 타격점이 보인다. 이곳 역시 절리면의 틈이 그다지 진행되지 않은 부위로 보인다. 1305는 남방식으로 소형의 상석이며, 모서리 전면에 타격을 가하여 조정한 후에 양단에 2점의 타격을 가하였다.(사진13) 1311은 남방식으로 중형의 상석이며, 중앙과 거의 양단 3군데에 커다란 떼어낸 흔적이 보인다.(사진14) 1319는 남방식으로 중형의 상석이며, 모서리 전면을 조정한 것으로 보인다.(사진15) 1336은 남방식으로 대형 지석묘이며, 상부 부위에 4점의 타격점이 확인되고 있다.(사진16) 이 타격점은 각이 진 상태이며, 대형 상석에 비해 타격부위의 면적은 매우 좁은 편이다. 이러한 각이 진 형태는 경질의 암석을 쐐기로 이용하여 때려 박은 흔적으로 생각된다. 1438은 형식 불명으로 소형 상석이며, 상석의 양단에 타격점이 존재한다.

사진9. 1108호 지석묘

사진10. 1109호 지석묘

사진11. 1204호 지석묘

사진12. 1224호 지석묘

사진13. 1305호 지석묘

사진14. 1311호 지석묘

사진15. 1319호 지석묘

사진16. 1336호 지석묘

표3. I 군 지석묘의 타격점 관찰

번호	형식	상석크기(m)	타격방법	비 고
1107	남방식	길이2.7 폭2.3 두께1.9	방법②	타격점이 하부에 형성
1108	지상석곽식	길이3.5 폭2.3 두께0.9	방법⑤	
1109	지상석곽식	길이2.5 폭1.2 두께1.1	방법⑥	타격점이 하부에 형성
1120	지상석곽식	길이1.8 폭1.4 두께1.6	기타	타격점 불규칙
1123	남방식	길이3.9 폭2.3 두께1.7	방법②+⑥	타격점 모서리 부위에 집중
1129	남방식	길이3.0 폭1.3 두께0.8	기타	상부 한쪽 모서리에 타격점
1131	남방식	길이3.0 폭2.0 두께1.3	기타	나선형박편의 흔적 길게 형성
1201	남방식	길이2.2 폭2.1 두께1.3	방법③+④	타격방법이 복합됨
1204	지상석곽식	길이2.3 폭1.7 두께0.8	방법③	
1216	남방식	길이3.2 폭2.5 두께1.8	방법③	타격점이 옆면에 형성
1224	지상석곽식	길이3.5 폭2.2 두께1.8	방법②	
1232	남방식	길이1.8 폭1.4 두께1.0	방법⑥	
1305	남방식	길이2.5 폭2.4 두께1.5	방법①+④	타격방법이 복합됨
1311	남방식	길이3.5 폭2.8 두께2.2	방법⑤	떼어낸 흔적이 매우 큼
1319	남방식	길이3.3 폭2.0 두께1.1	방법④	
1336	남방식	길이4.1 폭2.7 두께2.1	방법⑥	타격점이 각이 진 상태임
1438	불명	길이1.5 폭0.7 두께0.6	방법①	

이와같이 I 군 지석묘 상석의 관찰을 개요적으로 설명하였는바, 지석묘군의 상석에서도 채굴지에서와 마찬가지로 방법①~⑥이 확인되고 있다.

암석의 양단에 타격을 가하는 방법①은 1305, 1438에서 나타나고 있다.(사진13) 특히 1305는 방법④와 복합적으로 사용되고 있는데, 여기에서는 ①의 방법이 후에 가해진 것 같다. 일반적으로 방법④는 원석의 절리면에 홈을 길게 넣어 여기에 쐐기를 박아 떼어내는 방법인데, 이 방법으로 떼어지지 않을 때에는 다시 ①이나 ②의 방법을 추가로 시도하는 경우가 채굴지에서도 확인되기 때문이다.

중앙부위나 급소부위에 1점의 타격을 가해 떼어내는 방법②는 1107, 1123, 1224에서 확인되고 있다.(사진12) 채굴지에서는 절리면의 틈이 많이 진행된 3m 이상인 암석 크기에서 잘 나타나는데, 지석묘 상석에서도 3m 이상의 중형 크기의 상석에 주로 보이고 있다. 이 절리면의 중앙 급소부위를 타격함으로서 큰 상석을 비교적 손쉽게 구할 수 있으며, 채굴지에서도 이 방법이 제일 많이 이용되고 있음이 확인되었다.

중앙부위에 2점의 타격점이 있는 방법③은 1201, 1204, 1216에서 보이고 있다.(사진11) 1201은 ④의 방법을 시도하였으나 실패하여 다시 2군데 정도의 타격을 가한 것으로 보인다. 1204는 중앙부위의 타격점의 규모가 적으며, 이 타격 방법은 절리면의 틈이 그다지 진행되지 않은 암석에서 많이 사용되는 타격법으로 생각된다. 대형의 암석보다는 소형의 암석을 떼어낼 때 주로 사용되는 방법으로 보인다.

원석의 절리면에 V자형의 홈을 길게 넣어 여기에 쐐기를 박아 떼어내는 방법④는 1201, 1305, 1319에서 보이고 있다.(사진13, 15) 이 방법은 이곳 채굴지에서 비교적 많이 사용되고 있으나, 실패율도 높았던 것으로 보인다. 1201과 1305도 ④의 방법으로 절리되지 않아 재차 다른 타격방법을 시도하였던 것으로 생각된다.

양단과 중앙에 3점의 타격을 가하는 방법⑤는 1108, 1311에서 보이고 있으며, 채굴지에서와 마찬가지로 타격부위의 폭이 크거나 넓은 편이다.(사진9, 14) 이 방법은 채굴지에서도 비교적 많이 보이고 있다.

4점 이상의 부위에 작은 구멍을 내어 그 곳에 쐐기를 넣고 타격을 가하여 떼어내는 방법⑥은 1109, 1123, 1232, 1336에서 확인되고 있다.(사진10, 16) 이 타격점은 절리면의 틈이 그다지 진행되지 않은 암석에서 사용되는 타격법으로 채굴지에서도 많이 확인되고 있다. 특히 1336은 타격점이 각이 진 상태여서 경질의 암석이나 도구를 쐐기로 이용한 것으로 보인다. 이 6가지의 방법 이외에도 1120은 타격점이 불규칙적으로 여러 군데에 가해져 있거나, 1129는 한쪽 단에만 타격이 가해진 경우도 있어, 타격방법은 더욱 다양했을 것으로 생각된다.

이와같이 지석묘 상석 채굴지에 잔존하는 타격방법의 유형이 실제로 지석묘군에 있는 상석에서도 거의 같은 형태로 나타나고 있음을 알 수 있다. 따라서 지석묘군 상석의 채굴지와 지석묘군은 동일한 채굴방법에 의한 것임을 알 수 있으며, 지석묘 상석에 사용된 암질과 채굴지의 암질 분석에서도 상호 같은 부류의 것임이 연구되었다.[12)]

6. 맺음말

고창 지석묘의 상석 채굴지 조사는 죽림리 일대의 현 지석묘군이 위치한 지역의 성틀봉과 중봉을 중심으로 23개소가 조사되었다. 이곳은 많은 암반이 넓은 범위에 걸쳐 있고, 채굴지가 있는 지점의 경사도가 급해 지석묘 운반시의 노동력이 비교적 용이한 편이다. 죽림리 일대는 지형상의 위치, 상석 재료의 확보성, 채굴시의 노동력 조건이 지석묘의 조성으로는 최적의 조건을 갖추고 있다.

지석묘 상석 채굴지의 현존상태는 원석 군집의 장축이 동서방향을 이루는 것이 많으며, 채굴지가 거의 연결되어 있는 경우도 있다. 채굴지의 현존 위치는 산의 7~8부 능선에 해당하나 산의 높이에 따라 표고의 차이가 있다. 조사된 상석 채굴지점은 암석이 원석으로부터 떨어져 나간 부분이 많이 확인되고 있다.

지석묘 상석의 채굴과정은 원석의 제1절리면을 기준하여 제2절리면의 단축방향에 타격을 가하여 채굴하고 있다. 채굴에 있어서 암석

12) 김정빈, 「고창군 고창읍 죽림리와 아산면 운곡리 부근의 지질」, 『고창 지석묘군 상석채굴지 지표조사 보고서』 전주대학교 박물관 · 역사문화연구소, 1999

의 절리면을 최대한 이용하였고, 그렇지 않을 경우에는 최소한의 힘과 수고를 들여 인공적인 타격을 가하여 채굴을 하였다. 지석묘 상석을 채굴하기 위해서 지석묘 조영의 위치, 상석의 운반 루트, 상석의 크기가 사전에 파악되었으며, 여기에 대한 채굴방법, 순서 등이 계획적으로 이루어졌음을 알 수 있다.

지석묘의 상석을 채굴함에 있어서 타격부위는 크게 6가지의 방법이 확인되고 있다. 이들 타격부위는 암석 현존위치의 횡위에 가해지는 것이 대부분으로 주로 양단에 2점, 중앙부위에 1점, 전면에 타격점, 양단과 중앙부위의 3점 등의 타격 방법이 이용되고 있다. 또한 타격부위의 형태도 타격방법, 암석의 강도에 의해 다르게 나타나고 있다.

지석묘군에 축조되어 있는 상석의 타격방법을 관찰한 결과, 상석 채굴지에 잔존하는 타격방법의 유형이 실제로 지석묘군에 있는 상석에서도 거의 같은 형태로 나타나고 있음이 확인되었다. 또한 지석묘군 상석에 사용된 암질과 상석 채굴지의 암질 분석에 있어서도 동일 계통임이 증명되었다.

그러나 본고에서는 비교적 다양한 타격방법의 파악은 가능하였지만, 실제로 어떠한 방식으로 타격하였는지, 타격시 여기에 대한 노동력은 어떠하였는지 등의 문제는 다루지 못하였다. 이 분야의 연구가 이루어져야 보다 내실있는 논고가 될 것으로 생각되며, 석공들의 전문가와 공동으로 실험고고학적인 측면에서 타격방법의 실험이 필요하다.[13)]

---

13) 익산지역에서 현대의 돌다루는 방법과 가공기법의 실험적 견해가 소개되었는바, 이를 실험고고학적인 측면에서 채용한다면 선사시대 지석묘 상석 채굴방법의 단서에 많은 도움이 될 것으로 생각된다. 채수완 · 권오달, 『익산지역의 석조미술과 돌다루기』, 익산문화원, 1999

Ⅵ. 진안 월계리 백제 와요의 축조 및 기와 제작기법 관찰

진안 월계리 백제 와요의 축조 및 기와 제작기법 관찰

1. 머리말

진안 월계리 와요지는 용담댐수몰지구내에 있으며, 막새종류가 출토되지 않은 백제 말기(7세기 후반)의 무단식 암, 수키와의 전용 와요이다. 본 와요지는 1996년 필자에 의해 조사되었으며, 유구는 와요지 3기와 더불어 구덩이 2기, 집석시설이 조사되었고, 유물은 다량의 암, 수키와와 경질토기편이 출토되었다.[1] 월계리의 와요지는 1호와요지가 반지하식, 2호 · 3호와요지가 지하식 구조의 등요인데, 와요의 축조방법에 있어서 1호와요지는 인위적으로 성토한 흔적이 있고, 2호와요지는 보조연통의 존재하고, 내부는 계단식 구조로 축조되었음이 확인되었다. 또한 기와 제작에 있어서는 기와의 분할흔적, 와도 등면에 의한 단면처리, 모골와통의 연결흔 등의 특징을 관찰할 수 있었다.

이러한 와요의 축조방법이나 출토된 기와 제작기법을 관찰하여 보고함으로서 백제 말기 진안 용담지역의 특징적인 기법을 재현하고 복원할 수 있는 기초자료가 될 것으로 생각되며, 또한 당시 백제의 수도였던 부여지역과의 관련성도 비교해 볼 수 있을 것으로 판단된다. 따라서 본고에서는 상기의 내용을 중심으로 와요의 축조방법과 기와 제작기법에 대해 보다 상세하게 보고하고자 한다.

---

1) 이상균, 「진안 월계리 와요지」, 『진안 용담댐 수몰지구내 문화유적 발굴조사 보고서 Ⅳ』, 군산대학교 박물관, 2001

2. 월계리 와요지의 위치와 주변환경

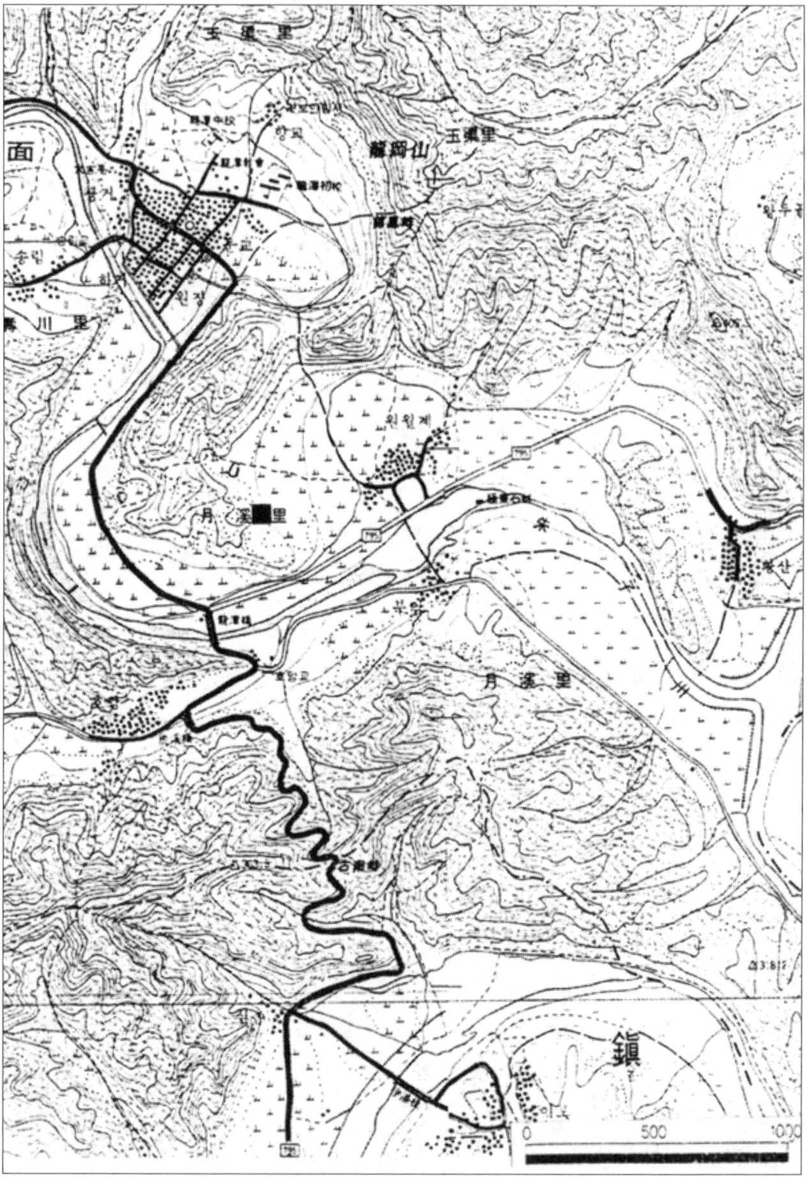

도면1. 월계리와 요지 위치도 ■ 부분이 유적

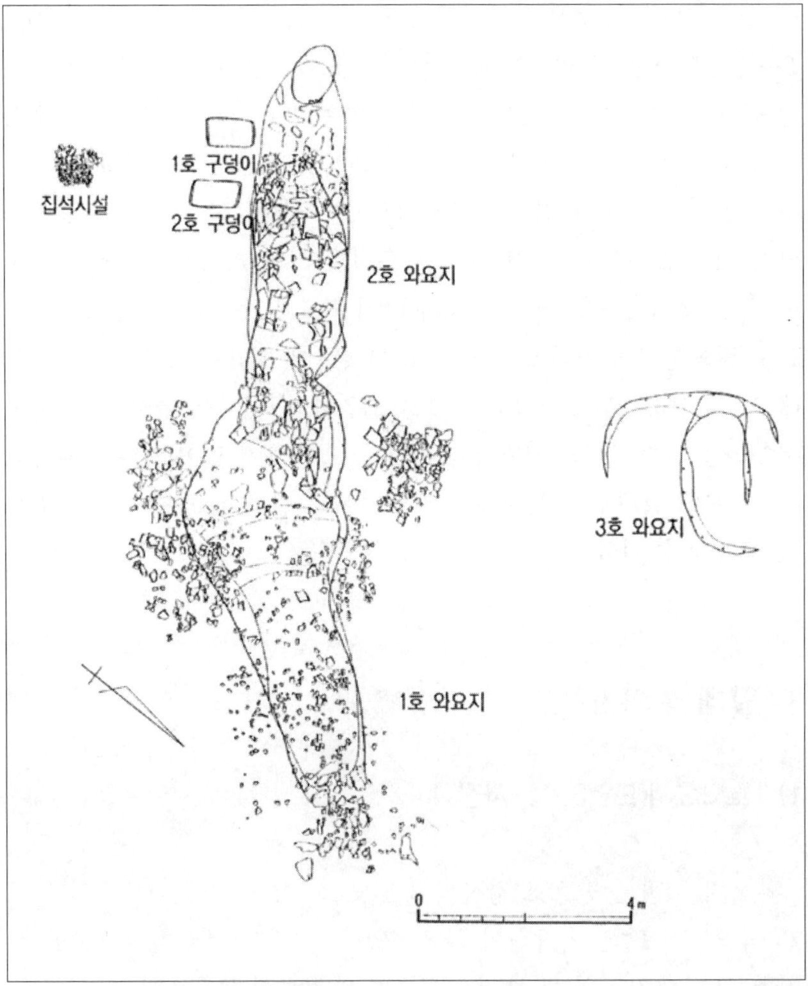

도면2. 월계리 와요지 유구분포도

월계리 와요지는 진안군 용담면 월계리 원월계마을(위도35°56′01″N, 경도127°29′28″E)에 위치하고 있다.(도면1 · 2) 이곳은 마을의 서쪽에서 남북으로 길게 뻗어 내린 능선의 동쪽 경사지역에 해당하며, 발굴전의 지표조사에서 많은 기와편이 산포되어 있어 와요지가 존재함을 알 수 있었다. 지금은 수몰되어 자취를 감추었지만 과거에 원월계마을은 용담면에서 직선거리로 1.5km가량의 거리에 있었으며, 月溪라는 지명이 말해주듯이 마을 앞을 흐르는 주자천과 뒤편의 용강산에서 흘러내린 산지에 둘러싸여 반월형의 충적평야를 형성하고 있었다. 원월계마을은 반월형태의 거의 중심부에 위치하고 있고 주위에 농경지가 펼쳐져 있었으며, 산지부로 갈수록 낮은 능선을 깎아 밭으로 개간하고 있었다. 와요지의 서쪽 계곡부위에서는 샘물이 솟아 습지상태를 이루고 있어 당시 와요의 조업환경, 생활환경으로도 적합한 장소였다고 판단되며, 이러한 와요의 조업환경은 백제시대 이후 근대에까지 지속된 것으로 보인다. 마을 주민들에 의하면 북서쪽의 산자락에서는 해방 전까지만 해도 와요가 있어 기와를 제작했다고 하며, 실제로 조선시대의 기와편이 주변에 많이 산포되어 있음을 확인할 수 있었다.[2)]

3. 월계리 와요지와 축조방법

1) 1호와요지(도면3 · 4, 사진1)

와요지 주변은 밭으로 경작되어 있었고, 이 과정에서 유구의 일부가 삭평되어 많은 기와편이 산포되었다. 와요는 풍화화강암층을 상면에서 파 내려간 후에 천장을 구축한 반지하식 등요이다. 입지는 구릉의 자연 경사면을 이용한 20~25°정도의 경사를 이루며, 주축은 N50°E방향이다. 와요지는 아궁이부, 연소부, 소성부가 남아있고 연도부는 확인되지 않았다. 와요의 크기는 길이 약750cm, 폭은 아궁이부가 140cm, 소성부가 250~300cm정도이다.

2) 전북대학교 박물관, 『진안 용담댐건설수몰예정지 문화재정밀지표조사보고서』, 1993

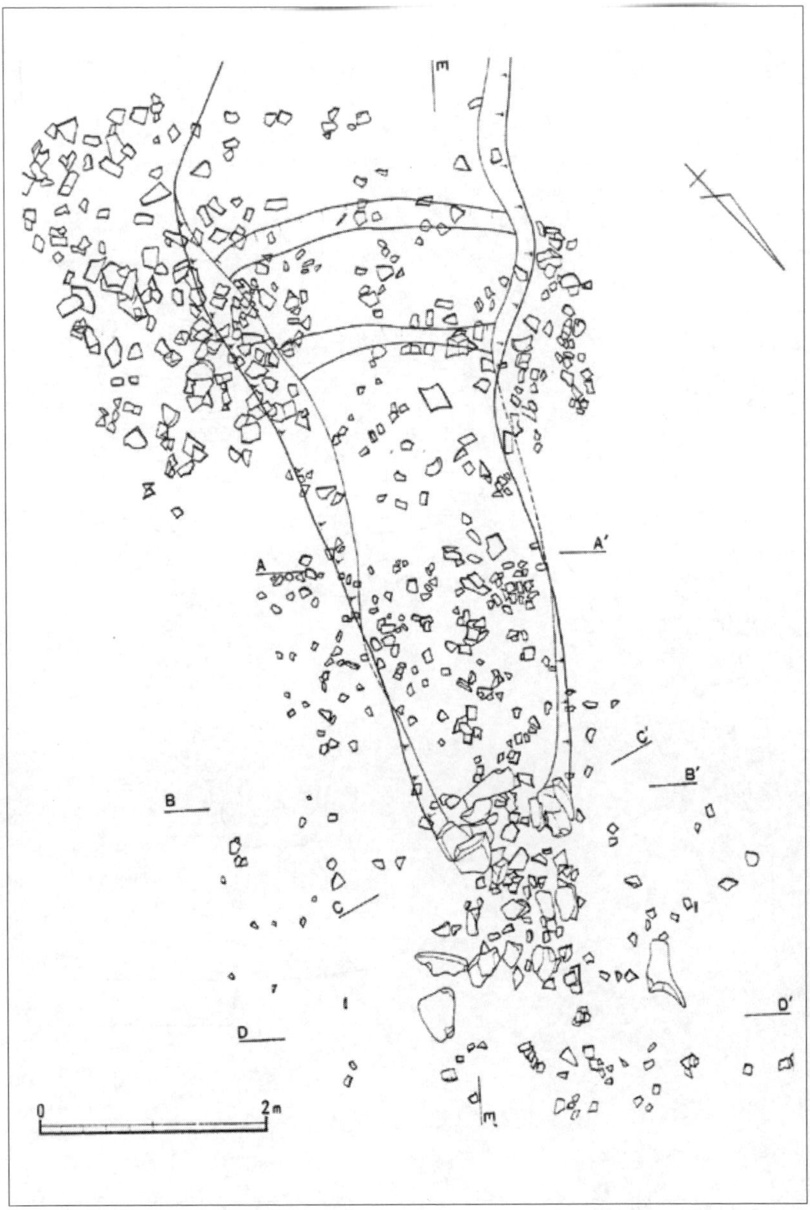

도면3. 1호와요지 평면도

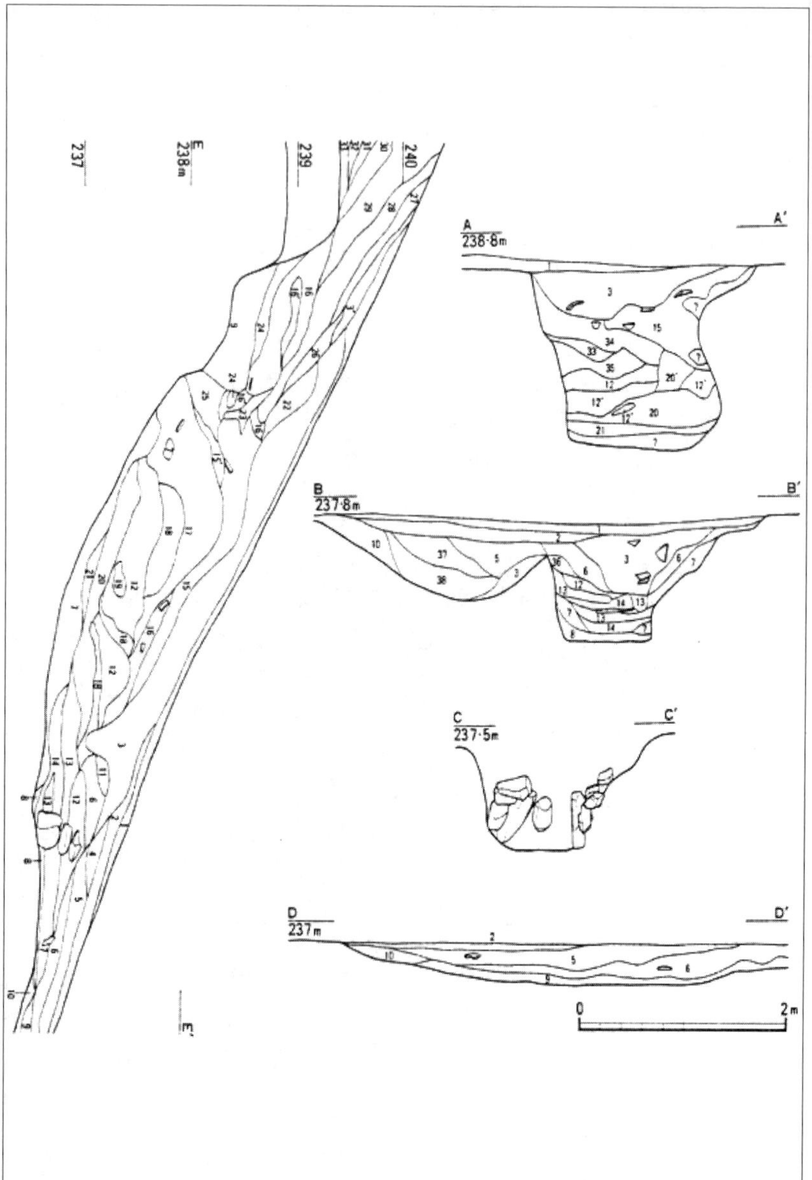

도면4. 1호와요지 단면도

(1) 아궁이부

아궁이부 입구의 축조는 풍화화강암층을 폭130cm정도로 굴광하여 양측의 벽면에 비교적 큰 할석을 3~4단 붙여서 고정시키고, 거기에 잇대어서 길이 50cm, 폭 20cm정도의 긴 돌을 세워 입구를 축조하였다. 좌측의 돌단은 무너진 상태이나 우측은 보존상태가 비교적 양호하다. 축조 후의 불을 지피는 실제 아궁이의 폭은 70cm정도로 추정된다. 아궁이의 바닥면은 넓은 판상석을 깔아 점토로 편평하게 조정했으며, 조업에 의하여 점토가 견고하게 부착되어 있다. 층위상으로 보면 천장부위는 이미 경작에 의해 삭평된 상태이며, 황갈색을 띠는 아궁이의 붕괴된 벽면의 일부가 확인되고 있다. 입구를 가득 메운 흑갈색이나 회갈색토는 재가 퇴적된 것이며, 군데군데 목탄이 혼입되어 있다.

(2) 연소부

연소부는 천정부가 이미 삭평되고 바닥면과 양벽면이 잔존한다. 바닥면은 아궁이부쪽이 경사가 비교적 완만하지만 그 외에는 와요의 경사각도와 평행한 각도를 이루며, 단차가 있는 연접부분까지 이어진다. 연소실 양벽면은 높은 온도의 화열로 인해 대단히 경질이며, 보강이나 수리한 흔적은 없다. 연소부의 폭은 150~160cm정도이며 폭이 가장 넓은 부분이 연소부의 중심부위로 생각된다. 층위상에서 보면 약간의 기와편이 혼입되고 있으며, 바닥면으로 갈수록 회갈색 등의 재와 목탄이 많이 혼입되어 퇴적한 양상을 보인다.

(3) 소성부

소성부는 연소부에서 이어지는 곳의 단차를 포함하여 2개의 단벽이 있다. 이 단벽은 아무 시설 없이 풍화화강암층을 굴광하여 축조하였다. 1단의 바닥면은 80cm정도로 2단에 비하면 폭이 좁은 편이다.

소성부의 바닥면과 우측 벽면은 잔존상태가 양호하나 좌측은 2호와요의 사용시에 생긴 회구부와도 중복되고 있어 복잡한 양상을 보인다. 소성부의 복토에서는 비교적 큰 암, 수키와편이 상당량 출토되었고 약간의 토기편도 수습되었다. 그리고 복토 안에서는 붕괴된 천장의 일부로 보이는 회황색에 흑갈색이 포함된 경질의 소토가 확인되었다. 이 소성부의 조사 중에 2단의 상부에서 비교적 큰돌이 집석되어 발견되었는데, 2호와요지의 아궁이부 혹은 요전부 시설과 중복되고 있음이 파악되었다. 또한 천장부위가 내려앉아 퇴적되고 경작 등에 의한 후대의 교란으로 인해 연도부는 확인할 수 없었다. 그러나 와요의 구조와 층위에서 연도부의 위치는 짐작할 수 있었고, 따라서 1호와요지의 규모를 파악할 수 있었다. 2호와요지의 요전부 시설과 중복된 부위에서 인위적으로 성토한 흔적이 층위에서 확연히 드러나 보이므로 2호와요가 폐기되고 난 후에 1호와요를 축조한 것으로 판단된다.

(4) 회구부

사진1. 1호와요지

회구부는 아궁이부 아래쪽에 위치하고 있고 범위는 비교적 넓은 것으로 생각되나 경작지 조성을 위해 절개되었다. 잔존부분은 아궁이 주변에서 약 40cm정도의 퇴적층을 보이며 복토에서 약간의 기와편과 토기편이 혼입되고 있다. 이러한 회구부는 아궁이 좌측에도 있었던 것으로 보인다.

2) 2호와요지(도면5 · 6, 사진2~5)

이 와요지는 1호와요지를 조사하던 중에 발견되었다. 비교적 단단한 풍화화강암층을 뚫어서 축조했고 바닥면은 돌로 단을 쌓아 계단식으로 만든 지하식 등요이며, 각 부위가 거의 완형상태이다. 1호와요지의 소성부 혹은 연도부와 중복되며 1호와요지의 윗부분에 위치한다. 입지는 구릉의 자연 경사면을 이용하였으며, 아궁이부에서 연소부까지는 30°정도, 소성부에서 연도부까지는 10°정도의 경사를 이루며 와요지의 주축은 N40°E방향이다. 와요지는 아궁이부, 연소부, 소성부, 연통부가 잘 남아있고, 보조연통부도 확인되어 와요의 축조방법을 알 수 있다. 이 와요지는 길이 약700cm정도이고, 폭은 아궁이부가 130cm, 연소부와 소성부가 150~170cm정도의 크기이다.

(1) 아궁이부

아궁이는 천장이 유실되었으며, 풍화화강암층을 폭 100~120cm정도로 굴광하여 축조하였다. 우측벽면은 큰 할석을 벽면에 세워 고정시켰으며, 상단부분에는 평탄한 하상석을 쌓아 구축하였다. 좌측벽면은 작은 할석을 벽면에 고인 후에 큰 할석을 잇대어 축조하였다. 여기에 사용된 돌은 길이 30~60cm, 폭20cm정도의 긴 할석을 세워서 고정시켰으며, 축조 후의 불을 지피는 실제 아궁이의 폭은 60cm정도로 추정된다. 아궁이의 바닥면은 아궁이 입구면 보다 낮으며, 흑갈색이나 회갈색토의 재가 비교적 두껍게 깔려져 있고, 군데군데 탄화된 목탄이 혼입되어 있다. 아궁이 앞쪽의 요전부에는 커다란 돌로 깔아 집석을 이루고 있으며, 많은 기와편과 약간의 토기편이 산재해 있었다. 이곳은 아궁이부 축조시의 양측벽면의 할석과 연결되고 있어 아궁이의 부속시설로 생각되며, 2호와요지의 범위를 알 수 있다. 아궁이부 위로 퇴적된 층위는 이 와요가 폐기된 후 1호와요를 축조하기 위해 인위적으로 성토한 부분이며, 성토방법을 추정할 수 있다.

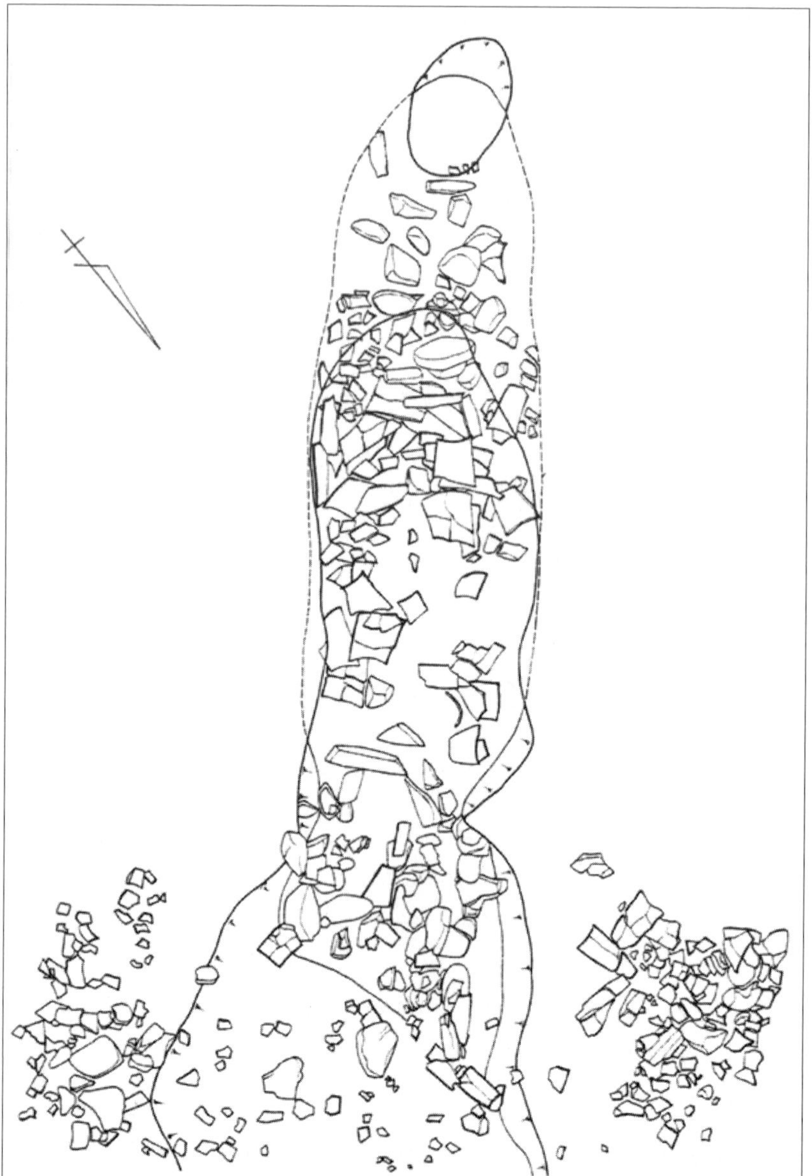

도면5. 2호와요지 평면도

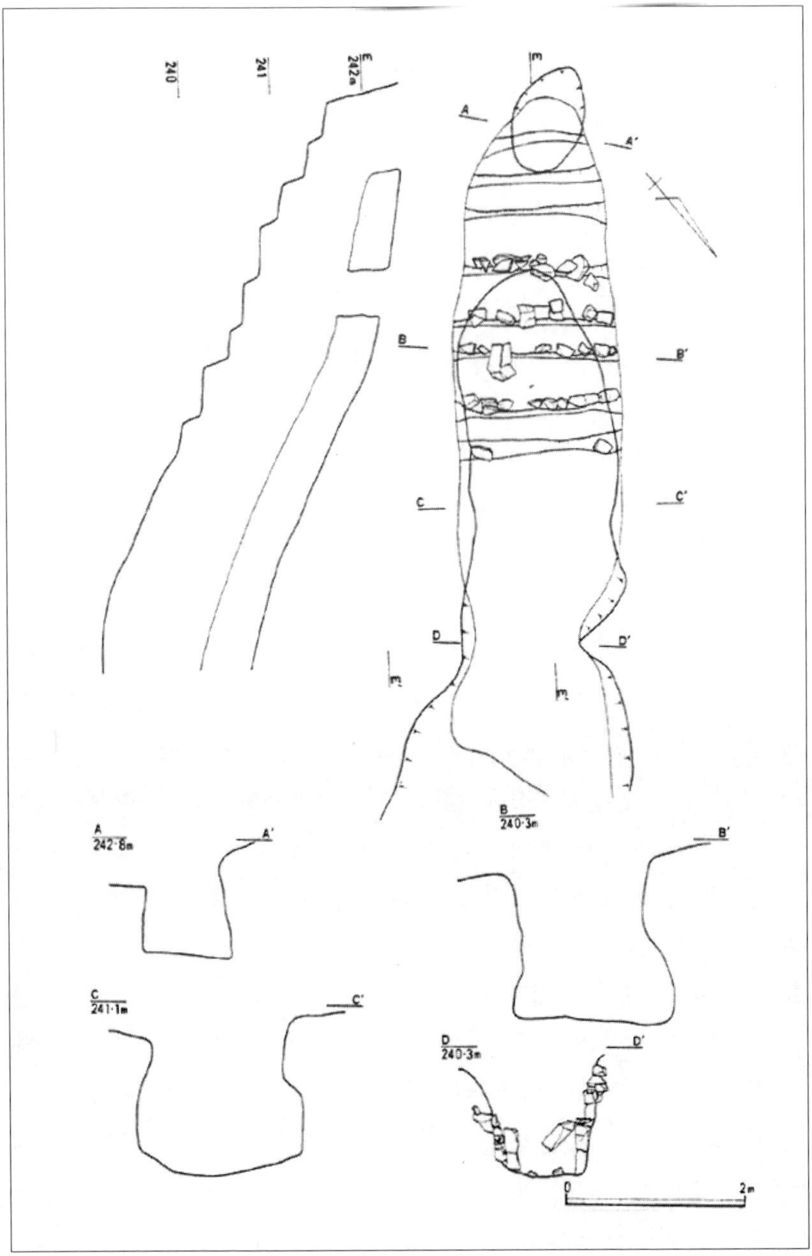

도면6. 2호와요지 평면 및 입면도

(2) 연소부

연소부는 천장부가 붕괴된 상태이나 벽면과 바닥면은 원형대로 잔존한다. 길이는 계단이 시작되는 부분까지인 140cm정도로 생각되고, 폭은 165cm정도이다. 바닥면은 와요의 경사각도와 거의 평행을 이루며, 계단이 시작되는 단차까지 이어지며 단단한 풍화화강암층 위에는 재와 탄화된 목탄이 혼입되어 많이 퇴적되어 있다. 연소실의 벽면은 수직으로 올라가다 내경하는 터널과 같은 형태이며, 벽면은 고온의 화열로 인해 풍화화강암층이 녹아 굳어져 회청색인 경질의 벽체를 이룬다. 또한 재층의 복토안에서는 소성부에서 흘러내린 커다란 암키와편이 많이 수습되었고, 천장에서 무너진 것으로 보이는 녹아 굳어진 회청색의 풍화암반이 군데군데 혼입되어 있는 양상을 보인다.

(3) 소성부

소성부는 연소부에서 이어지는 곳의 단차를 포함해서 8개의 계단이 있으며, 연통부까지 계속된다. 따라서 소성부의 범위를 정확하게 구분하기는 어려우나 기와편이 집중적으로 출토되고 있는 계단의 2~5단 사이가 중심부분으로 생각된다. 소성부의 폭은 160cm정도이나 연통부에 가까운 6단부터는 150cm정도로 좁아진다. 이 계단부위는 경사각이 20도 정도이며, 계단의 평면 단폭은 2단과 5단이 50cm정도로 가장 넓고 나머지는 30~35cm정도이다. 계단의 구축은 석단을 만든 후에 폐기된 기와나 토기편으로 편평하게 수평을 잡은 다음 점토를 발라 정연하게 축조하였다. 이 부분은 조업시의 고열로 인해 석단과 기와편은 점토와 고착되어 경질된 상태이다. 그러나 5단까지는 고온의 화열을 직접 받은 계단 수직부분의 점토가 떨어져나가 석단이 그대로 노출된 상황이나 보강이나 수리한 흔적은 보이지 않는다. 6~8단까지는 축조 당시의 원형을 그대로 유지하고 있다. 출토된 기와편은 집선문을 이루는 대형 암키와가 주류를 이루며, 5단까지의 범위에 집중되어 있다. 벽면은 천장부위까지 완형으로 잔존하며, 반원형의 터널과 같은 형태를 이룬다. 연도부에 이를수록 폭이 좁아지고 천장높이도 낮아진다. 그리고 3단과 4단의 천장부위에는 보조연통으로 추정되는 원형의 시설이 확인되어 와요의 구조를 살필 수 있는 중요한 자료가 될 것으로 보인다. 직경 50cm정도의 크기로 천장부위를 관통하고 있고, 비교적 큰돌과 기와편이 수습되었다.

(4) 연도부

비교적 단단한 풍화화강암층을 굴착하여 천장이 무너지지 않고 잔존하고 있는 관계로 연도부는 후미에서 거의 완전한 형태로 발견되었다. 이 연도부 외에도 소성부 중간부위에도 보조연통이 있는 것으로 확인되었다. 연도부 바깥쪽의 배연구의 크기는 장축 100cm, 폭 70cm 정도의 타원형을 이루며, 발견 당시에는 기와편으로 배연구의 주변이 메워져 있었다. 연도는 바닥면 계단의 7단과 8단으로 거의 수직을 이루고 있으며, 5단의 윗부분과 6단에 비교적 큰돌이 집석되어 있는 것으로 보아 규칙 정연한 연도부의 시설, 즉 배연구로의 불길유입을 원할히 하기 위한 시설로 생각된다. 따라서 연도부는 관련된 시설이 있는 6~8단의 계단부위로 생각된다. 이 부분의 단은 조영시의 원형을 유지하고 있어, 5단의 윗부분에 설치된 집석시설에 의해 보호된 것으로 보인다. 특히 7단과 8단 부위의 계단면은 기와편보다는 폐기된 토기편으로 깔아서 축조하였다.

(5) 회구부

회구부는 아궁이부의 좌측에 직경4m 정도의 범위에 형성되어 있다. 두꺼운 곳의 층위는 90cm정도에 이르고 소토와 탄화된 목탄 재, 토기와 기와편도 많이 섞여 있다. 아궁이부 앞 요전부의 집석시설을 한 우측의 평탄면에서는 기와편 외에도 접시뚜껑, 광구호편 등이 발견되어 조업을 행하기 이전에 제사를 행했던 장소로 추정된다. 이 평탄면은 와요의 축조시기에 동시에 만들어져 기와 조업의 성행을 위한 제사의 장소로 중요시되었음을 알 수 있다.

사진2. 2호와요지

사진3. 2호와요지 성토한 토층단면

사진4. 2호와요지 계단식 내

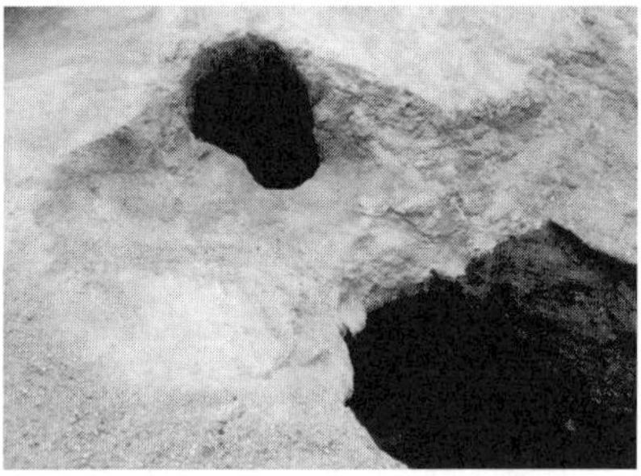

사진5. 2호와요지 보조연통부

3) 3호와요지(도면2, 사진6)

3호와요지는 2호와요지에서 서측방향으로 7~8m정도의 거리에 있으며, 주축은 N40°E방향이다. 2호와요지와 같이 단단한 풍화화강암층을 뚫은 것이나 도중에 중단된 미완성 와요이다. 따라서 등요를 축조하기 위한 방법을 어느 정도 파악할 수 있다. 아궁이는 100~130cm 정도의 폭으로 수직으로 파 내려간 다음, 수평으로 풍화화강암층을 굴광하는 방법이다. 그러나 수평 굴광작업은 50cm 정도 밖에 이루어지지 않았고, 1, 2호와요지의 아궁이부에서 보이는 큰 할석이나 주변에 집석시설이 없는 것으로 보아 아궁이부를 축조하다 도중에 중단한 것으로 생각된다. 그리고 좌측에 150×150cm정도의 평탄면을 만들었으며, 조업을 행하기 이전에 제사를 행하기 위한 장소로 추정되나 중단된 관계로 아무런 시설이 이루어지지 않았다. 이 평탄면은 2호와요지에도 존재하고 있어 기와 조업의 성행을 위한 당시 공인들의 염원이 강하게 작용한 것으로 보인다. 층위는 담황색 혹은 황갈색이 주류를 이루고 복토 안에서 작은 기와편 1점 만이 출토되었다.

사진6. 3호와요지

4) 와요지의 특징과 축조방법

월계리 와요지에서는 지하식등요 2기, 반지하식등요 1기가 발굴조사되었다.[3] 입지면에서는 원월계 마을의 서쪽에 남북으로 길게

3) 주변지역에서 백제시대에서 통일신라시대 초기에 해당하는 등요는 정식조사가 이루어진 게 많지 않고 그나마 공주와 부여를 중심으로 밀집되어 있다. 그 예는 부여 정암리 와요지, 부여 동남리 와요지, 부여 쌍북리 요지, 청양 왕진리 와요지, 청양 본의리 요지, 익산 미륵사지 요지 등인데, 이 중에는 와도겸업 요지도 포함된다.
국립부여박물관, 『부여 정암리 가마터(II)』, 1992
부여군지 편찬위원회, 『부여군지』, 1997
심정보, 「충남지역의 백제요지」, 『백제시대의 요지연구』, 1988
정양모, 「왕진리 백제 와요지조사」, 『박물관 신문』 13호, 1971
국립부여문화재연구소, 『미륵사유적발굴조사보고서 II』, 1996

뻗어 내린 능선의 동쪽 구릉사면에 위치하고 있다. 와요의 주축은 N40~50°E정도의 방향을 이루며, 20~30°정도의 구릉사면과 거의 직교하고 있다. 3기의 와요는 경사면 중복부의 풍화화강암층을 상면에서 파 내려간 후, 그 앞쪽으로 굴광하여 축조하는 방법이다. 특히 2호와요지는 비교적 경질의 풍화화강암층이며, 일부의 천장은 붕괴되지 않은 상태여서 중요한 자료로 생각된다.

1호와요지는 반지하식 등요로 아궁이부, 연소부, 소성부가 남아 있다. 아궁이부 입구는 양측 벽면에 큰 할석을 붙여서 점토로 고정시키고 거기에 잇대어서 긴 돌을 세워 입구를 축조하고 있다. 이러한 아궁이부의 구조는 부여 정암리 와요지[4]에서도 확인되고 있다. 아궁이부의 바닥면은 넓은 판상석을 깔아 점토로 편평하게 조정한 것이 특징이다. 연소부는 별 특징이 없이 소성부로 이어지는데 와요의 구조상 연소부와 소성부의 정확한 구분이 어렵다. 양벽면은 높은 온도로 인해 대단히 경질이며 보강이나 수리한 흔적은 발견되지 않는다. 소성부에는 2개의 단이 있으며, 아무 시설 없이 풍화화강암층을 굴광하여 축조하였다.[5] 이것은 기와를 소성하기 편리하게 효율적으로 쌓기 위한 평탄면으로 생각되며, 이른바 계단식 와요지로 불리는 등요와는 축조방법이 다르다. 그리고 소성부의 조사 중에 2단 상부에서 비교적 큰돌이 집석되어 발견되었는데, 이것은 2호와요의 요전부 시설과 중복되고 있음이 파악되었다. 또한 2호와요지의 요전부와 중복된 부위에서 폭 넓게 성토한 흔적이 층위에서 확연히 보인다.(사진3) 이 인위적인

4) 국립부여박물관, 『부여 정암리 가마터(II)』, 1992

5) 연소실이나 소성실의 단벽은 통일신라 초기의 익산 미륵사지 요지에서도 확인되고 있으며 2~3단으로 알려지고 있다. 이 단은 기와와 점토로 축조하였는데 이곳 월계리 1호 와요지에서는 아무런 시설이 가해지지 않았다. 주변의 백제시대 토기요지인 익산 신용리 요지에서는 이러한 단벽이 존재하지 않아 와요와 토기요의 용도상의 구별이 이루어진 듯하다.
국립부여문화재연구소, 『미륵사유적발굴조사보고서 II』, 1996
전영래, 「전북 고창 운곡리, 익산 신용리요지」, 『백제시대의 요지연구』, 1988

성토부분은 2호와요지의 아궁이부와 요전부, 좌측의 회구부에 이르는 넓은 범위에 이른다.

성토방법은 바닥면에서부터 경사면을 따라 성토해 다져올라가는 방법으로 생각되며, 매회의 성토된 단위는 높이가 10cm, 폭은 15~30cm 정도이다. 이 범위는 2호와요의 축조 당시 굴광했던 부분에 해당하는데, 2호와요지가 폐기된 후에 다시 굴광했던 지역을 성토하여 또 다른 와요(1호)를 축조하기 위한 것으로 생각된다. 이러한 성토방법은 3호와요지에서도 확인되고 있어, 월계리 와요지의 축조는 2호→3호→1호와요의 순으로 축조된 것으로 생각된다.

2호와요지는 지하식 등요에 해당하며 아궁이부, 연소부, 소성부, 연통부의 전 부위가 잔존하며, 8개의 단이 있는 단저형의 와요이다.[6] 아궁이부 입구는 1호와요지와 공통된 양상을 보인다. 아궁이부와 요전부 위로 퇴적된 층위는 이 와요가 폐기된 후 1호와요를 축조하기 위해 인위적으로 성토한 부분으로 층위의 변화가 큰 차이 없으며, 여기에서는 유물도 출토되지 않았다. 연소부는 계단이 시작되는 단차까지 이어지며, 연소부의 아래쪽의 아궁이 입구에 가까운 우측에서 저부의 토기편이 출토되었다. 와요내 바닥의 계단은 8단이며,[7] 계단의 축조는 석단을 만든 후에 폐기된 기와나 토기편으로 편평하게 수평을 잡

6) 이러한 계단식 등요는 부여 정암리 와요지, 동남리 와요지, 쌍북리 요지, 청양 왕진리 와요지, 본의리 요지에서 조사되었다.
국립부여박물관, 『부여 정암리 가마터(II)』, 1992
정양모, 「왕진리 백제 와요지조사」, 『박물관 신문』 13호, 1971
김성구, 『옛기와』, 대원사, 1992
심정보, 「충남지역의 백제요지」, 『백제시대의 요지연구』, 1988
최맹식, 『백제 평기와 신연구』, 학연문화사, 1999

7) 청양 왕진리 와요지에서는 가장 상태가 좋은 3호 등요의 경우 8단의 계단이 형성되어 있고 가마의 구조나 크기에 있었어도 월계리의 2호 와요와 거의 유사하다.
정양모, 「왕진리 백제 와요지조사」, 『박물관 신문』 13호, 1971

은 다음 점토를 발라 축조한 방법이다.(사진4) 계단식 등요는 부여 정암리 와요지에서도 2기가 조사되었는데, 정암리의 경우는 기와를 중첩하여 쌓아 축조한 것이고, 월계리의 경우는 돌로 단을 만든 후에 기와나 토기편으로 수평을 이루게 하였다. 이 계단식 등요의 축조방법은 이 시기의 백제지역 평야부와 백제 변방지역의 산간부와의 지역차를 알 수 있게 한다. 그리고 소성실의 천장부위에는 직경 50cm정도의 보조 연통의 시설이 있어 와요의 구조를 파악할 수 있는 중요한 자료로 생각된다.(사진5) 연도부는 와요의 후미에서 조사되었고, 계단의 6단을 중심으로 큰돌이 집석되어 있는 것으로 보아 불길의 유입을 원할히 하기 위한 연도의 부속시설이 있었던 것으로 보인다.[8)] 회구부는 아궁이의 좌측에 직경4m정도의 범위에 형성되어 있다. 요전부의 집석시설이 있는 우측의 평탄면에서는 기와편과 함께 토기뚜껑, 광구호편 등이 집중되어 발견되어 조업 이전에 행했던 의례장소로 추정된다.[9)] 이 평탄면은 의례적인 장소 이외에도 땔감이나 기와의 적재장소로도 이용되었을 것으로 보이며, 와요의 축조와 동시에 만들어졌음을 3호와요지의 축조방법에서 짐작할 수 있다.

이와같이 월계리 와요지는 축조된 특징과 기와의 제작 및 문양에서 본다면, 백제시대의 맥락이 이어지는 것으로 보이며, 7세기 후반을 전후한 시기에 조업한 것으로 추정된다. 2호와요지의 잔류자기측정에서도 이 시기에 근접한 양상을 보이고 있다.[10)]

---

8) 기본적으로 등요의 연도부의 연통은 1기인 것으로 알려져 있다. 부여 정암리 와요의 경우는 평요와 등요가 동시에 존재하는데 평요는 주로 연통이 2~3기인데 반해, 등요는 1기만이 존재한다.
국립부여박물관, 『부여 정암리 가마터(Ⅰ)』, 1989
국립부여박물관, 『부여 정암리 가마터(Ⅱ)』, 1992

9) 국립문화재연구소, 『제와장』, 1996

10) 時枝克安 · 成享美, 「月溪里遺蹟 2號瓦窯의 殘留磁氣測定」, 『진안 용담댐 수몰지구내 문화유적 발굴조사 보고서 Ⅳ』,군산대학교 박물관, 2001

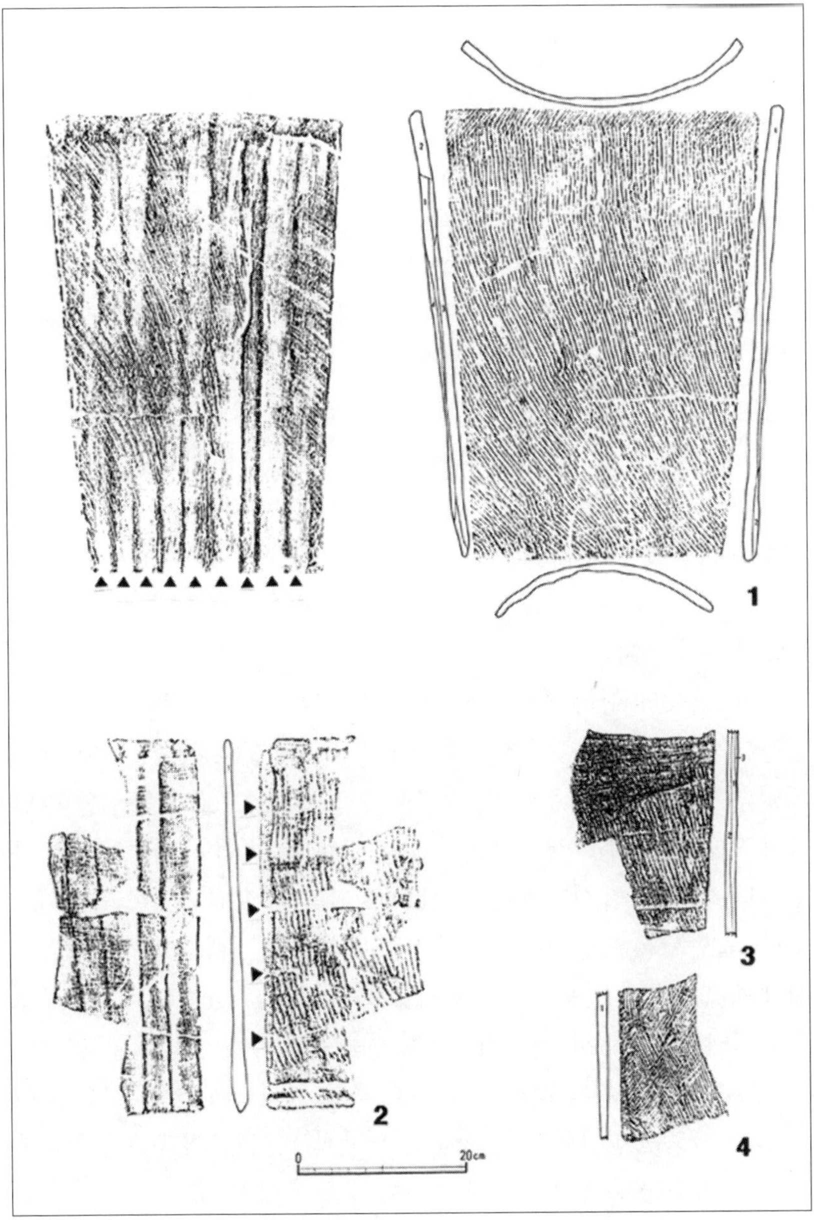

도면7. 와요지 출토 암키와류

4. 출토기와의 제작기법 관찰

1) 암키와의 몇 예(도면7)

비교적 큰 기와편은 2호와요지 내부에서 많이 출토되었고, 회구부 주변에서도 수습되었다. 암키와는 가장 큰 것은 길이 약50cm, 폭 35cm이상의 대형기와가 존재한다. 문양은 집선문이 주류를 이루며, 이 집선문이 변형되거나 횡방향의 침선이 추가되는 것도 있으나 수량은 많지 않다. 기본적으로 암키와는 안쪽에서 바깥쪽으로 분할도흔이 진행된다. 기와제작은 와도에 의한 2회 이상의 분할흔적, 와도 등면에 의한 단면처리, 5가지 이상의 모골와통 연결흔 등이 있어 제작기법을 파악할 수 있다.

(1) 集線文:A類

길이 52.5cm, 장폭33cm, 단폭26cm(도면7-1)

완형의 기와이며, 중앙부분의 두께가 비교적 얇아 종방향으로 균열되었다. 문양은 집선문이며, 상부에서 하부방향으로 시문구를 타날해 문양을 표현하고 상단부에 조정을 가했다. 이러한 집선문양을 가진 기와는 주로 대형기와이며, 2호와요지의 내부에서 많이 출토되고 있다. 분할도흔은 양측이 안쪽에서 바깥쪽으로 진행되고 대형기와인 관계로 2번에 걸쳐 분할을 시도하였으며, 와도의 등면으로 2번의 조정을 하였다. 모골와통의 연결흔적은 좌측 상부에 나타나고 있으나 우측까지 연결되지는 않는다. 모골의 폭은 상부4cm, 하부3cm정도이며, 9개의 모골이 잔존한다. 포흔은 미세한 편이며, 좌측에 모골와통이 어긋나 있는 흔적이 뚜렷이 보이며 빗질 흔적이 있다. 비교적 경질의 흑갈색이며, 태토에 거친 사토가 많이 포함되며 소성상태는 양호하다.

(2) 集線文+擦文:B類

길이 42cm, 잔존폭19cm(도면7-2)

좌부가 결손되었고, 문양은 약간 거친 집선문을 시문한 뒤 문질러서 찰문을 이루었다. 문양은 세밀하지 않고 군데군데 타날기법으로 시문했다. 분할 후 표면에까지 와도 등면으로 조정된 면이 남아있다. 모골와통의 흔적은 2줄이고, 모골의 폭도 3~5cm정도로 뚜렷하나 정연하지 않다. 이면의 포흔은 미세하며, 빗질자국은 확인되지 않는다. 연질의 명황갈색이며, 정선된 태토이나 소성상태가 양호하지 않다.

(3) 集線文＋橫沈線:C類

잔존길이 25cm, 잔존폭 17cm(도면7-3)

우측 중앙부만이 잔존하며, 문양은 집선문＋찰문에 횡침선을 시문하였다. 집선문을 시문할 때 타날한 흔적이 확연하게 나타난다. 분할 후 와도 등면에 의해 2번의 조정이 가해졌다. 모골와통의 연결흔은 알 수 없고, 모골의 폭은 3~5cm정도이다. 뒷면의 포흔은 눈이 크며, 빗질자국이 있다. 비교적 경질의 흑갈색을 띠며, 정선된 태토에 소성상태도 양호하다.

(4) 格子文:D類

잔존길이 17cm, 잔존폭 12cm(도면7-4)

좌측 중앙부만이 잔존하며, 문양은 결손된 부분이 많아 단언하기 어려우나 집선문의 일종으로 생각된다. 여기에 문양의 반대방향으로 타날해 격자문을 이룬다. 분할 후 와도 등면으로 2회의 조정이 이루어졌다. 모골와통의 연결흔은 알 수 없고 모골 폭의 흔적도 약하다. 이면의 포흔은 눈이 큰 편이다. 비교적 연질의 담황색을 띠며, 정선된 태토에 소성상태는 비교적 약하다.

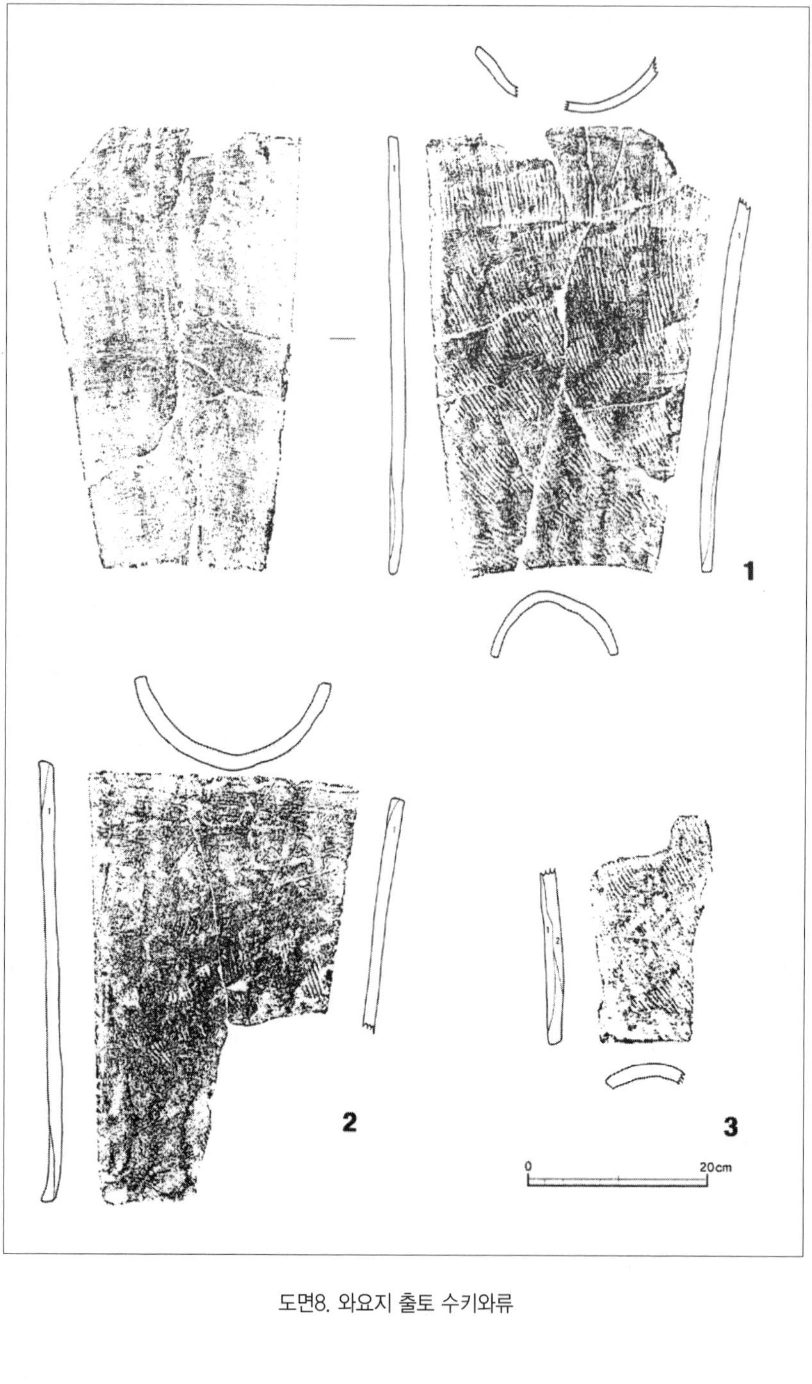

도면8. 와요지 출토 수키와류

2) 수키와의 몇 예(도면8)

2호와요 내부에서의 출토는 극히 적으나 1호와요의 소성부 및 2호와요 회구부 주변에서 비교적 출토량이 많다. 전체적인 수량은 암키와보다 적다. 수키와의 문양은 암키와와 마찬가지로 집선문이 주류이나 문양이 조잡하거나 문질러서 무문처럼 보이는 것도 많다. 제작은 와통에서 4등분하는 암키와와는 달리 2등분을 하기 때문에 모골와통이 사용되지 않는다. 수키와의 단면처리는 직경크기에 따라서 분할하는 기법의 차이를 보인다.

(1) 集線文:A類

길이 44cm, 폭 20cm(도면8-1)

상부 우측이 약간 결손되었으나 거의 완형에 가깝다. 문양은 집선문이며, 듬성듬성 시문되고 있다. 시문은 상부에서는 종방향의 집선이나 하부로 내려올수록 사방향의 집선문으로 진행되어 암키와의 집선문A류의 시문방법과 같다. 분할도흔은 바깥쪽에서 안쪽으로 진행된다. 기본적으로 모골와통이 사용되지 않으며, 뒷면에는 미세한 포흔이 있고 빗질의 흔적은 없다. 이러한 현상은 수키와의 공통된 특징이다. 비교적 경질의 흑갈색이며, 태토에 마사토와 작은 석립이 군데군데 포함된다.

(2) 集線文+擦文:B類

길이 46cm, 폭 21cm(도면8-2)

좌측 하부가 결손되었으나 완형에 가깝다. 문양은 타날기법에 의한 집선문인데, 시문한 후에 거의 전면을 문질러서 외견상에는 문양이 없는 것처럼 보인다. 그러나 군데군데 집선문의 흔적이 남아 있어 문양의 시문방법을 추정할 수 있다. 분할도흔은 수키와의 집선문A류와는 다른 양상을 보인다. 우측단면은 바깥쪽에서 안쪽으로, 좌측단면은 안쪽에서 바깥쪽으로 분할된다. 즉 분할하는 수법이 기와의 안쪽 밑에 손을 넣어 분할도를 그어 올리고 반대편은 바깥쪽 밑에서 그어 올려 분할선을 넣었다. 뒷면의 포흔은 비교적 미세하나 포를 서로 연결하여 사용한 매듭의 흔적이 있다. 비교적 경질의 암갈색이며, 정선된 태토에 마사토가 군데군데 포함되고 소성상태는 양호하다.

(3) 集線文＋橫沈線:C類

잔존길이 24cm, 잔존폭 12cm(도면8-3)

집선문의 문양이 타날에 의해 듬성듬성 시문되고 있으며, 여기에 횡방향의 침선을 가했다. 분할도흔은 좌측단면에 있고, 안쪽에서 바깥쪽으로 분할한 후 바깥쪽에서 안쪽으로 다시 한번 분할을 시도하였다. 문양이 있는 표면에는 재차 시도했던 분할도흔이 선명하게 남아있다. 뒷면의 포흔은 비교적 미세하다. 비교적 경질의 흑갈색+황갈색이며, 태토에 작은 석립이 포함된다.

3) 기와의 제작기법 관찰

월계리 와요지에서 출토된 기와는 무단식 암, 수키와의 2종류로 분류된다. 막새종류가 전혀 출토되지 않은 암, 수키와의 와요전용[11]으로서 출토품은 다양하지 않다. 제작된 기와의 수급처를 정확히는 확인할 수 없으나 추정해 볼 수 있고,[12] 당시의 기와제작 기법의 양상도

11) 백제시대 와요의 수급관계는 전용와요가 존재해 여러 곳에 기와를 각각 복수 공급하는 양상을 보이는 것으로 알려지고 있다. 따라서 이곳에서도 막새나 전돌 등의 조업은 가까운 다른 곳에서 조업되었을 것으로 생각된다.
김성구, 「부여의 백제요지와 출토유물에 대하여」, 『백제연구』 21, 1990

파악할 수 있었다.[13] 월계리 기와의 관찰에 나타난 기와제작시의 바탕흙은 점토판 바탕흙을 사용하는 방법과 점토대 바탕흙을 이용하여 쌓는 2가지의 방법이 확인되고 있다.[14] 전자는 기와의 크기에 맞추어 바탕을 떼어내어 사용하는 방법이고, 후자는 토기 제작에서 사용하는 것과 같이 점토를 둥글게 말아서 쌓아 올리는 윤적법을 이용한 것이다.(도면7-2) 수평으로 균열된 양상을 보면, 쌓아 올리는 점토 단위의 폭은 5~6cm 정도이다.

암키와는 2호와요지 내부와 회구부 주변에서 많이 출토되었고, 1호 와요지에서는 비교적 적은 기와편이 수습되었다. 문양에서 보면 集線文(A類), 集線文+擦文(B類), 集線文+橫沈線(C類), 格子文(D類)으로 세분할 수 있다.(도면7) 기와편의 거의 대부분은 집선문양을 기본으로 하고 있는데, 이러한 양상은 백제시대에 일반적으로 많이 사용되는 시문방법이다.[15] 문양의 시문은 상부에서 하부방향으로 타날구를 정연하게 두드려 문양을 가했고, 상부에서는 종방향이나 하부로 내려올수록 사방향으로 변하는데, 이러한 집선문의 기본 문양패턴

---

12) 월계리 와요지의 기와 수급처로 예상되는 주 지역은 용담면소재지 지역이었을 것으로 추정된다. 이 지역은 백제시대에 勿居縣으로 칭하였으며 통일신라시대인 757년(경덕왕 16년)에는 淸渠로 개칭하여 進禮縣(현 충남 금산)의 속현이 되었고 고려시대에 다시 龍潭으로 개칭하여 縣令을 두었다. 이와 같이 용담은 백제시대부터 독립된 縣으로 존재해 이 지역에 관청, 건물, 사찰 등이 있었던 것으로 추정된다. 또한 월계리 성남마을에는 백제시대의 산성까지 있어 변방의 요충지로도 중요한 지역이었던 것으로 보이며 이곳에서는 백제시대의 것으로 보이는 기와편도 확인되고 있다. 따라서 기와의 수급처는 용담면소재지와 백제산성의 건물지에 수급된 것으로 보인다.

13) 국립문화재연구소, 『미륵사지유적 발굴조사보고서 I』, 1999
장경호, 「한국 전통기와 제작기법과 그 규격에 관한 고찰」 『황수영박사고희기념 미술사학논총』, 1989
최태선, 「평와제작법의 변천에 대한 연구」, 경북대학교 석사학위논문, 1993
최맹식, 「백제 평기와 제작기법 연구」, 『백제연구』 25, 충남대학교 백제연구소, 1995

14) 최맹식, 『백제 평기와 신연구』, 학연문화사, 1999

15) 서오선, 「한국 평와문양의 시대적 변천에 대한 연구」, 충남대학교 석사학위 논문, 1995

은 암키와의 모든 유형이 거의 동일한 양상을 보인다.(도면7-1) 기와 제작에 있어서 이러한 문양은 성형시에 밀도를 높이는 타날 과정에서 생기는 것이므로, 타날하는 순서와도 밀접한 관련을 가진다. 타날하는 시문구는 사각형의 손잡이 달린 도구로 생각되며, 암키와의 경우는 수키와에 비해 각도가 완만하므로 문양이 비교적 선명하게 타날되고 있다. 타날 시문구의 집선은 사방향으로 7~8줄이 기본인 것으로 보인다. 이 중에 A류가 주류를 이루며, 나머지 유형의 수량은 매우 적게 출토되고 있다. B류와 같이 문양을 시문한 후에 문질러서 마무리하는 찰문기법이 보이기도 하며,(도면7-2) D류에서와 같이 문양을 타날한 후에 다시 다른 각도로 타날하는 경우도 있다.(도면7-4) 주류를 이루는 A류는 규모에 있어서 길이 50cm, 장폭 35cm이상의 대형기와가 많으며, 문양의 시문기법, 시문순서, 타날패턴 등에 있어서도 동일한 특징이 반복되고 있다. 특히 부여 정암리 와요지에서 보이는 암키와보다는 문양의 선이 뚜렷하고 정연하게 시문된 게 특징이며, 기와 제작기법의 세련됨을 엿볼 수 있다. 뒷면의 상부에 나타나는 모골와통[16]의 연결흔적은 암키와에만 나타나고 있고, 모골의 연결방법은 최맹식의 연구성과[17]에 비교해 보면 한구멍뚫기의 두줄엇걸어 통쪽건너엮기, 두구멍뚫기의 한줄엮기, 두구멍뚫기의 두줄엮기, 쌍 두구멍엮기의 두줄평행엮기와 이러한 연결법의 복합적인 요소 등 최소한 5가지 이상이 있는 것으로 추정된다.(도면7-1, 사진7) 암키와는 모골의 연결흔이 나타나는 것이 원칙이나 연결흔이 없는 경우도 있다.(사진7-3) 이것은 모골와통의 연결을 모골면으로 돌출되지 않게 엮어 가

16) 모골와통은 판자나 대나무편 등을 끈으로 연결하여 둥글게 만든 와통이며 백제시대의 암키와에 주로 이용되고 있다. 이 와통은 가볍고 이용이 편리하며 제작이나 재료구입이 쉬운 장점이 있다. 그러나 와통을 엮는 끈이 끊어지거나 자주 수리해야 하는 단점도 있다.

17) 최맹식, 「백제 평기와 제작기법 연구」, 『백제연구』 25, 충남대학교 백제연구소, 1995

사진7. 모골의 흔적과 연결흔

는 방법이 사용된 것으로 보인다. 대형 암키와의 경우, 모골의 폭은 상부4cm, 하부3cm정도이며 9개의 모골흔이 잔존한 것으로 보아 36개 정도의 모골에 의해 와통이 제작되었음을 알 수 있다.(도면7-1)

기와를 분리하기 위한 분리선은 암키와의 경우 4개소, 수키와의 경우 2개소에 부착하게 된다. 백제 기와의 경우 분리선은 일반적으로 젓가락식이나 끈 매듭 연결식이 사용된 것으로 연구되고 있다.[18] 월계리 기와의 경우, 분리선이 있는 곳을 기준하여 와도로 분할하고 있으며, 분할 후에는 분리선의 흔적을 와도 등면으로 조정하고 있기 때문에 남아 있는 분리선을 찾기가 힘들다. 그러나 세로로 나 있는 매듭의 흔적에서 본다면, 분리선의 부착에 끈 매듭 연결식과 같은 방법도 사용되었을 것으로 추정된다.(사진7-5)

분할도흔은 모골와통에 둘러싸인 기와를 4등분하는 작업의 흔적인데, 성형을 해서 건조시키기 이전에 와도에 의한 분할을 가한다. 기본적으로는 뒷면에 손을 넣어 안쪽에서 바깥쪽으로 1회에 한해 그어 올리는 방법이 사용된다. 그러나 그 중에는 2번 혹은 2번 이상에 걸쳐 분할을 시도한 것이 비교적 많이 있는데, 이것은 길이 50cm가 넘는 대형기와가 많기 때문에 한 번의 분할이 의도대로 되지 않은 경우에 재차 분할을 시도한 흔적으로 보인다.(도면9-1) 그 후 와통에서 분리시키는데, 이때에 분할도흔이 미치지 않은 부분은 와도의 등면으로 조정을 가하고 있는 게 특징이다.

수키와는 전체적인 수량이 암키와보다 적고 1호와요의 소성부 및 2호와요 회구부 주변에서 주로 출토한다. 문양은 암키와와 마찬가지로 집선문이 주류를 이루며 集線文(A類), 集線文+擦文(B類), 集線文+橫沈線(C類)으로 세분할 수 있다.(도면8) 집선문의 문양패턴은 상방향

18) 최맹식, 『백제 평기와 신연구』, 학연문화사, 1999

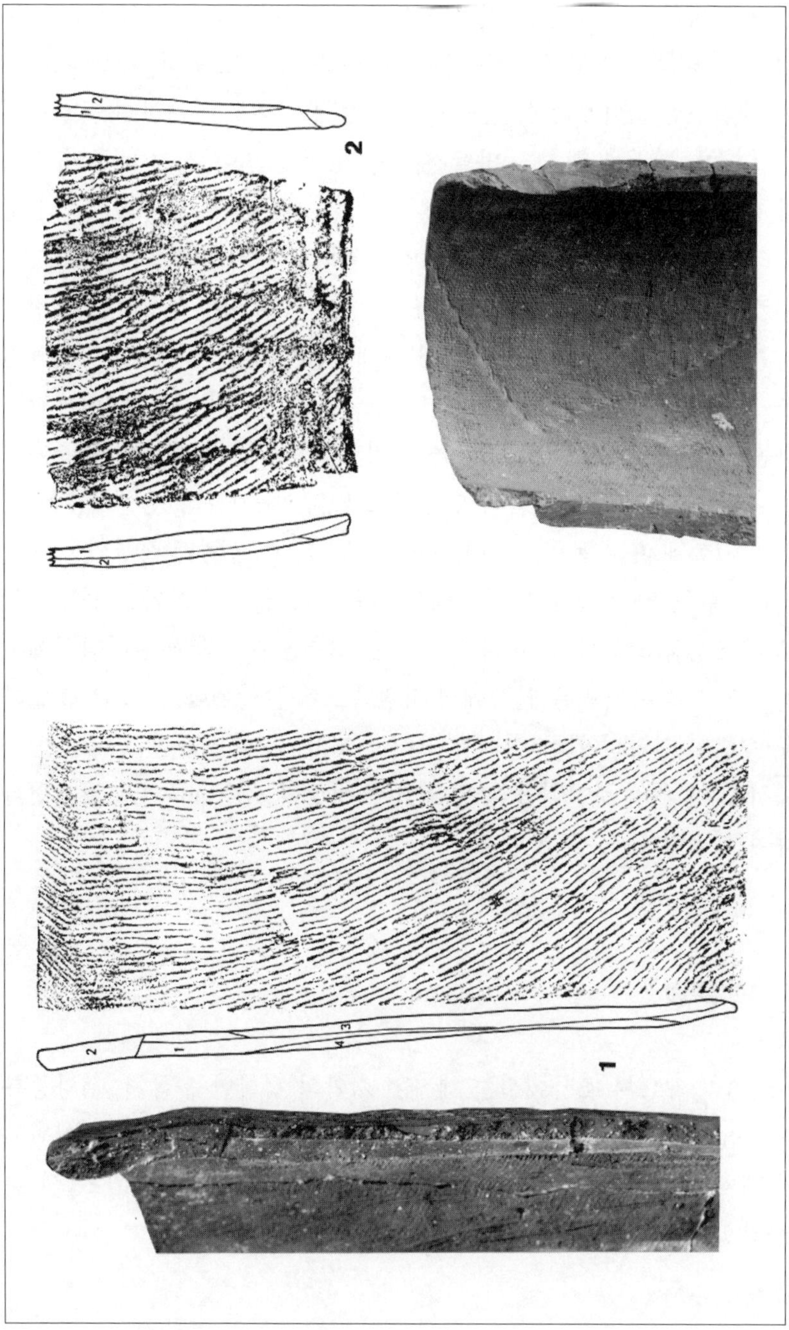

도면 9. 단면분할 도흔

에서 하방향으로 타날한 것이나 A류에서는 반복해서 문양을 시문하기 때문에 둥근 기와 등면에 각이 형성되는 경우도 있다. 타날 시문구의 단위도 암키와보다 둥굴게 각이 형성되기 때문에 문양이 듬성듬성 타날되며, 이러한 현상은 타날 시문구의 닿는 면이 적기 때문일 것이다.(도면8-1) 또한 B류에서와 같이 문양을 시문한 후에 물질처리나 문질러서 문양을 지우는 찰문기법이 이용되기도 하는데, 암키와보다는 수키와에서 많이 나타난다.(도면8-2) 이러한 현상은 성형하는 과정에서 생긴 거친 문양을 고르게 하기 위해, 다른 타날구나 손으로 기와면을 고르게 하는 과정에서 생겨난 것으로 판단된다. 수키와의 제작은 와통에서 4등분하는 암키와와는 달리 2등분을 하기 때문에 모골와통이 사용되지 않으며 모골의 연결흔도 없다. 수키와의 분할도흔은 직경의 크기에 따라 분할기법이 차이를 보인다.(도면9-2) 직경의 크기가 적은 A류는 양측 모두 바깥쪽에서 안쪽으로 진행되고 와도 등면으로 재차 조정하고 있다. 그러나 직경이 큰 B류는 우측단면은 바깥쪽에서 안쪽으로, 좌측단면은 안쪽에서 바깥쪽으로 분할된다. 이것은 분할하는 수법이 기와의 안쪽 밑에서 그어 올리고, 다시 반대편은 바깥쪽 밑에서 그어 올려 분할선을 넣은 것으로 직경이 적은 A류의 분할기법과 차이를 보인다.

5. 맺음말

월계리 와요지 조사에서는 제작된 기와의 정확한 수급처, 기와종류의 분업제작형태, 와요의 주변시설 등을 밝히지 못한 점은 아쉬웠지만 백제시대 말기 와요의 축조방법과 기와제작기법에 대해 다음과 같은 양상을 파악할 수 있었다.

1) 2호와요지의 계단식 등요는 출토 예가 별로 없어 주목되고 있고, 부여 정암리 와요지와 관련지어 생각할 수 있으나 몇 상이점도 파악된다. 예로 보면 월계리 와요내부의 8계단은 풍화화강암반층을 계단상으로 깍아낸 다음, 돌로 단을 만들고 폐기된 기와나 토기편으로 편평하게 놓고 점토를 발라 축조한 방법이다. 그러나 부여 정암리 와요지의 경우는 기와를 중첩하여 쌓아 축조한 것이어서, 이 시기의 왕도에 가까운 평야부와 변방지역의 산간부와의 지역적인 차이를 엿볼 수 있다.

2) 2호와요지의 소성실 천장부위에서 직경 약50cm정도의 보조연통 시설을 확인할 수 있어서 와요의 구조를 파악할 수 있는 중요한 자료로 생각된다.

3) 2호와요지의 요전부 주위에 폭넓게 인위적인 성토부분이 확인되었고, 성토방법을 추정할 수 있었다. 이 범위는 2호와요의 축조 당시 굴광했던 부분에 해당하는데, 2호와요가 폐기된 후에 다시 굴광했던 지역을 성토하여 1호와요를 축조하기 위한 것으로 보인다.

4) 2호와요지의 아궁이부 우측의 평탄면은 의례장소로 추정할 수 있다. 평탄면에서는 기와편과 함께 토기뚜껑, 광구호, 단경호편 등이 집중 발견되어 조업이전에 행했던 의례장소로 추정되며, 땔감이나 기와의 적재 장소로도 이용되었을 것으로 생각된다. 이 평탄면은 와요의 축조시기에 동시에 만들어져 기와 조업의 성행을 위한 공인들의 염원이 강하게 작용되었음을 알 수 있다.

5) 2, 3호와요지의 조사로 지하식 등요의 축조방법과 순서를 파악할 수 있었다.

6) 당시의 기와제작 기법을 파악할 수 있었다는 점이다. 기와 제작에서 암키와는 단면의 2회 이상 분할흔적, 와도 등면에 의한 단면처리방법, 5가지 이상의 모골와통 연결흔, 수키와의 2가지 분할기법 등을 밝힐 수 있어 다른 지역과의 제작기법 비교, 연구에 많은 도움이

될 것으로 생각한다.

7) 월계리 와요지는 와요형태, 기와의 문양과 제작기법, 출토된 토기에 미루어 보면, 백제시대 말기의 7세기 후반을 전후한 시기에 조업한 것으로 추정된다.

Ⅶ. 백제 주거의 현상과 구조적 양상

백제 주거의 현상과 구조적 양상

1. 머리말

주거는 인류의 생존을 위협하는 자연환경의 조건으로부터 보호되고, 가족관계를 유지하며 가족생활을 보다 안전하게 영위하기 위해 반드시 필요하다. 주거는 시대와 지역에 따라 기후, 지형, 식생 등 환경적 조건의 차이, 생활양식의 차이에 의해서 변천과 발전을 거듭하여 왔다. 아울러 생업양식, 사회제도, 규범 속에서 주거에 요구되는 역할과 기능이 결정되었고, 주거의 형태와 구조에도 영향을 미치고 있다. 각 시대에 있어서 주거에 대한 지식은 후대에 전달되고, 각 시대의 집단마다 고유한 주거의 형식으로 나타난다.

우리의 선조들은 주거공간에서 취침과 취사행위를 지속하였으며, 취락공간에서는 제사, 혼인, 마을 공공작업 등의 생업활동이 이루어졌다. 따라서 각 시대에 있어서 기초단위를 추정할 때에 주거에 대한 분석에서부터 출발해야 한다. 주거 그 자체는 물질로 이루어진 유구에 해당하지만, 그것이 만들어지기까지는 그 시대의 총체적인 자연환경과 그것을 인식하는 선조들의 가치관, 그들의 생활과 이념, 사회제도 등 모든 영역의 문화와 관련성을 가지고 있다. 우리가 주거문화에 관심을 갖는 이유는 단지 주거의 형태나 구조의 차이를 보는 것이 아니라 그 시대의 문화 전반에 걸친 그 사회의 고유성을 파악하기 위함이다. 그러나 현 시점에서 주거에 대한 문헌이나 고고학 자료를 통해 각 시대의 사회적, 문화적, 정신적 측면에서 소프트웨어적인 내용을 알기는 대단히 어려운 일이다. 따라서 오늘날 주거문화 연구의 대부분은 주거의 형태나 내부구조의 양상을 가지고 하드웨어적인 측면의 연구에 의존하고 있는 형편이다.

본고에서는 지금까지 축적된 고고학적 자료를 가지고 백제권역 주요유적의 주거 현상을 알아보고, 이를 근거로 백제주거의 형태와 내부의 구조, 취락에 대하여 파악해 보고자 한다.

2. 백제 주거의 현상

1) 서울 · 경기 일원

(1) 포천 성동리

포천 성동리유적은 영평천 유역 지표조사 과정에서 발견되었으며, 유적은 영평천이 크게 곡류하면서 형성된 활주사면의 비옥한 충적대지상에 위치한다. 조사된 주거지는 9기이며, 이중 한성 백제시대에 해당하는 주거지는 1호, 4호, 7호, 9호주거지이다. 주거지의 평면형태는 말각장방형에 가까우며, 규모는 길이 3.9~5.5m, 너비 3.4~3.9m 정도이다. 주거의 내부시설로는 주공과 부뚜막시설이 있다. 주공은 내부에서 1~5개 정도 조사되었다. 부뚜막시설은 9호주거지에서 확인되었으며, 점토로 만든 양 측벽이 남아 있다. 유물은 승문, 격자문의 심발형토기, 장란형토기가 주류를 이루고 있다. 주거지의 연대는 토기의 양상으로 보아 3세기 중반으로 편년하고 있다.[1)]

(2) 포천 영송리

포천 영송리유적은 영평천 북편에 위치하며, 하천을 따라 비교적 넓은 평야가 발달되어 있는 곳이다. 5기가 출토된 주거지의 평면형태는 凸자형주거지이며, 이러한 양식은 한강변의 원삼국내지 백제 초기의 주거지에 나타나고 있다. 3호주거지는 凸자형이며, 길이 5.8m, 너

1) 경기도 박물관, 『포천 성동리 마을유적』, 1999

비 4.2m 정도이다. 출입구가 있으며, 각이 꺾여 돌아가고 있어 6각형에 가깝다. 내부 중앙에 강돌 1매를 세운 노지가 남아 있다. 5호주거지는 길이 8.0m, 너비 6.0m 규모의 대형주거지이다. 남벽 중앙에 출입구가 있으며, 출입구 모서리에 2개의 주공이 있다. 주거지의 벽 가까이에서도 주공들이 발견되었고, 외곽으로 돌아가면서 벽체와 관련된 작은 주공들이 확인되었다. 노지는 주거지의 북편에 있다.[2)]

(3) 포천 자작리

사진1. 자작리 2호주거지

포천 자작리유적은 포천읍 자작리 들새들이라 불리는 넓은 경작지에 펼쳐져 있으며, 주거지 2기, 지상가옥 1기 등이 조사되었다. 1호주거지는 평면 6각형이며, 규모는 길이 4.7m, 너비 4.6m 정도이다. 東晋 때의 중국 청자편이 출토된 것으로 보아 주거지의 상한연대가 4세기 전반으로 보인다. 2호주거지는 평면형태가 6각형이고 사다리꼴모양의 출입구가 연결된 대형 呂자형주거지이다.(사진1) 규모는 전체 길이 23.8m, 큰 방의 주거공간 너비는 12~13m 정도이다. 이 주거지는 방형의 주거공간과 현관구실을 하는 출입공간으로 나뉘어 있다. 출입시설의 평면은 사다리꼴 형태이며, 주거지 내부에는 지붕판재들이 노출되었다. 주공은 주거공간 내에 38개가 확인되었다. 북동벽에서는 길이 5m, 너비 1.2m 정도의 부뚜막이 노출되었으며, 아

2) 한양대학교 박물관, 『영송리 선사유적』, 1995

궁이를 포함한 연소부와 연도, 배연구로 구분된다. 유물은 옹기 5개체분, 동이 2점, 심발형 토기, 평저단경호, 통형기대, 기와편 등이 출토되었다.[3)]

(4) **파주 주월리**

파주 주월리유적은 동고서저의 분지상 지형으로 임진강변 우측의 굽어지는 충적대지상에 입지하고 있다. 경기도박물관에서 조사한 규모가 가장 큰 96-7호 주거지는 길이 17.5m, 너비 10.5m 정도이며, 장방형의 凸자형주거지이다. 출입구는 남서쪽 중앙에 설치되어 있으며, 부뚜막시설은 북동쪽 중앙에 설치되어 있다. 아궁이가 넓고, 중앙 일렬로 강돌을 세워 연도를 2등분하고 있다.

유물은 대형옹, 단경호, 시루, 토기뚜껑, 고배, 꺾쇠, 화살촉, 철겸 등이 출토되었다. 97-4호주거지는 직경 7.2m 정도이며, 원형 혹은 6각형으로 보여지는 呂자형주거지이다. 출입구는 남서쪽 중앙에 위치하며, 주거지와의 연결부분은 병목처럼 좁다. 부뚜막은 주거지의 북동벽에 있으며, 돌로 양 벽을 세우고 점토를 발라 시설한 터널식이다. 한양대 조사구역의 1호주거지는 길이 9.5m, 너비 7.2m 정도이며, 평면 6각형을 이루는 凸자형주거지이다. 주거지에는 주공이 바닥의 외곽선을 따라 50~70㎝ 간격으로 열을 이룬다. 북동편에서 부뚜막시설로 추정되는 노지가 확인되었으며, 2열의 받침돌이 있다. 유물은 백제토기 이외에 고구려 계통의 광구장경사이호와 양이호, 평저단경호가 출토되었다. 거주연대는 원삼국시대에서 백제로 이행하는 4세기 전후로 추정된다.[4)]

---

3) 경기도 박물관, 『포천 자작리유적 Ⅰ』, 2004
4) 경기도 박물관, 『파주 주월리유적』, 1999

(5) 서울 풍납토성

서울 송파구에 위치한 풍납토성은 평지에 축조되었으며, 길이 3.5㎞에 달하는 국내 최대의 토성이다. 풍납토성 내부의 가지구에서 11기, 나지구에서 8기의 주거지가 조사되었다.(사진2) 가2호주거지는 6각형태의 凸자형주거지이며, 규모는 길이 9.5m, 양벽 너비 7.5m 정도이다. 출입시설은 돌출되어 있는 구조이며, 벽체는 둔각을 이루고 있다. 부뚜막은 점토를 이용하여 굴뚝부까지 터널형으로 축조하였으며, 연도의 중앙에 솥을 걸어 사용했던 구멍이 있다. 부뚜막에서는 대옹, 시루, 단경호, 발형토기, 완 등이 출토되었다.

사진2. 풍납토성 가-3호주거지

주공은 장방형이며, 벽체를 따라서 약 10cm 간격으로 돌려져 있다. 나머지의 주거지도 가2호주거지와 유사한 구조를 보이고 있으며, 2기를 제외한 17기의 주거지가 평면 6각 형태에 출입구가 있는 구조여서 풍납토성 주거지의 전형적인 형식으로 볼 수 있다. 이 주거지들은 밀집도에 있어서도 다른 유적에 비해 월등하며, 특히 20평이 넘는 초대형주거지들은 특수한 바닥시설을 갖추고, 기와류가 출토되는 등 특별한 위상을 보여주고 있다. 거주의 중심시기는 2세기 전반~3세기 중반으로 추정되고 있다.[5)]

5) 국립문화재연구소, 『풍납토성 I · II』, 2001

(6) 서울 몽촌토성

몽촌토성은 남한산에서 뻗어내려 온 표고 44.8m의 자연구릉을 이용하여 구축하였으며, 백제주거지는 5기가 확인되었다. 88-2호 주거지는 6각형의 평면형태이며, 각 변이 4~6m의 대형주거지이다. 남쪽으로 돌출된 출입시설이 있으며, 呂자형주거지이다. 주공은 긴 벽은 약 0.5m 간격의 주공이 10개씩, 짧은 앞 뒤벽에는 4~5개의 주공이 있다. 이 주거지는 동문터를 내려다 볼 수 있는 성벽 정상부분에 있으며, 출토된 유물이 장도, 철모 등 무기류가 있는 점으로 볼 때 군사적인 용도와 관련되는 것으로 보인다. 88-3호주거지는 88-4호주거지와 평면 위치를 약간 달리한 채 중복되어 있다. 평면 6각형의 凸자형주거지이며, 남쪽으로 출입시설이 있다. 주공은 원형 또는 방형이며, 긴 벽으로 50㎝ 간격의 구멍이 10개씩 배치되어 있다. 88-4호주거지는 평면 6각형의 凸자형주거지이며, 남쪽으로 출입시설이 있다. 화덕시설은 판석을 양쪽에 세우고 그 위에 뚜껑돌을 덮고 진흙을 바른 온돌 모양이다. 바닥면에서는 삼족토기, 고배 등의 토기가 출토되었다.[6)]

(7) 하남 미사리

하남 미사리 한강변에 위치하고 있으며, 백제의 주거지 21기가 조사되었다. 한양대 박물관에서 조사한 1호주거지는 6각평면의 呂자형주거지이며, 규모는 길이 10m, 너비 7.3m정도이다. 온돌은 L자형으로 만들었으며, 노지는 중앙부 북쪽에 있다. 유물은 대호, 소호, 심발형토기, 방제경, 철촉, 철도자 등이 출토되었다. 숭실대 박물관에 의해 조사된 주거지는 6기이다. 주거지의 평면형태는 6각형, 凸자형, 장방형, 방형, 타원형으로 다양하다. 이중 B-1호는 6각형의 평면이며, B-2호, B-5호는 凸자형주거지이다. 규모는 길이 3.2~6.5m, 너비 3.6~4.9m 정도이다. 모든 주거지에서는 부뚜막시설을 갖추고 있으

---

6) 서울대학교 박물관, 『몽촌토성』, 1988

며, 구조는 판석으로 골격을 세운 다음 점토를 발라 축조하였다. 출입시설은 대개 남쪽 단벽에 있으며, 주공은 벽면을 따라 일정하게 설치하였다. 서울대 박물관에서 조사한 B-2호주거지는 6각형의 평면에 사다리꼴의 돌출부가 있는 凸자형주거지이다. 규모는 길이 5m, 너비 3.7m, 전체길이 10.1m 정도이다. 북동벽 모서리에 아궁이를 만들고, 그 위에 판석을 덮어 부뚜막을 시설하였다. 주공은 벽을 따라 설치되어 있다. 유물은 장란형토기, 심발형토기, 완, 호, 철겸, 철도자, 철촉 등이 출토되었다. 시기는 3세기말~6세기경으로 추정된다. 고려대 박물관에서 조사한 040호주거지는 평면 6각형태의 凸자형주거지이며, 규모는 7.9m, 너비 7m, 전체길이 10.9m 정도이다. 주공은 벽을 따라 설치되어 있다. 부뚜막은 2기인데, 서쪽이 주 부뚜막, 북쪽이 간이용으로 보이는 부뚜막이 있다.[7)]

(8) 용인 수지

용인 수지유적은 탄천의 상류에 위치하며, 광교산 자락의 구릉 사이에 형성된 선상지 위에 입지하고 있다. 조사된 6기의 주거지는 평면형태가 말각방형, 말각장방형, 5각형 및 타원형 등 그 형태가 다양하다. Ⅰ-1호주거지는 말각장방형이나, 둔화된 5각형에 가깝다. 동남쪽에 돌출된 출입시설이 있으며, 중앙에는 노지가 놓여 있다. Ⅰ-2호주거지의 평면형태는 凸자형의 5각형태를 보이고 있으며, 규모는 길이 8m, 너비 7m 정도이다. 서벽 중앙 남측에서는 L자형태의 노지가 확인되었다. 동남단에 출입시설이 있으며, 벽면을 따라 17개의 주공이 확인되었다. 유물은 장란형토기, 심발형토기, 호, 옹 등 실생활에 주로 쓰이는 토기와 철제 농구류와 공구류, 무기류 등의 철기가 출토되었다. 시기는 4~5세기 전반경으로 추정되고 있다.[8)]

---

7) 미사리선사유적발굴조사단, 『미사리 1-5』, 1994

8) 한신대학교 박물관, 『용인 수지 백제주거지』, 1998

(9) 화성 발안리

화성 발안리유적은 발안저수지에서 남서방향으로 곡류하는 발안천을 낀 천변의 충적대지에 위치한다. 이 곳에서는 원삼국시대에서 백제시대에 이르는 주거지 56기가 조사되었다. 주거지의 평면형태는 凸자형주거지와 장방형, 방형이 주류를 이루고 있으며, 5각형의 주거지도 확인되고 있다. 규모는 길이 11m의 대형과 4m 정도의 소형주거지가 있다. 이중 凸자형주거지는 14기, 5각형주거지는 5기, 장방형주거지는 13기, 방형주거지는 11기 정도이다. 주공은 일반적으로 벽면을 따라 위치하는데, 26호, 28호, 29호주거지는 4개의 주공인 4주식의 형태를 띠는 경우도 있다. 노지는 단독으로 설치된 것, 부뚜막과 공존하고 있는 것, 부뚜막만 설치한 것이 있다. 고상주거는 30여동이 확인되었으며, 망루시설과 저장시설인 창고가 있다. 유물에 있어서는 중도식 무문토기에서 백제토기로의 이행하는 양상을 확인할 수 있으며, 경기 남부지역에서 초기 백제의 모습을 확연히 드러내고 있다.[9)]

2) 충청 일원

(1) 공주 정지산

정지산유적은 공주시 금성동 무녕왕릉이 위치한 정지산의 북쪽자락에 있으며, 금강쪽으로 돌출된 구릉의 정상부와 남북사면에 위치한다. 大壁建物址는 정상부에서 3동, 남사면에서 4동이 조사되었다. 1호건물지의 규모는 가로 8.2m, 세로 7m이며, 네 모서리와 벽의 가장자리에 밀착하여 9개의 큰 주공이 있고, 이 큰 주공 사이사이에서 작은 구멍이 조밀하게 배치되고 있다.(사진3) 출토유물은 2호건물지에서 뚜껑의 접시, 잔, 옹편 등이 출토되었다. 주거지는 능선의 정상부와 남쪽

9) 기전문화재연구원, 『기전고고 3-발안리 마을유적』, 2003

사면에 35기가 분포되어 있다. 평면은 대부분 방형 내지 장방형이며, 정상부에 남아 있는 주거지의 경우는 출입시설과 부뚜막 시설이 잘 남아 있다. 기둥의 배치는 네 모서리를 중심으로 벽에 붙어 있는 경우가 많았고, 기둥을 조금 안으로 기울여 세웠다. 주거지 주변에는 복주머니처럼 생긴 저장구멍이 1~2기씩 규칙적으로 배치되어 있다. 주거지 내부에서는 발형토기, 옹, 고배, 삼족토기, 개배 등의 백제토기가 비교적 많이 출토되었다. 주거지의 중심연대는 5세기 후반~6세기 초로 추정된다.[10]

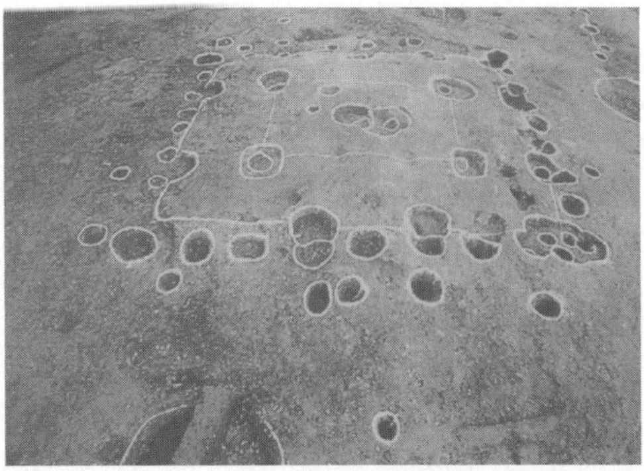

사진3. 정지산유적 건물지

(2) **공주 안영리 새터**

안영리 새터유적은 새터마을의 능선에서 남쪽으로 분기된 완만한 대지에 입지한다. 조사결과 백제시대 주거지 1기, 대벽건물지 3동이 조사되었다. 주거지는 장방형의 형태이며, 규모는 길이 4.8m, 너비 2.6m 정도이다. 내부에는 동쪽 벽면에 아궁이의 벽면에 사용되었을 2개의 할석이 세워져 있다. 대벽건물지는 3동이 조사되었으며, 이중 1호와 2호건물지는 중복되어 있다. 내부에는 배수시설이 있으며, 모서리와 모서리 중간 사이에 커다란 주공이 확인되고 있다. 주공 사이에는 작은 주공을 배치하였다. 내부에는 소토된 흔적이 있는 것으로 보아 노지가 있었던 것으로 보인다.[11]

10) 국립공주박물관, 『정지산』, 1999

11) 충청매장문화재연구원, 『공주 안영리 새터 · 신매유적』, 2003

(3) 연기 응암리

응암리유적은 낮은 야산에서 남쪽으로 분지된 지형의 선상부와 경사면 일대에 위치하고 있으며, 백제주거지는 16기가 확인되었다. 주거지는 16기가 조사되었으며, 주거의 평면형태는 방형을 이루고 있다. 규모는 대개 길이 4~5m 정도이다. 주공은 없는 경우도 있지만 4벽면 모서리에 4주식을 갖춘 것이 많다. 노지는 벽면을 따라서 ㄱ자형의 터널형 연도구조를 갖추었다. 1호, 2호, 4호주거지에는 점토를 이용하여 축조한 형태의 아궁이시설이 있으며, 중앙에 받침돌이 확인되기도 한다. 내부에서는 호, 옹, 완, 발형토기, 장란형토기, 철겸 등이 출토되었다.[12)]

(4) 서천 봉선리

봉선리유적은 서천-공주간 고속도로 건설공사의 일환으로 조사되었다. 주거지는 봉선리 3-Ⅰ구역에서 27기가 조사되었다. 평면형태는 1호주거지의 6각형주거지 1기를 제외한 나머지는 방형이거나 장방형이다. 주공과 노지는 대부분의 주거지에서 확인되고 있다. 이중 8기의 주거지에서는 부뚜막이 조사되었다. 유물은 심발형토기, 장란형토기, 원저호, 삼족토기, 개배, 고배, 시루 등이 출토되었다. 봉선리 3-Ⅱ구역에서는 11기의 주거지가 조사되었다. 평면형태는 대부분 방형이거나 장방형이다. 주공은 대부분의 주거지에서 확인되고 있다. 또한 마한의 주거지에서 일반적으로 보이는 벽구시설이 4기의 주거지에서 보이고 있으며, 노지도 조사되었다. 이중 9호, 11호주거지의 노지는 연통시설이 확인되었다. 유물은 심발형토기, 장란형토기, 시루, 단경호, 개배, 고배, 시루 등이 출토되었다.[13)]

---

12) 강지원,「연기 응암리, 용호리유적 발굴조사」,『통일신라 고고학』, 한국고고학회 발표요지, 2004

13) 충남발전연구원,『서천-공주간 고속도로 문화유적 발굴약보고서-봉선리유적』, 2003

(5) 서천 시산리

지산리유적은 서천군 마산면 지산리에 위치하며, 72기의 주거지가 조사되었다. 주거지의 평면은 장방형과 방형으로 확인되며, 규모는 다양하지만 길이 4m 전후가 많고 6m가 넘는 경우도 있다. 노지는 약 20여기의 주거지에서 확인되고 있으며, 아궁이와 연도부, 연통부가 있는 구조이다. 점토를 이용하여 축조하였으며, 벽면을 따라 터널식의 연도부를 갖추고 있다. 아궁이는 ∏형태의 구조이며, 아궁이 중앙에는 받침돌이 1개씩 세워져 있다. 연도부는 형태에 따라서 一자형, ㄱ자형, ㄷ자형이 확인되고 있다. 유물은 주구토기, 심발형토기, 시루, 장란형토기, 호형토기 등 생활용기가 많이 출토되었다. 시기는 4세기대에 축조한 것으로 추정된다.[14)]

(6) 논산 정지리

천안-논산간 고속도로 구간내의 정지리유적에서는 백제 주거지 87기가 확인되었으며, 평면형태가 방형 또는 장방형이 대부분이다. 내부시설은 부뚜막시설과 여기에 부속된 저장구덩이가 확인되었다. 일부 주거지에서는 주거지 벽을 따라 형성된 벽구가 확인되기도 하였다. 출입시설은 확인할 수 없었고, 주공도 소수에 불과하다. 출토유물은 장란형토기, 심발형토기, 소형발형토기, 시루, 호형토기가 주를 이루고 있으며, 고배, 삼족토기, 개배 등도 출토되었다. 시기는 3세기 후반~6세기대까지 거주한 것으로 보인다.[15)]

---

14) 공주대학교 박물관, 『서천-공주간 고속도로 문화유적 발굴약보고서-지산리유적』, 2003
15) 충남역사문화연구소, 『천안-논산간 고속도로 문화유적 발굴약보고서-정지리유적』, 2003

3) 전라 일원

(1) 진안 와정

사진4. 와정 4호주거지

진안 월계리 와정마을 용담댐 수몰지구에 해당한다. 1차 조사에서는 온돌시설이 있는 7기의 주거지가 조사되었으며, 2차조사에는 이 주거군을 둘러싼 목책 토성이 조사되었다. 4호주거지는 길이 11.7m, 너비 5.8m로 규모가 가장 크며, 장방형을 이루고 있다.(사진4) 내부시설은 부엌과 주거공간으로 구분되어 있고, 온돌과 주공이 있다. 온돌은 다곬식이며, 하나의 아궁이에서 동서로 열리 분산되는 형태이다. 주공은 3개소에서 확인되었으며, 출입시설은 주거공간과 부엌공간의 2개소에 있었던 것으로 보인다. 유물은 호형토기, 단경호, 심발형토기, 직구호, 우각형파수, 시루, 삼족토기, 뚜껑, 숫돌 등이 출토되었다. 5호주거지의 잔존길이 4.9m, 너비 5.5m 장방형이다. 내부에서 ㄱ자형 온돌시설이 확인되었으며, 아궁이는 꺽인 상태로 축조되었다. 유물은 호형토기, 시루 등이 출토되었다.[16)]

(2) 정읍 신월리

신월리유적은 우덕리산성에서 서측으로 연결되는 지맥의 사면에 위치하며, 백제주거지는 5기가 조사되었다. 가-1호주거지는 방형이며, 규모는 길이 4m, 너비 3.5m 이다. 내부시설은 부뚜막이 확인되

16) 군산대학교 박물관, 『진안 용담댐 수몰지구내 문화유적발굴조사 보고서-와정유적』,2001

며, 주공은 4주식이나. 유물은 내부에서 연질의 발형토기, 우각형파수, 호형토기편 등과 경질의 개배, 고배 등이 출토되었다. 거주시기는 6세기대로 추정되고 있다. 나-3호주거지는 방형이며, 규모는 길이 3.9m, 너비 3.3m 이다. 내부시설은 부뚜막시설이 확인되며, 발형토기 1점이 엎어진 채로 확인된 것으로 보아 솥 받침으로 이용된 것으로 보인다. 벽구시설이 있으며, 주공은 4주식이다. 유물은 발형토기, 완형토기 등이 출토되었다. 출토된 유물의 특징으로 보아 인근의 관청리유적에서 조사된 주거지 유물들과 같은 양상이다.[17)]

(3) 고창 석교리

선운사~흥덕간 도로확장공사 구간내의 발굴조사를 통하여 백제주거지 13기가 확인되었다. 광장을 중심으로 등고선을 따라서 1열과 2열의 동심원상에 주거지가 배치된 계획된 취락구조를 보이고 있다.

사진5. 석교리 8호주거지

주거지의 평면형태는 방형을 이루고 있으며, 규모는 길이 4.5m 전후이나, 가장 큰 8호주거지는 길이 7.6m, 너비 6.6m, 작은 주거지는 길이 3m 전후이다.(사진5) 주거 내에서 원삼국시대의 장란형토기나 발형토기 외에 병형토기, 고배 등이 출토되고 있어 백제시대의 마한계 주거지라 할 수 있다. 벽구는 주거의 벽가를 따라 시설되었으며, 주공은 4개인 4주식을 기본으로 하고 있다. 부뚜막시설은 3기의 주거지에서 확인되었으며, 솥 받침용 발형토기만 남아 있는 경우가 많다. 출토

17) 호남문화재연구원, 『정읍 신월리유적』, 2005

유물은 발형토기, 호형토기, 장란형토기, 완형토기, 시루, 고배 등이 주를 이루고 있다. 또한 13호주거지는 대벽주거지로 불리는 주거에 해당된다. 이 유적의 중심연대는 5세기 중, 후반으로 추정된다.[18)]

(4) 담양 대치리

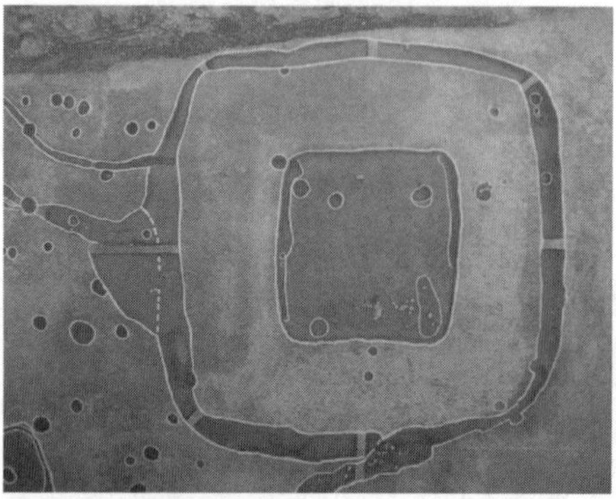

사진6. 성산리 7호주거지

대치리유적은 병풍산에서 남동쪽으로 경사를 이루고 있는 구릉상에 위치하고 있으며, 주거지는 6기가 확인되었다. 평면형태는 방형이 기본을 이룬다. 가장 큰 1호주거지는 길이 7.4m, 너비 7m 정도이며, 가장 작은 2호주거지의 경우 길이 2.9m, 너비 2.8m 정도이다. 주거지의 내부시설로는 노지, 주공, 구덩이 등이 있다. 노지는 3호주거지를 제외한 5기의 주거지에서 모두 확인되었다. 화덕의 형태는 1호의 경우 주거지 바닥면을 그대로 이용하여 2개의 받침돌을 중앙에 놓은 후 사용되었다. 2호의 노지는 바닥을 약간 판 다음 중앙에 1개의 받침돌을 놓았다. 4호의 노지는 여러 장의 할석을 이용하여 벽을 만들고 판석으로 덮은 형태이다. 주공은 4주식으로 1호와 5호주거지에서 확인되었다. 유물은 장란형토기, 발형토기, 호형토기, 병형토기, 파수부토기, 시루 등이 출토되었고, 4호주거지에서는 철기인 등자가 나왔다. 시기는 5~6세기대, 4호주거지는 7세기대로 보고 있다.[19)]

---

18) 호남문화재연구원, 『고창 석교리유적』, 2005
19) 호남문화재연구원, 『담양 대치리유적』, 2004

(5) 담양 성산리

성산리유적은 추월산의 말단 구릉상에 위치하고 있으며, 백제주거지는 12기가 조사되었다. 주거지의 평면형태는 방형을 이루며, 8호, 9호주거지는 장방형에 해당한다. 규모는 대개 5m 정도이나, 규모가 큰 1호주거지는 길이 8.2m, 너비 8m, 가장 작은 것은 5호주거지로 길이 2.5m 정도이다. 내부시설로는 화덕, 벽구, 주공이 있으며, 7호주거지의 경우 외부에 주구가 조사되었다.(사진6) 화덕은 토기나 받침돌을 이용하여 솥 받침으로 사용하였다. 벽구의 형태는 다양하며, 주공의 배치는 기본적으로 4주식을 이루고 있다. 노지 주변에서 많이 출토되는 유물은 장란형토기, 발형토기, 완형토기가 주를 이루고 있으며, 광구소호, 시루, 주구토기, 개배, 고배 등이 나왔다. 시기는 5세기 후반 이후로 판단된다.[20)]

(6) 광주 향등

향등유적은 지석강으로 유입되는 대촌천의 상류에 속하며, 백제주거지 30기가 조사되었다. 주거지의 평면형태는 기본적으로 방형을 띠고 있으며, 가장 소형인 20호주거지는 길이 4.1cm, 너비 3.5cm, 가장 큰 19호주거지는 길이 6.6cm, 너비 6.5cm 정도의 규모이다. 화덕시설은 16기의 주거지에서 확인되었다. 화덕의 형태는 부뚜막식이며, 석제나 토기를 이용하여 받침대로 세우고 점토로 고정시킨 후 ∏형태로 벽체와 천정을 만들었다. 화덕의 축조재료는 점토만을 이용한 것과 점토와 석재를 혼용한 것, 점토와 토관을 시용한 것이 있다. 주공은 2기에서만 확인되었는데, 4주식의 형태이다. 출토된 유물은 발형토기, 장란형토기, 시루, 개배, 완, 유공광구소호, 원통형토기, 토관 등이다. 특히 원통형토기는 대개 고분의 주변에서 출토되는 제기적인 띠는 것

20) 호남문화재연구원, 『담양 성산리유적』, 2004

인데, 주거지에서 출토된 점이 주목된다. 주거의 연대는 6세기 전후로 추정되고 있다.[21)]

(7) 화순 운월리

화순 운월리유적은 운포마을의 남쪽 끝부분에 위치하고 있는데 해발 9m정도의 분지형을 이루고 있다. 조사결과 백제주거지는 4기가 확인되었다. 주거지는 주변지역으로 이어지는 양상이어서 백제시대에 대규모 취락이 있었던 것으로 추정된다. 주거지의 평면형태는 방형이고, 잘 남아 있는 1호주거지의 경우 길이 3.6m, 너비 3.5m의 규모이다. 내부에서 노지가 확인되는데 1호주거지에서는 북벽과 나란하게 연통시설이 있기도 하다. 주거지에서는 고배 개배, 완형토기, 발형토기, 호형토기, 장란형토기, 시루, 파수부토기, 원통형토기, 방추차, 어망추, 토제품 등이 출토되었다. 시기는 5~6세기 초로 추정된다.[22)]

(8) 함평 노적

함평-함평 IC간 도로확장공사 구간 내에 있으며, 백제주거지는 7기가 확인되었다. 주거의 평면형태는 방형으로 추정되며, 주거지의 외부에서 도랑시설이 확인되고 있다. 주거지 내부에서는 노지, 연도부, 구들시설이 있다. 2호주거지의 노지는 점토 벽체가 남아 있으며, 3호주거지에서는 석재를 이용한 받침돌 1장이 확인되었다. 연통부는 2호, 3호, 5호주거지에서 확인되었으며, 주거지의 벽면을 뚫고 연결되어 연기를 배출하는데 용이하도록 하였다. 4호주거지의 동벽 중앙부에서는 판석 5장을 이용하여 벽체와 뚜껑돌로 사용한 구들이 확인되었다. 유물은 발형토기, 호형토기, 아궁이틀, 원통형토기, 개배 등이 출토되었다. 시기는 5~6세기대로 보여진다.[23)]

---

21) 호남문화재연구원, 『광주 항등유적』, 2004

(9) 무안 양장리

사진7. 양장리 9호주거지

무안 양장리유적은 도림산마을 일대의 가지성 구릉지와 곡간평지를 배경으로 위치하고 있다. 주거지의 평면형태는 모두 방형과 장방형이며, 그 중에 방형이 더 많다.(사진7) 규모는 대개 4m 전후의 주거지가 많으며, 길이 7m가 넘는 대형주거지는 3기 정도가 확인되었다. 화덕시설이 남아있는 경우는 21기이며, 형태는 대부분 무시설형에 가깝다. 전남지방의 화덕시설의 경우, 바닥을 얕게 파거나 바닥면을 그대로 이용하여 받침돌이나 토기를 한두개 뒤엎은 구조인데, 양장리의 경우도 이와 동일하다. 벽구가 확인된 경우는 19기이며, 기둥흔적이 확인된 예는 21기이다. 이중 4주식주거지는 3기가 있다. 유물은 발형토기를 비롯하여 호형토기, 장란형토기, 완형토기, 단지, 고배, 시루 등이 출토되었다. 석기류는 석부, 홈돌. 숫돌이, 그 외에 철부, 환옥과 관옥 등이 출토되었다. 시기는 3~5세기대에 농경생활을 기반으로 형성된 취락으로 보인다.[24)]

---

22) 전남대학교 박물관, 『화순 운월리 운포유적』, 2002

23) 호남고고학회, 「함평 노적유적」, 『호남지역 문화유적 발굴성과』, 2004

24) 목포대학교 박물관, 『무안 양장리유적』, 1997, 『무안 양장리유적 II』, 2000

(10) 장흥 지천리

지천리유적은 장흥 지동마을 탐진강변의 충적대지에 입지한다. 조사결과 주거지는 43기가 확인되었다. 가지구에 위치한 주거지의 형태는 방형, 장방형으로 주거지 바닥면에 불다짐을 하였다. 규모는 길이 3~4m, 너비 3m 정도가 기본 크기이다. 나지구에서 조사된 주거지도 방형, 장방형이며, 가지구와 비교하면 대형에 속하는 길이 5m가 넘는 것이 많다. 노지는 가지구에서 13기, 나지구에서 11기가 확인되었다. 나지구의 18호, 20호주거지는 터널형 구들이며, 평면형태가 ㄱ자형이다. 주공은 4주식이 많으며, 4호주거지는 4주식의 주공 안에 또 다시 4주식의 작은 주공이 배치되어 있다. 유물은 발형토기, 호형토기, 완형토기, 장란형토기, 시루 등이며, 철부, 철겸 등 철기류도 출토되었다. 주거지의 거주연대는 3~5세기대로 추정되고 있다. 고상주거는 7기가 조사되었다. 평면형태는 장방형이며, 주거 밀집지역과는 약간의 거리가 있다. 시기는 6~7세기대로 보여진다.[25)]

3. 백제 주거의 형태와 구조

1) 주거의 형태

(1) 원형, 타원형주거지

원형이나 타원형주거지는 인류가 주거생활을 영위하면서부터 일반적으로 거주하는 평면형태의 구조이다. 정주생활이 시작되는 신석기시대에는 물론이고 그 이후의 시대까지도 우리나라의 전 지역에서 확인되고 있다. 백제의 주거에 있어서 원형과 타원형주거지는 방형이

25) 목포대학교 박물관, 『장흥 지천리유적』, 2000

나 장방형에 비교하면 발견된 예가 많지는 않다. 원형이나 타원형의 주거지는 단독으로 확인되기보다는 다른 평면형태의 주거와 공반하는 양상을 보이고 있다. 이러한 양상은 파주 주월리, 하남 미사리, 여주 연양리, 용인 수지유적에서 보이듯이 방형, 장방형, 凸자형주거지와 공존하고 있다.[26] 방형이나 장방형 주거지가 대부분을 차지하는 전라 일원에서는 익산 월곡유적[27]이나 영산강유역의 유적에서 일부 원형주거지가 확인되기는 하지만 소수의 예에 불과하다. 원형이나 타원형주거지는 충청이나 전라 일원보다는 서울·경기 일원의 유적에서 출현하는 빈도가 높은 편이다.

(2) 방형, 장방형주거지

주거 평면형태의 변천에 있어서 방형, 장방형주거지는 원형주거지보다 발전된 단계의 시기에 건립되는 주거형태이다. 방형, 장방형주거지는 백제의 영역 내에 해당하는 모든 지역에서 고르게 분포하고 가장 많이 축조된다. 방형, 장방형주거지는 서울·경기 일원에서 포천 성동리, 파주 주월리, 의정부 민락동,[28] 서울 몽촌토성, 연주 연양리,[29] 용인 수지, 기흥 구갈리,[30] 화성 발안리유적 등에서 확인되고 있다. 그러나 서울·경기 일원에서는 방형, 장방형 주거지가 단독적으로 존재하기보다는 5각형, 6각형, 凸자형, 呂자형주거지와 공존하는 양상을 보이고 있다. 지금까지 서울 강남을 중심으로 하는 풍납토성, 몽촌토성, 하남 미사리유적에서 6각형 또는 呂자형주거지가 확인되

26) 이형구, 「한성백제시대의 주거생활」, 『향토서울』 63호, 2003

27) 호남문화재연구원, 『금마-연무대 도로 확포장공사구간내 문화유적 발굴조사 현장설명회자료』, 2002

28) 서울대학교 박물관, 『의정부 민락동유적』, 1996

29) 국립중앙박물관, 『여주 연양리유적』, 1998

30) 기전문화재연구원, 『기흥 구갈리유적 발굴조사 현장설명회자료』, 2003

었으나, 경기 남부지역의 기흥 구갈리, 화성 당하리유적에서는 방형계 주거지가 많이 확인되고 있다.

충청 일원에서는 서울 · 경기에 비해 방형, 장방형주거지의 출현빈도가 높아지고 있다. 이러한 유적은 공주 안영리 새터, 연기 응암리, 논산 정지리, 서천 지산리유적 등에서 확인되고 있다. 충청 일원에서는 서울 · 경기에서 출토되는 5각형, 6각형, 凸자형, 呂자형주거지가 보이지 않는다.

전라 일원에서도 방형, 장방형주거지가 주류를 이루고 있다. 전북지역에서는 군산 관원리,[31] 익산 월곡, 진안 와정리, 정읍 신월리, 정읍 관청리,[32] 고창 석교리유적을 들 수 있고, 전남지역에서는 광주 향등유적, 광주 풍암동,[33] 담양 대치리, 담양 성산리, 함평 노적, 무안 양장리, 장흥 지천리유적 등이 있다. 이러한 방형, 장방형주거지는 백제 이전의 시기인 원삼국시대 주거지의 평면형태와 동일하며, 내부구조를 포함하여 전반적으로 마한계 주거지의 전통이 이어지고 있다.

(3) 5각형, 6각형주거지

5각형, 6각형주거지는 대부분 서울 · 경기 일원의 유적에서 확인되고 있으며, 특히 포천 영송리, 파주 주월리, 서울 풍납토성, 하남 미사리, 여주 연양리유적에서와 같이 凸자형주거지에 해당하는 경우가 많다.(도면1) 6각형태의 凸자형주거지는 출입시설이 단벽 중앙에 있고 돌출되어 있는 구조이며, 벽체가 둔각을 이루고 벽체를 따라 주공 존재하는 등 한성 백제시대의 전형적인 주거 양상을 보이고 있다. 서울 몽촌토성과 하남 미사리유적에서는 6각형의 呂자형주거지가 조사되

31) 원광대학교 마한 · 백제문화연구소, 『군장산업단지 진입도로(대전-군산)공사 구간내 문화유적 발굴조사 현장설명회 자료』, 2002

32) 호남문화재연구원, 『정읍 관청리유적』, 2006

33) 전남대학교 박물관, 『광주 풍암동, 금호동유적』, 1999

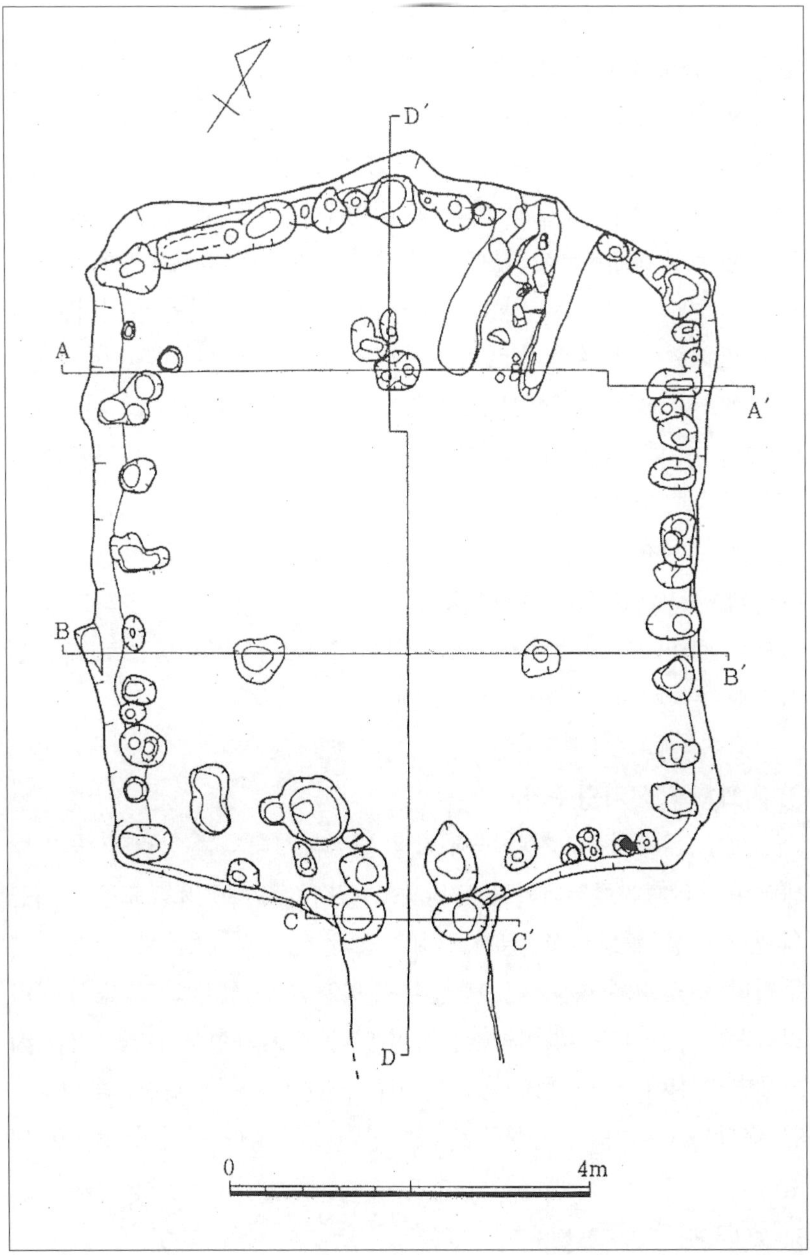

도면1. 서울 풍남토성 가-7호 주거지

기도 하였다. 6각형주거지는 개별 유적 내에서도 규모가 큰 경우가 많으며, 출토유물에서 보면 신분과 지위가 높은 특수한 위상을 가진 주거지였던 것으로 추정된다. 6각형주거지는 중부지방의 원삼국시대 방형 혹은 장방형에서 발전 계승한 것으로 연구되고 있으며, 이러한 유적은 파주 주월리, 포천 자작리. 의정부 민락동, 서울 몽촌토성, 서울 풍납토성, 하남 미사리, 이천 효양산,[34] 여주 연양리유적에서 조사되었다. 이 시기의 주거지들은 대개 남쪽에 출입시설을 설치하고, 출입구 반대편에 부뚜막이 설치되는 특징을 보인다. 특히 충청 일원의 서천 봉선리 3-Ⅰ구역에서 조사된 1호주거지는 6각형이고, 현재로는 6각형주거지의 남한계선에 해당한다. 전라 일원에서는 이러한 유형의 주거지가 발견되지 않는다.

5각형주거지는 6각형에 비해 많지 않으며, 용인 수지, 화성 발안리 유적에서 보이고 있다. 특히 발안리유적에서는 5기나 조사되고 있는 것으로 보아 6각형주거지가 변형되어 경기도 남부지방으로 파급된 것으로 추정해 볼 수 있다.

(4) 凸자형, 呂자형주거지

凸자형, 呂자형주거지는 중부지방 원삼국시대의 특징적인 주거 형태이며, 한성 백제시대와도 관련되고 있다. 조사된 유적으로는 서울의 몽촌토성, 풍납토성, 경기 일원의 포천 영송리, 포천 자작리, 파주 주월리, 하남 미사리, 용인 수지, 여주 연양리, 화성 발안리, 화성 당하리, 가평 마장리, 가평 이곡리유적이 있다.[35] 凸자형주거지는 이른 시기부터 출현하며, 6각형태의 凸자형주거지가 한성 백제시대의 전형적인 주거 모습이다. 凸자형주거지는 형태나 구조에 있어서 점차로 변

---

34) 호암미술관, 『이천 효양산유적』, 1985

35) 강원도 지역에서는 춘천 중도, 횡성 둔내, 양양 가평리, 명주 안인리, 강릉 동덕리유적 등이 보고되고 있다.

화되어 가는 양상을 볼 수 있다. 파주 주월리유적의 경우는 원삼국시대의 주거형태에서 크게 벗어나지 않으나 평면형태에 있어서 장방형에서 말각장방형으로, 출입구 벽이 직각에서 둔각으로, 출입구 평면이 5각형으로 변화하는 점을 들 수 있어 전형적인 형태와 약간의 차이가 있는 정도이다.(도면2)

呂자형주거지는 凸자형주거지에 비해 많지 않으며, 포천 자작리, 파주 주월리, 서울 몽촌토성, 하남 미사리유적 등지에서 확인되고 있다. 포천 자작리 2호주거지는 평면형태가 6각형이고 출입구가 연결된 呂자형주거지이다. 이 주거지는 방형의 주거공간과 현관구실을 하는 출입공간으로 나뉘어 있고, 이 사이를 연결하는 통로가 있는 구조이다. 파주 주월리의 97-4호주거지는 呂자형주거지가 퇴화된 6각형태로 보여지며, 이러한 형태는 몽촌토성 88-2호주거지, 하남 미사리의 한양대 1호주거지에서도 확인되고 있다.

(5) 대벽건물지

대벽건물지는 방형의 도랑을 파서 벽의 기초를 만들고, 지붕을 받치는 커다란 주공과 그 사이의 흙벽을 유지시키는 작은 주공으로 구성되는 건물이다. 이러한 대벽주거지는 최근 백제지역의 공주 공산성, 공주 정지산, 공주 안영리, 부여 군수리, 화지산, 부여 서라성,[36] 익산 신동리, 고창 우평리, 석교리 등에서 조사되었으며, 시기는 5세기 중반 이후로 연구되고 있다.(도면3) 이 대벽주거지는 일본 내에서도 5세기대 부터 조사되고 있으며, 분포의 중심은 近畿지방에서 九州지방에까지 광범위한 지역에서 확인되고 있다. 대벽주거지는 일본 내에서 40여개소의 유적이 조사되었으며, 한반도와 관련한 유적으로 도래인과의 관계를 상정할 수 있다.[37]

---

36) 강병권 · 김기범, 「부여 동라성 · 서라성 발굴조사개보」, 『호서고고학』 3, 2000

37) 青柳泰介, 「大壁建物考韓日關係의 具體像 構築을 위한 一試論」, 『백제연구』 35, 2002

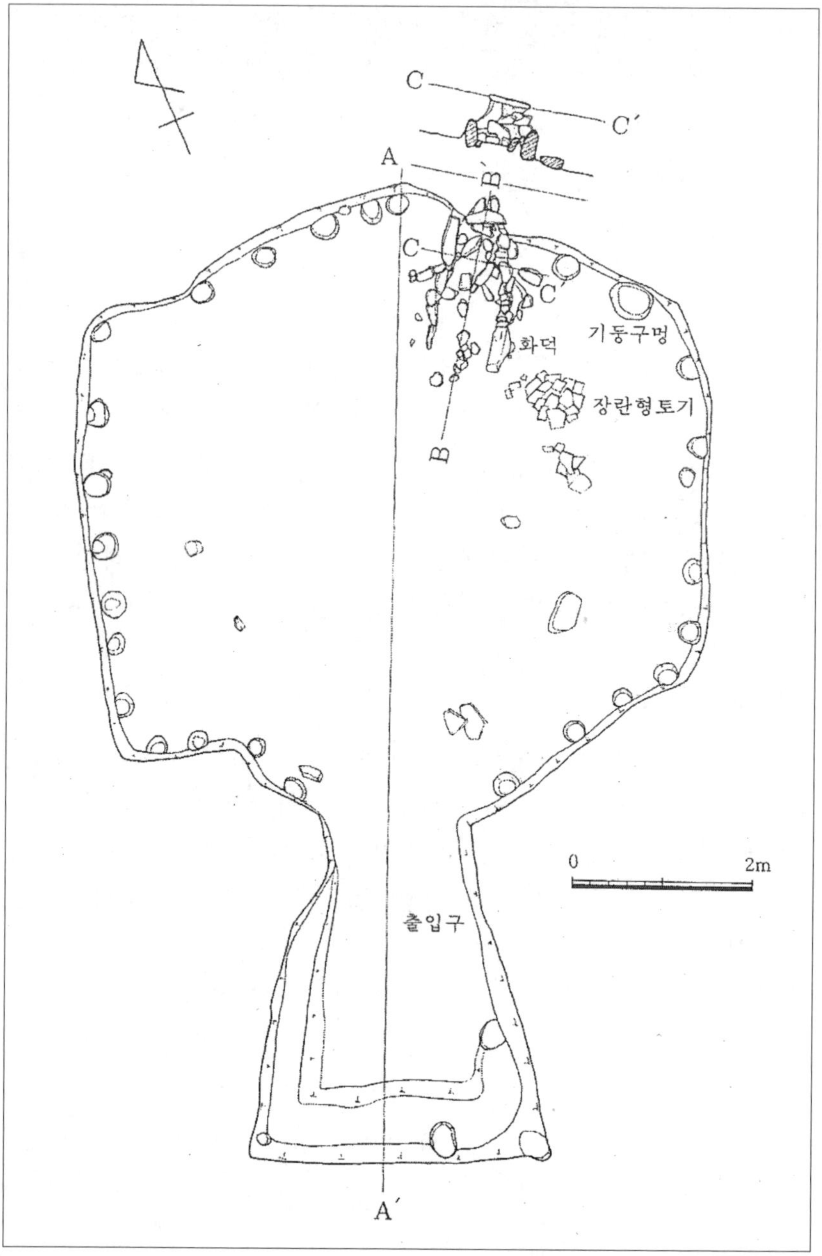

도면2. 하남 미사리 서울대 B-2호주거지

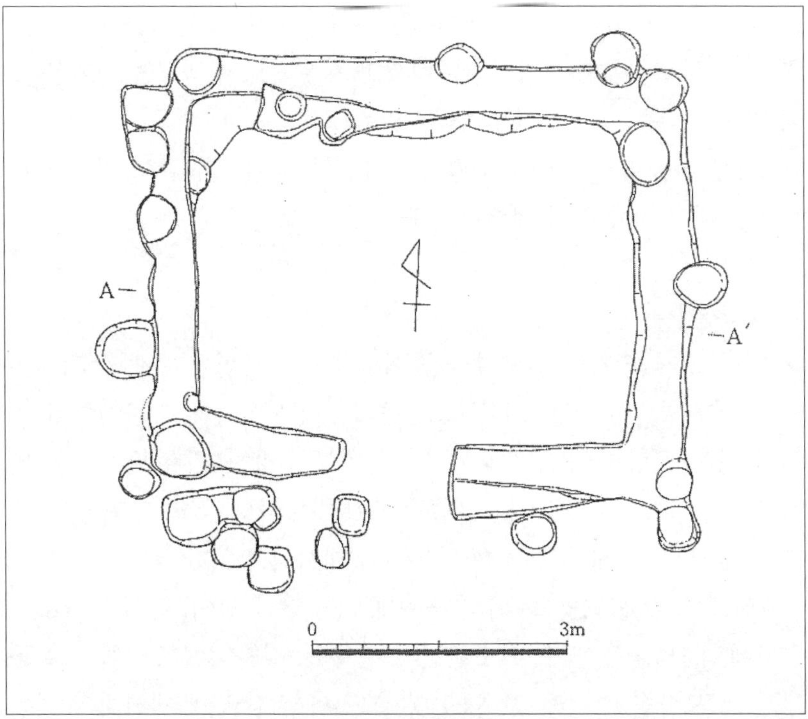

도면3. 공주 정지산 2호 대벽건물지

공주 안영리 새터에서 조사된 대벽건물지는 내부에 배수시설이 있으며, 모서리와 모서리 사이에 커다란 주공이 있고, 그 사이에는 작은 주공을 배치하였다. 내부에는 노지가 있었던 것으로 보이며, 주변에 주거지 및 수혈유구 등이 존재하는 것으로 보아 일반 주거용 시설로 확인되고 있다. 고창 우평리 4호의 대벽주거지는 벽가에 배수시설이 있고, 이 배수시설은 동측의 아랫부분에서 외부로 돌출되어 뻗어 있다. 유물은 발형토기, 단경호, 고배, 뚜껑편 등 백제초기의 유물들이 출토되고 있다.[38] 인접한 고창 석교리 13호주거지도 대벽주거지로

38) 전주대학교 박물관, 『서해안고속도로(군산-고창) 건설구간내 문화유적 발굴조사 보고서』, 2002

불리는 주거에 해당된다. 이러한 대벽건물지의 중심연대는 5세기 중, 후반으로 추정되며, 원삼국시대에서 백제시대로 이행되는 시기로 보여진다. 이와 같이 보면 현재 충청 일원에서 조사 예가 증가하고 있지만, 익산 신동리[39]와 고창 우평리, 석교리유적에서와 같이 점차 남하하여 백제권 내에서 폭 넓게 발견될 것으로 보인다.

(6) 고상주거

고상주거지는 기둥이나 말뚝을 이용해서 건물바닥 부분을 지표면보다 높게 한 주거 형태이다. 고상주거는 청동기시대에 출현하고 있으며, 용도는 망루시설, 창고시설로의 기능이 강하다. 이후 각 시대별로 고상주거가 조사되고 있으며, 용도에 대해서도 창고, 망루시설, 주거, 공공장소, 의례장소 등 여러 의견이 제시되고 있다.[40]

유적에서 조사되는 고상주거는 주공만이 남아 있어, 확실한 구조나 용도에 대해 알 수 없으나 오늘날의 원두막, 정자, 누각, 곡물창고 등에서 그 모습을 추정해 볼 수 있다. 그러나 원삼국~백제시대의 대부분의 발굴주거지는 여전히 움집의 상태가 주류를 이루며, 고상주거가 보편화되어 있지는 않았다. 그러나 소수 신분이 높은 계층으로 추정되는 주거나 공공건물의 사례에서 고상주거가 확인되는 경우가 있다. 서울 · 경기 일원에서는 포천 자작리, 의정부 민락동, 서울 풍납토성, 하남 미사리, 화성 발안리유적에서 전라 일원에서는 군산 관원리, 담양 대치리, 담양 성산리, 장흥 지천리유적 등에서 확인되고 있다. 이 중에 화성 발안리유적에서 조사된 고상주거는 30여동이 확인되었

---

39) 원광대학교 마한 · 백제문화연구소, 『익산 신동리유적 현장설명회 자료』, 2002

40) 고상주거를 유물에서 확인할 수 있는 경우는 삼국시대의 家形土器 가운데 고상주거가 있으며, 고구려의 고분벽화에도 창고건물로 보이는 귀틀집의 그림이 보이고 있다. 고구려 팔청리고분에서는 사람 키 정도 높이의 고상주거의 모습이 그려져 있고, 덕흥리고분에서는 두 채의 고상주거와 사다리를 타고 오르는 사람의 모습이 묘사되어 있다.

다. 평면 방형의 1칸×1칸은 구상유구의 외곽에 인접하여 망루시설로 보이며, 장방형의 1칸×2칸, 1칸×3칸은 저장시설인 창고로 추정되고 있어 규모에 따라 용도의 차이가 있었음을 짐작할 수 있다.

또한 서울 풍납토성에서 조사된 몸자형 고상주거에서는 많은 양의 기와와 전돌이 출토되었으며, 공공시설이나 방어시설로 주목되고 있다. 포천 자작리유적의 고상주거는 3칸×5칸으로 토기편과 함께 기와편이 출토되었다. 이로 미루어 보면, 고상주거는 초가의 형태도 있지만 규모가 큰 대형 고상주거는 기와나 전돌을 이용한 건축방법이 행해진 것으로 보이며, 일반주거와는 다른 중요한 목적에 의해 건립된 구조물로 추정된다.

2) 주거의 내부구조

(1) 화덕, 부뚜막, 온돌

주거의 발전에 있어서 노지에서 온돌로의 변화는 난방기술의 획기적인 발전을 의미하고 있으며, 기존에 땅을 파내어 축조하는 수혈식 주거와는 달리 지상주거로의 변화를 의미하기도 한다. 최근에는 고고학적인 발굴을 토대로 노지, 부뚜막, 온돌의 기원과 발전과정을 보다 구체적으로 논증하는 자료가 증가하고 있다. 노지에 부뚜막이 가설되고, 배연을 위한 연도가 만들어져 부뚜막 형태의 한줄의 외곬형 구들로 발전하며, 여기에서 부뚜막이 ㄱ자형으로 꺾이는 단계를 거쳐, 2~3줄의 다곬형으로 구들의 수가 증가하면서 방바닥 전체를 따뜻하게 하는 온돌로 발전하는 것이다. 이러한 구조가 주거지의 발굴조사에서 속속 확인되고 있으며, 온돌로 발전하는 것은 일순간에 생겨난 것이 아니고 각 시대를 거치면서 점진적으로 변화하였음을 입증하고 있다. 온돌은 단순히 난방기술의 발전만을 의미하는 것이 아니라, 주거내부에서 생활양식의 변화를 가져왔다. 고고학적인 발굴조사 이전에는 중국문헌에 의존하여 온돌의 발생이 고구려에서 시작된 것으로 알려져 있었다. 그러나 근래의 조사에 의하면 삼국시대 이전인 원삼국시대에 이미 부뚜막이 형성되어 온돌의 초기적 단계가 이미 시작되었음을 증명할 수 있으며, 그 변천 양상을 파악할 수 있다.[41)]

① 서울 · 경기 일원

화덕이나 부뚜막은 난방과 취사, 보온을 목적으로 하는 시설물이며, 주거의 내부 중앙, 혹은 벽 가장자리에 설치된다. 화덕이나 부뚜막은 지역, 시기, 주거의 구조에 따라서 다양하게 나타나고 있다. 서울 · 경기의 화덕시설은 여주 연양리의 노지는 강돌을 원형으로 돌린 원석식과 강돌을 깐 부석식이 조사되었다. 하남 미사리의 한양대-1호, 13호주거지의 노지도 점토띠를 돌리고 그 내부에 강돌을 깔아 놓은 형태인데, 이러한 구조는 한강유역의 원삼국시대 주거지에서 보이고 있으며, 한성 백제시대에까지 이어진 것으로 보인다.

하남 미사리의 고려대-010호주거지에서는 노지와 부뚜막시설이 공존하는 양상을 보인다. 내부의 중앙에 노지시설이 있고, 북쪽 모서리에는 부뚜막이 있다.(도면4) 여주 연양리 11호주거지에서도 노지와 부뚜막이 각각 발견되는데, 부석식 노지는 난방을 위한 시설로, 부뚜막시설은 취사를 목적으로 설치한 것으로 보인다. 화덕시설이 벽쪽으로 붙어 부뚜막시설로 변하는 시기는 원삼국시대부터 시작이 되지만, 부뚜막의 유입시기와 한성 백제주거지의 부뚜막 시설을 파악할 수 있는 실례이다.

부뚜막시설은 서울 · 경기의 경우, 포천 성동리, 포천 영송리, 포천 자작리, 파주 주월리, 의정부 민락동, 서울 풍납토성, 하남 미사리, 여주 연양리, 용인 수지, 기흥 구갈리, 화성 발안리유적 등이 있다. 초기 형

41) 이홍종, 「부뚜막 시설의 등장과 지역상」, 『영남고고학보』 12, 1993

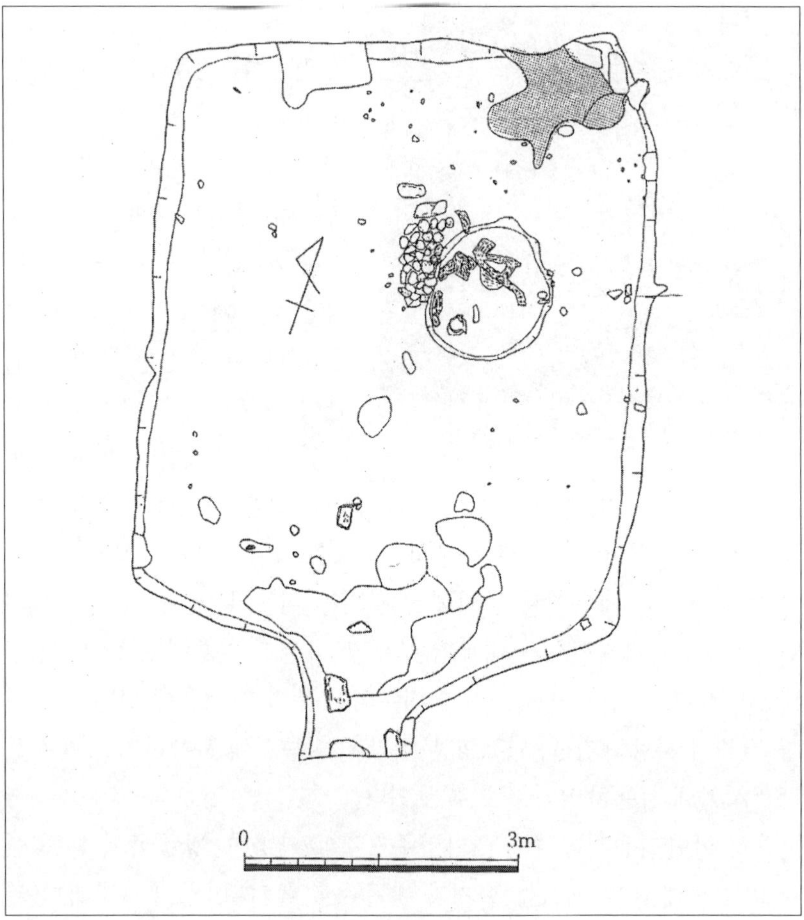

도면4. 미사리 고려대 010호주거지

태의 부뚜막시설은 포천 영송리 1호주거지에서와 같이 점토로 만들어 토기를 얹어 놓을 수 있게 하였고, 벽을 따라 길쭉한 형태로 축조되어 있다. 이러한 구조는 한강유역의 백제 주거유적에서 보이고 있다.[42]

42) 원삼국, 삼국시대 초기의 부뚜막 시설은 대부분 방형 혹은 타원형주거지에 설치되며, 주거지 출입구의 반대방향에 설치된다.

사진8. 미사리 040호주거지 부뚜막

부뚜막이 주거 내부에서 2기가 발견된 경우도 있다. 하남 미사리 고려대-040호주거지는 내부의 서쪽이 주 부뚜막, 북쪽이 간이용 부뚜막으로 보인다.(사진8) 주 부뚜막은 판석을 이용하여 양벽을 구축한 후, 점토로 보강한 형태이다. 간이용 부뚜막은 남방의 이중적인 효과를 얻기 위하여 설치한 것으로 보이며, 주 부뚜막에서 사용하고 남은 불이나 목탄을 별도의 조리용이나 난방용으로 사용하였던 것으로 보인다. 부뚜막시설이 주거의 내부와 외부에서 동시에 발견되는 경우가 있다. 파주 주월리 한양대-1호주거지에서는 내부의 부뚜막 시설과 외부에도 2기의 부뚜막유구가 조사되었는데, 주거지 내부의 부뚜막은 겨울에 난방과 취사를 겸해서 사용하지만, 외부의 부뚜막은 여름철에 사용하거나 특수한 조리시설에 사용하였을 것으로 보인다.

화성 발안리유적에서는 凸자형주거지와 장방형, 방형이 주류를 이루고 있는데, 여기에서는 노지가 단독으로 설치된 것, 부뚜막과 공존하고 있는 것, 부뚜막만 설치한 것으로 구분할 수 있다.[43] 화성 발안리 주거지의 노지는 단독 노지→노지+L자형 부뚜막→부뚜막의 순으로 변화하고 있음을 알 수 있으며, 유물의 출토상황에서도 원삼국시대에서 백제시대로의 시기의 흐름을 엿볼 수 있다.

43) 단독 노지는 凸자형주거지에 많으며, 유물이 중도식 무문토기만 출토되어 선행된 양식에 해당한다. 화덕과 부뚜막이 공존하는 경우는 중도식 무문토기와 함께 원저단경호가 출토된다. 부뚜막만 설치된 경우는 凸자형, 5각형, 장방형, 방형 등 모든 주거형태에서 보이고 있다.

부뚜막의 축소방법에 있어서 포천 자작리 2호주거지를 보면, 아궁이를 포함한 연소부와 연도, 배연구로 구분되는데, 벽체 내에는 할석과 점토를 혼용한 것으로 보인다.(도면5) 할석은 받침돌로 보기도하며, 연도의 불길을 2등분하는 통로로 보는 경향도 있다. 파주 주월리 96-7호, 97-4호주거지의 부뚜막시설은 양 측벽에 강돌을 세우고 그 사이에 점토를 채워 벽체를 만들었다. 부뚜막의 내부는 아궁이에서 굴뚝으로 갈수록 완만한 경사를 이루며, 중앙에 강돌을 세우고 있다. 터널식 연도의 천정에는 토기를 얹어 놓기 위한 구멍이 있고 연도 중앙의 강돌은 받침돌의 역할을 한 것으로 보인다. 토기를 얹어 바치기 위한 이 시설은 한강 유역의 원삼국시대 이래로 계속 사용되고 있는 방법이다. 서울 풍납토성 주거지의 부뚜막은 주거지의 후면 중앙부에서 점토와 판석을 결합하여 양 벽과 천정을 만들어 굴뚝까지 터널형으로 축조한 것이 일반적이나, 아궁이 부분에 ∏형 토제품을 사용한 것, 돌을 이용하여 아궁이식과 유사하게 축조한 것, 판석 1매를 막음돌로 이용한 경우도 있다.

하남 미사리 한양대 조사구역 주거지의 온돌시설을 보면, 아궁이는 점토와 납작하고 긴 강돌을 계단식으로 쌓아 벽을 만들고, 중간에 돌을 세워 받침대로 사용하였다. 뚜껑은 판석 10여개를 올려 만들었다. 연도는 점토와 둥글고 납작한 강돌을 계단식으로 쌓아 양쪽 벽을 만든 후, 둥글고 긴 강돌을 양쪽 벽 위에 올려 뚜껑을 만들었다. 아궁이에서 연통까지의 길이는 3.7m 정도이며, 나무 연통은 연도와의 연결부분을 원형에 가깝게 다듬었다. 터널형태의 구들시설은 외곬형, ㄱ자형, 다곬형으로 구분되고 있다. 처음에는 한줄의 외곬형이 축조되나 점차로 ㄱ자곬형, 다곬형의 순으로 변화하는 양상을 보인다. 이것은 부분적으로 방을 따뜻하게 하는 구조에서 방 전체를 따뜻하게 하는 구조로 발달했음을 의미한다.

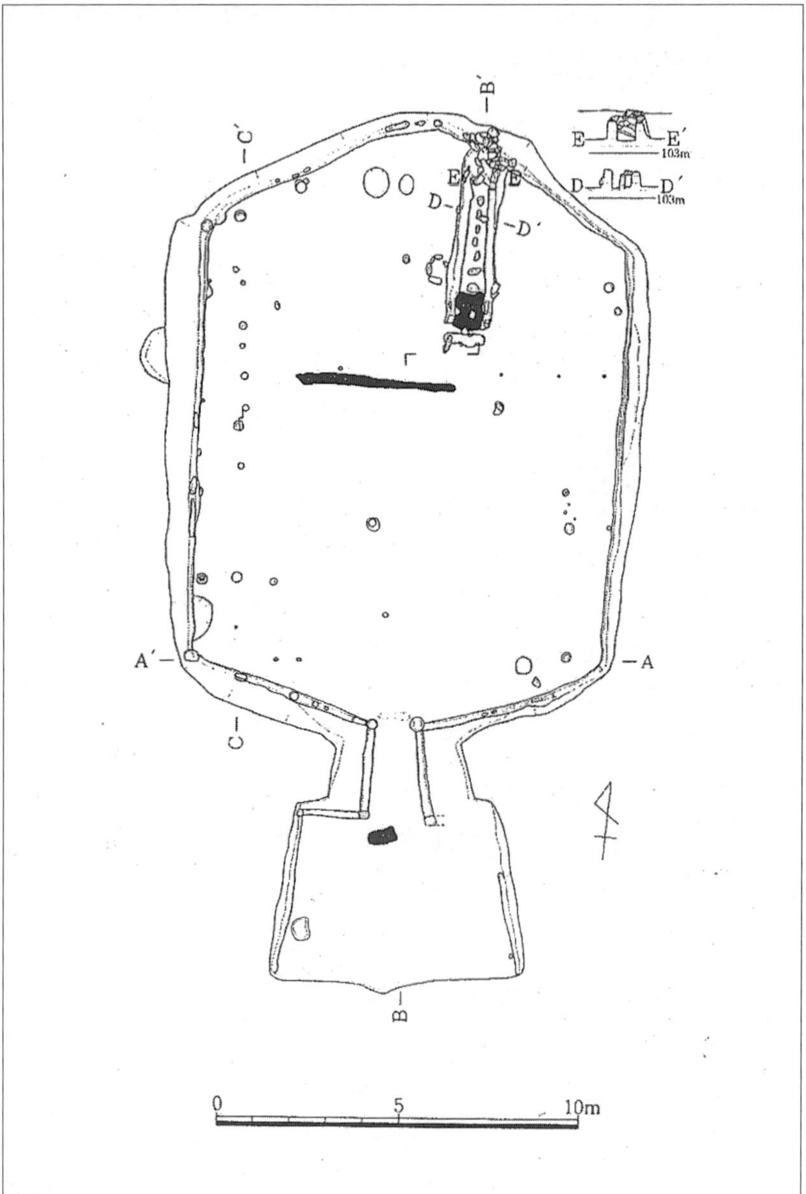

도면5. 포천 자작리 2호주거지

② 충청 · 전라 일원

충청 일원에서 조사된 주거지의 노지, 부뚜막은 공주 안영리 새터, 연기 응암리, 논산 정지리, 서천 지산리, 서천 봉선리 등의 유적이 있다. 연기 응암리 주거지의 노지는 벽면을 따라서 ㄱ자형의 터널형 연도구조를 갖추었으며, 1호, 2호, 4호주거지에는 점토를 이용하여 축조한 ⨅형의 아궁이시설과 중앙에 받침돌이 확인되었다. 서천 지산리 주거지에서는 아궁이와 연도부, 연통부가 있는 약 20여기의 노지와 부뚜막이 확인되었으며, 축조방법은 점토를 이용하였고 벽면을 따라 터널식의 연도부를 갖추고 있다. 아궁이의 너비는 0.7m 내외의 규모로 평면⨅형의 구조이며, 아궁이 중앙에는 받침돌이 1개씩 세워져 있다. 연도부는 형태에 따라서 ㅡ자형, ㄱ자형, ㄷ자형으로 확인되고 있다. 연통부는 주거지의 바닥보다 높고 원형을 이루고 있으며, 연통이 2개 있는 경우도 있다.

전라 일원에서 조사된 주거지의 노지, 부뚜막은 군산 관원리, 익산 월곡, 진안 와정, 완주 배매산,[44] 정읍 관창리, 광주 풍암동, 광주 향등, 담양 대치리, 담양 성산리, 함평 노적, 무안 양장리, 장흥 지천리 유적 등이 있다.

정읍 관청리나 담양 성산리의 화덕시설은 장란형토기나 발형토기, 작은 석재를 이용하고 있어 원삼국시대 마한계의 주거지와 유사한 구조를 보이고 있다. 담양 대치리에서는 1호주거지의 경우 주거지 바닥면을 그대로 이용하여 2개의 받침돌을 중앙에 놓았다. 4호 노지는 여러장의 할석을 이용하여 벽을 만들고 판석으로 덮은 형태인데, 이러한 형태는 담양 성산리, 함평 중랑, 익산 신동리유적에서도 확인된 바 있다. 장흥 지천리의 경우는 점토를 쌓아 凹형태를 만들고 중앙 바닥을 파고 장란형토기를 세우는 방법, 점토로 양 방향을 쌓고 중앙에 돌

44) 전북대학교 박물관, 『배매산』, 2002

을 받치는 방법, 돌 2개를 받치는 방법이 이용되고 있다. 마한계의 화덕시설은 점토를 이용하나, 광주 향등, 함평 노적유적과 같이 5~6세기의 화덕에서는 토기나 석재를 이용하여 지주를 세우며, 연도부의 시설을 갖추기도 한다.[45] 솥받침은 토기를 이용하거나, 토기와 석재의 혼용하는 경우, 석재만을 이용하는 경우가 있다. 점토만을 이용하여 축조하던 화덕은 백제의 영향을 받기 시작하면서 화덕에 받침돌을 세우고 판석을 이용한 구들시설로 발전하는 양상을 보이고 있다.[46] 특히 아궁이의 틀은 백제의 서울 풍납토성, 용인 죽전동, 부여 군수리 대벽건물지, 영광 학정리, 광주 월전동, 화순 운월리, 무안 양장리 등의 유적에서 출토되고 있다.[47] 아궁이틀은 백제의 중심지역에서 출토되며, 상층계층의 집단이 거주한 주거에 사용된 것으로 보인다. 부여 군수리사지에서 철제 아궁이틀이 있기는 하지만 주로 토제품이 많으며, 4~6세기 중반까지 사용된 것으로 보인다. 아궁이틀은 일본의 畿內지역에서도 출토되는데, 백제의 왕족외교와 관련되는 것으로도 연구되고 있다.[48] 또한 그 관련성은 대벽건물지의 존재와 함께 고려해 볼 수 있다.

부뚜막시설은 고창 석교리 주거지에서 확인되었으며, 아궁이부와 연소부, 연통부를 가진 구조로 추정되나 파괴가 심하여 솥받침용 발형토기만 남아 있는 경우가 많다. 이 중 8호주거지의 부뚜막은 횡렬로 2개의 구멍이 있어, 솥 2개를 걸 수 있는 구조를 가지고 있으며, 연도방향은 직선이면서 단을 이루고 있다. 광주 향등유적에서는 부뚜막형태가 7기정도 조사되었다. 석재나 토기를 이용하여 받침돌을 세

45) 이은정, 「전남지역 5-6세기대 주거지에 대한 시론」, 『연구논문집』 5, 호남문화재연구원, 2005

46) 이민석, 『한국상고시대의 노시설 연구』, 전북대 석사학위논문, 2003

47) 고구려지역에서는 약수리 벽화고분, 안악 3호분, 마선구 1호묘 등 벽화고분에서도 확인되고 있다.

48) 서현주, 「삼국시대 아궁이틀에 대한 고찰」, 『한국고고학보』 50, 2003

우고, 점토를 이용하여 ||형태로 벽체와 천정을 축조하였다. 토기와 석재를 사용하여 받침돌을 세움으로서 점토만으로 축조한 것 보다 정교하다고 볼 수 있다. 부뚜막의 축조재료는 석재와 점토를 이용한 경우, 토관과 점토를 이용한 경우,(사진9) 점토만 이용한 경우 등이 있다.

사진9. 광주 향등 주거지 화덕시설

익산 월곡유적에서는 내부에 화덕시설과 외곩의 터널식 연도가 확인되었다. 연도는 부뚜막에서 점토단을 만든 다음, 점토단 상면 중앙에 凹자형의 홈을 조성한 후 그 위에 판상석을 덮어 난방을 위한 구들시설을 갖추었다. 진안 와정유적에서는 한줄의 외곩식 구들과 형성화 된 화덕시설을 갖추고 있다. 돌을 세워 양측벽을 만들고 그 위에 덮개돌을 올린 아궁이를 마련하였다. 6호주거지의 온돌은 외곩식이며, 할석과 천석을 혼용하여 2매씩 수직으로 세운 후, 그 위에 장방형의 판석을 덮었다. 4호주거지는 다곩식이며, 하나의 아궁이에서 동서로 열려 분산되는 형태이다. 함평 노적유적에서는 노지, 연도부, 구들이 있으며, 확인된 4기 모두 동벽 중앙에 위치한다. 2호주거지의 노지는 점토 벽체가 남아 있으며, 3호주거지에서는 석재를 이용한 받침돌 1장이 확인되었다. 연통부는 동벽을 따라 남쪽으로 경사를 이루며 설치되었고 주거지의 벽면을 뚫어 연기를 배출하는데 용이하도록 하였다. 이러한 온돌의 축조방법은 주거 벽 가까운 부분에 잇대어 돌이나 판석재를 쌓고, 그 위에 편평한 돌을 올려 터널형 구들을 형성한다. 구들의 형태에 따라 외곩형, ㄱ자곩형, 다곩형으로 분류할 수 있다. 전라 일원에서는 6세기가 되면 석재를 이용한 온돌시설이 보인다. 장흥 지천리 나-18호, 나-20호, 함평 노적 5호주거지, 완주 배매산을 비롯하여 서울 · 경기 일원의 몽촌토성, 용인 수지 등 백제주거지에서 확인되고 있다.

(2) **기둥구조**

주공의 구조는 주거의 평면형태와 밀접한 관련을 가진다. 서울 · 경기 일원에서 확인되는 6각형, 凸자형, 呂자형주거지의 주공과 전라 · 충청 일원에서 조사된 방형계의 주거지와는 차이가 있다.

사진10. 풍납토성 가-3호주거지 주공

서울 몽촌토성의 88-2호 주거지는 6각 평면형태에 呂자형주거지인데, 이 주거지의 주공은 긴 벽 쪽은 약 0.5m 간격의 주공이 10개씩, 짧은 벽 쪽에는 4~5개의 주공이 돌려져 있다. 또한 특이한 것은 주공의 형태가 각을 이루는 방형을 이루고 있는 점이다. 주공의 크기는 한 변이 0.2~0.3m 정도이고 각 모서리에는 40~50㎝ 정도로 커지고 있는데, 이것은 하중에 대한 고려가 있었던 것으로 보인다. 서울 풍납토성 가2호주거지는 6각형의 凸자형주거지인데, 벽체의 긴 벽과 짧은 벽이 둔각을 이룬다. 주공은 벽체를 따라서 약 10cm 간격으로 돌려져 있으며, 구멍은 장방형인 것으로 보아 각이 진 목재를 사용한 것으로 보인다.(사진10) 경기 남부지역의 화성 발안리유적은 주거지의 평면형태가 凸자형, 장방형, 방형이 있으며, 5각형주거지도 확인되고 있다. 주공은 일반적으로 벽면을 따라 위치하는데, 26호, 28호, 29호주거지는 4개의 주공인 4주식의 형태를 띠기도 한다. 화성 당하리 주거의 주공은 벽의 안쪽에는 벽면을 따라,

내부 공간에도 평면 방형으로 들보가 연결되도록 배치하고, 동쪽 벽의 기둥에서 약 2m 떨어뜨려 그 기둥 상호 간격으로 4개의 주공을 더 배치하였다. 출입구 양쪽에 작은 주공을 쌍으로 배치하였다. 이러한 구조의 주거지는 아직 발견되지 않고 있다.[49)]

충청 · 전라 일원 주거지는 방형계의 기둥이 4개 있는 4주식 체재가 기본을 이룬다. 이 기둥구조는 돌연 생겨난 것이 아니고, 이전 시기인 원삼국시대 마한계의 방형주거지와 관련이 있으며, 그 전통이 계승되는 것이다. 4주식은 충청지역의 연기 응암리, 서천 봉선리, 전북지역의 정읍 신월리, 정읍 관창리, 고창 석교리 등의 주거지에서 확인되고 있다. 정읍 관창리유적의 경우는 4주식에 화덕시설, 벽구시설이 확인되고 있으며, 출토된 유물의 차이만 있을 뿐 마한계의 주거양상을 그대로 이어 받고 있다. 전남 지역은 광주 풍암동, 담양 대치리, 담양 성산리, 무안 양장리, 장흥 지천리유적 등에서 4주식 주공이 확인되고 있다.(도면6) 무안 양장리에서 기둥흔적이 확인된 예는 21기중에 기둥이 4개인 4주식주거지는 3기밖에 없어, 4주식의 비율이 낮아지고 있음을 알 수 있다. 이러한 4주식의 주거지는 전남지방에서 대략 3세기 중반에서 5세기대까지 이어지고 있으며, 6세기대로 가면서 전 시기에 비해 4주식 주공의 비율이 점차 줄어들고 있다.

(3) 출입구조

주거지의 출입시설은 평면구조에 따라서 다르게 나타난다. 원형, 타원형, 방형, 장방형 등의 출입구조는 파악되지 않는 경우도 상당수 있으나, 출입시설이 확인되면 주로 남쪽에 설치되는 구조가 많이 확인되고 있다. 몸자형주거지의 출입구조는 거주공간에 부속된 작

49) 이 외에도 포천 자작리 2호주거지, 파주 주월리 96-7호주거지, 풍납토성 가-13호주거지에서는 주거의 상부구조와 관련되는 벽체의 판재와 지붕판재가 확인되는 경우가 있으며, 주거 내부의 벽구시설은 판자벽체 설치와 밀접한 관련이 있는 것으로 보여진다.

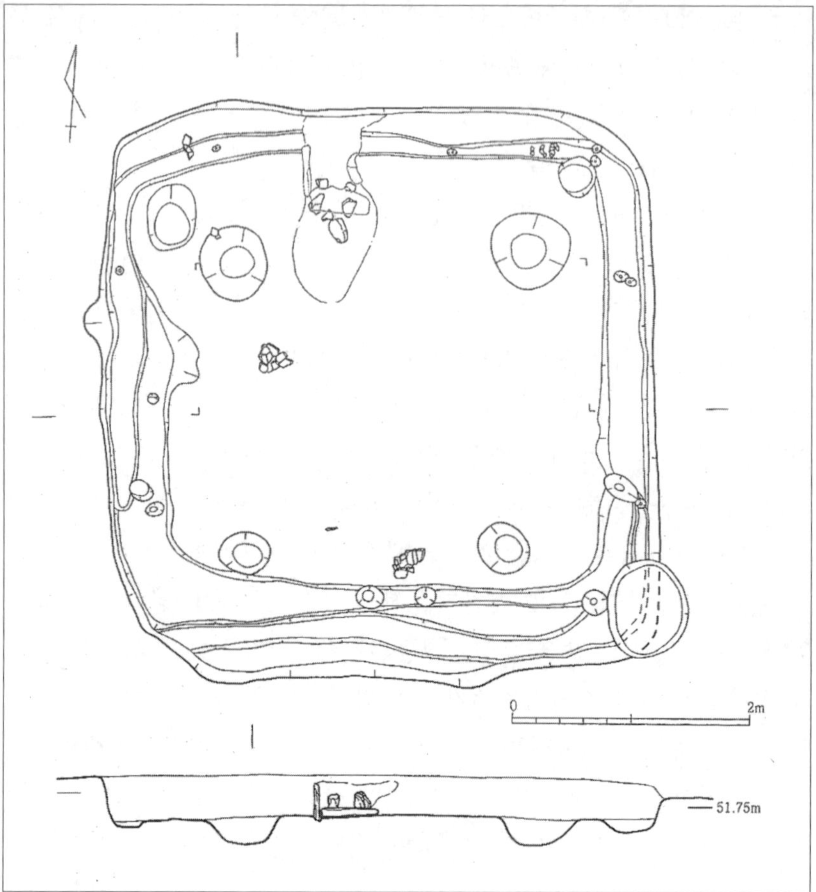

도면6. 성산리 2호주거지

은 공간에 위치하고 있으며, 원삼국시대의 전통을 따르는 것으로 연구되고 있다. 이러한 주거지는 파주 주월리, 서울 몽촌토성, 하남 미사리유적 등이 있다. 원삼국시대의 呂자형 출입시설은 방형을 이루지만, 3세기 중반이후의 한성 백제시대에는 사다리꼴형태로 변화한다. 파주 주월리 97-4호의 呂자형주거지의 출입구는 남서쪽 중앙에 위치하며, 주거지와의 연결부분은 병목처럼 좁고, 주거지 바닥에서 약하게 단이 지고 외부와 연결된다. 凸자형주거지는 돌출된 부분이 출입시설에 해당하고 있으며, 주로 남쪽을 중심으로 마련하고 있다. 서울 풍납토성, 용인 수지, 화성 당하리 등의 주거지는 출입시설이 전면부 단벽 중앙에 나 있으며, 돌출된 凸자형 출입시설이 기본을 이루고 있다.

(4) 공간분할구조

공간분할은 주거의 위치에 의한 분할과 주거 내부의 공간분할로 나누어 구분해 볼 수 있다. 먼저 주거의 위치에 의한 분할은 취락의 공간분할과 관련하여 설명할 수 있다.

포천 성동리의 경우는 원형상의 주거가 배치되며, 그 안쪽으로 저장구멍이나 고상가옥 등이 분포하고 있어, 주거와 주거의 부속건물로 공간이 분할되고 있다. 화성 발안리 마을유적은 마을에 원형상의 구상유구로 구획하고 각각의 구획에 다양한 평면형태의 주거지와 고상주거, 저장구멍 등 마을을 구성하는 다양한 유구가 보이고 있다. 이러한 주거 위치의 공간분할은 한성 백제시대의 일반적인 취락 구조임을 엿볼 수 있다. 하남 미사리는 6각형주거지가 일직선상으로 위치하며, 이를 중심으로 타원형과 장방형 주거지들이 주변에 분포하고 있다. 6각형주거지는 일반 민중과는 구별되는 신분이나 지위가 높은 계층이 거주했던 곳으로 추정되며, 신분에 위한 주거의 공간분할이 이루어진 것으로 보인다. 또한 서울 몽촌토성의 88-1호주거지는 민가로 추정되고 있고, 88-2호주거지는 동문터를 내려다 볼 수 있는 성벽 정상부분에 있고 출토된 유물이 장도, 철모 등의 무기류가 있는 점으로 보아 군사적인 용도와 관련된 것으로 판단되고 있다. 고창 석교리유적의 주거지는 광장을 중심으로 등고선을 따라서 1열과 2열의 원형상에 주거지가 배치된 공간구조를 보이고 있다.

주거내부 공간의 분할은 진안 와정 4호주거지의 경우, 내부 시설은 부엌과 주거공간으로 구분되어 있고, 출입시설은 주거공간과 부엌공간의 2개소에 있었던 것으로 보인다. 와정유적 내의 일반 주거지와 비교해서 규모가 월등하게 크고 출입, 저장시설이 있었던 것으로 보아 공공시설이나 창고 등의 시설로 사용되었을 가능성도 있다. 광주 풍암동 주거지에서는 칸막이 시설로 보이는 구덩이가 확인되어 주거의 사용공간을 파악할 수 있다. 이러한 시설은 전라 일원의 이전 시기인 원삼국시대의 마한계 주거지에서 많이 보이고 있으며, 이 공간분할구조는 백제시대에까지 이어진 것으로 보인다.

4. 백제 주거의 특징

1) 서울 · 경기 일원

서울 · 경기 일원의 원형이나 타원형의 주거지는 많지 않으나 충청이나 전라 일원보다는 출현 빈도가 높은 편이다. 방형, 장방형주거지는 백제의 영역 내에 해당하는 모든 지역에서 고르게 분포하고 있으며, 서울 · 경기 일원에서는 6각형, 凸자형, 呂자형주거지와 공존하는 양상을 보이고 있다. 6각형주거지는 중부지방 원삼국시대의 방형 혹은 장방형에서 발전 계승한 것으로 연구되고 있다. 6각형주거지는 신분과 지위가 높은 특수한 위상을 가진 주거지였던 것으로 추정되며, 기와지붕이 존재하였음을 알 수 있다. 당시의 기와지붕은 몽촌토성과 풍납토성과 같은 왕성으로 추정되는 유적지에서만 발견되고 있다.

6각형주거지의 영역권은 주로 한강유역을 중심으로 한 지역에서 확인되고 있다. 凸자형주거지는 중부지방 원삼국시대의 특징적인 주거형태이며, 한성 백제시대와도 관련되고 있다. 출입시설이 단벽 중앙에 있고 돌출되어 있는 구조를 보이며, 부뚜막은 점토를 이용하여 연통부까지 터널형으로 축조하고, 벽체를 따라 주공이 존재하고 있다.

주거의 내부구조에 있어서 노지는 강돌을 원형으로 돌린 것, 강돌을 깔고 그 위에 점토를 덮은 것, 점토띠를 돌리고 그 내부에 강돌을 깔아 놓은 것이 있는데, 이러한 구조는 한강유역의 원삼국시대 주거지에서부터 보인다. 노지와 부뚜막시설이 공존하는 경우도 있으며, 노지는 난방을 위한 시설로, 부뚜막시설은 취사를 목적으로 설치한 것으로 보인다. 부뚜막의 축조방법은 점토와 판석을 결합하여 양 벽과 천정을 만들어 굴뚝까지 터널형으로 축조한 것이 일반적이나, 아궁이 부분에 ⌈⌉형 토제품을 사용한 것, 돌을 이용하여 아궁이식과 유사하게 축조한 것, 판석 1매를 막음돌로 이용한 경우도 있다. 터널식 연도의 천정에 토기를 얹어 놓기 위한 시설은 한강 유역의 원삼국시대 이래로 계속 사용되고 있는 방법이다. 부뚜막이 주거 내부에서 2기가 있는 경우는 간이용 부뚜막과 주 부뚜막으로 구분할 수 있다. 간이용 부뚜막은 난방의 이중적인 효과를 얻기 위하여 설치한 것으로 보이며, 주 부뚜막은 취사를 위한 공간이었던 것으로 보인다. 부뚜막시설이 주거의 내부와 외부에서 동시에 발견되는 경우는 내부의 부뚜막은 겨울에 난방과 취사를 겸해서 사용하고, 외부의 부뚜막은 여름철에 사용하거나 특수한 조리시설에 사용하였을 것으로 보인다. 노지와 부뚜막의 변천과정은 단독 노지→노지+L자형 부뚜막→부뚜막의 순으로 변화하고 있다. 주거지의 온돌시설을 보면, 아궁이, 연도, 터널형태의 구들, 연통부분이 확인되고 있으며, 터널형태의 구들시설은 외곬형→ㄱ자곬형→다곬형의 순으로 변화하여 방 전체를 따뜻하게 하는 구조로 발달하였다.

주공의 구조는 주거의 평면형태와 밀접한 관련을 가지며, 서울 · 경기 일원에서 확인되는 6각형, 凸자형, 呂자형주거지는 일반적으로 벽면을 따라 주공이 형성되고 있다. 주거지에 따라서는 주공의 형태가 각을 이루는 방형을 이루고 있는 경우가 있으며, 주공의 크기도 모서리 쪽이 크고, 벽면 쪽은 작게 나타나기도 하는데 하중에 대한 고려가 아닌가 한다. 주거 위치에 의한 공간분할은 주거와 부속건물로 나누어지기도 하고, 구상유구를 중심으로 분할되는 경우, 신분상의 차이, 용도의 차이에 의해서 다양하게 공간분할구조를 보이고 있음을 알 수 있다. 주거내부의 공간분할도 주거공간과 취사공간으로 분할되기도 하고, 칸막이 시설로 남녀 간의 거주공간을 구획하기도 한다. 토기의 위치에 의한 공간활용을 보면, 노지나 부뚜막에서는 주구부토기, 심발형토기, 발형토기, 시루, 장란형토기, 호형토기 등 주로 생활용기가 다양하게 출토되고 있어, 토기의 사용 용도를 추정하여 볼 수 있다.

서민들의 주거는 일반적으로 초가로 이루어지나 한성 백제시대의 포천 자작리, 서울 몽촌토성, 서울 풍납토성 주거지에서 기와가 출토된 점으로 보아 기와집이 출현하였음을 알 수 있다. 근래에 한신대학교 박물관에 의해 조사된 초대형 呂자형 건물터에서는 많은 양의 기와와 전돌이 출토되었으며, 특히 풍납토성의 20평이 넘는 초대형주거지들은 특수한 바닥시설을 갖추고, 또한 수막새 등의 기와류가 출토되는 특별한 위상을 보여주고 있다. 기와를 얹은 건물은 막대한 하중을 버티기 위하여 일반주거지와는 다른 기초시설이 필요하며, 신분이 높은 상위계층이 거주한 곳으로 추정된다.

2) 충청 · 전라 일원

전라 · 충청 일원에서는 일부 원형주거지가 확인되기는 하지만 소수의 예에 불과하며, 방형이나 장방형주거지가 백제권 전역에 고르게 분포하고 있다. 충청 일원에서는 서울 · 경기 일원에 비해 방형, 장방형주거지의 출현빈도가 높아지고 있으며, 경기 남부지역의 기흥 구갈리, 화성 당하리유적에서도 방형계 주거지가 많이 확인되고 있다. 반면에 서울 · 경기에서 출토되는 6각형, 凸자형, 呂자형주거지가 충청 일원에서는 통선리유적 외에는 보이지 않는다. 주거 평면형태에 있어서 지역적인 차이가 확연하게 구분되고 있음을 의미한다. 전라 일원에서는 방형, 장방형주거지가 주류를 이루고 있다. 이러한 방형, 장방형주거지는 백제 이전의 시기인 원삼국시대 주거지의 평면형태와 동일하며, 내부구조를 포함하여 전반적으로 마한계 주거지의 전통을 따르고 있다. 전라 · 충청 일원에는 일반 주거와는 구조가 다른 대벽건물지가 확인되고 있다. 대벽주거지는 최근 백제지역, 특히 웅진 · 사비기의 공주 공산성, 공주 정지산, 공주 안영리, 부여 군수리 · 화지산, 부여 서라성 등지에서 확인되었으며, 조사예가 증가하고 있다. 이러한 대벽건물지의 중심연대는 5세기 중, 후반으로 추정되며, 이 시기에 왜와 교류했던 도래인과의 관계를 상정할 수 있다.

전라 일원의 화덕시설은 장란형토기나 발형토기, 작은 석재를 이용하고 있는 곳이 많으며, 원삼국시대 마한계의 주거지와 유사한 구조를 보이고 있다. 원삼국시대 마한계의 화덕은 점토를 이용하나, 5~6세기의 화덕에서는 토기나 석재를 이용하여 지주를 세우고 연도부의 시설을 갖추기도 한다. 점토만을 이용하여 축조하던 화덕은 백제의 영향을 받기 시작하면서 화덕에 받침돌을 세우고 판석을 이용한 구들시설로 발전하는 양상을 보이고 있다. 부뚜막 시설은 삼국시대 이전인 원삼국시대에 이미 형성되어 온돌의 초기적 단계가 이미 시작되었음을 증명할 수 있다. 부뚜막시설은 석재나 토기를 이용하여 받침돌을 세우고, 점토를 이용하여 ┌┐형태로 벽체와 천정을 축조하는 형태가 많다. 부뚜막의 축조재료는 석재와 점토를 이용한 경우, 토관과 점토를 이용한 경우, 점토만 이용한 경우 등이 있다. 부뚜막과 관련한 아궁이의 틀은 백제권역의 전 지역에 발견되고 있으며, 상층계층의 집단이 거주한 주거에 사용된 것으로 보인다. 재료는 주로 토제품이 많으며, 4~6세기 중반까지 사용된 것으로 보인다. 전라 일원에서는 6세기가 되면 석재를 이용한 온돌시설이 보이며, 온돌의 축조방법은 주거 벽 가까운 부분에 잇대어 돌이나 판석재를 쌓고, 그 위에 편평한 돌을 올려 터널형 구들을 형성하는 방법이다. 온돌은 구들의 형태에 따라 한줄의 외곬형 구들로 발전하며, 여기에서 부뚜막이 ㄱ자형으로 꺾이는 단계를 거쳐, 2~3줄의 다곬형 구조로 변화한다.

충청 · 전라 일원의 주거지는 방형계의 기둥이 4개 있는 4주식 체재가 기본을 이룬다. 이 기둥구조는 돌연 생겨난 것이 아니고, 이전 시기인 원삼국시대 마한계의 방형주거지와 관련이 있으며, 그 전통이 계승되는 것이다. 그러나 이러한 4주식의 주거지는 전남지방에서 대략 3세기 중반에서 5세기대까지 이어지고 있으며, 6세기대로 가면서 전 시기에 비해 4주식 주공의 비율이 점차 줄어들고 있다. 이것은 원삼국시대의 마한계 주거지에서 일반적으로 확인되는 벽구시설의 경우도 마찬가지이다.

주거의 크기에 있어서는 일반적으로 전라 일원의 원삼국시대 주거지 평균면적은 19㎡ 정도이고, 백제시대 주거지의 평균면적은 26㎡ 정도이다. 그러나 백제시대에도 주거의 크기나 구조에 있어서 주거의 평면형태, 벽구, 4주시설, 부뚜막시설 등 마한의 영향 하에 있는 주거지가 있다. 고창 석교리나 정읍 관창리유적의 주거 내에서는 원삼국시대의 장란형토기나 발형토기 외에 백제의 경질 병형토기, 고배 등이 출토되고 있어 시기적으로 백제시대에 보이는 마한계 주거지라 할 수 있다. 서해안지역의 백제시대 주거지는 마한의 전통이 백제 초기까지 강하게 유지된 것으로 보인다. 주거내에서 출토되는 유물은 원삼국시대의 3~4세기대에는 발형토기, 장란형토기, 호형토기 같은 연질의 생활용기가 주류를 이루는데, 백제시대의 5~6세기대에는 개배, 고배, 소호, 삼족토기 등 경질토기의 비율이 점차 높아지고 있으며, 토기 중에서도 제기의 목적으로 사용된 원통형토기 등이 출토되기도 한다.

5. 백제의 취락 구성

1) 서울 · 경기 일원

서울 · 경기 일원의 원삼국시대에서 한성 백제시대에 이르는 취락의 입지는 강변을 중심으로 한 충적지나 낮은 구릉지에 위치한다. 특히 퇴적 단구상에 발달하는 경우가 많은데, 이러한 입지는 물이 풍부하고 경작지의 확보가 용이하기 때문일 것이다. 또한 강변을 따라 취락이 발달하는 경우는 강을 따라 이동하는 접근성이 용이하기 때문이기도 하다.

경기 북부지역 포천 성동리유적의 취락은 10~18m 간격의 반원상으로 배치되어 있다. 원형상의 안쪽으로는 저장공이나 고상주거 등이 분포하고 있어, 한성 백제시대 취락의 구조를 엿볼 수 있다. 또한 성동리유적은 강과 산성을 이용한 방어능력을 갖춘 입지를 갖추고 있다. 마을의 앞쪽은 강물이 흘러가고, 그 배후에는 천혜의 요새와 같은 여건을 갖춘 성동리산성이 자리한다. 이와 같은 동일한 입지의 유적은 파주 주월리유적에서도 확인할 수 있다.

서울 풍납토성의 경우는 가 지구와 나 지구가 100여m 이상 떨어져 있으며, 취락의 구성을 엿볼 수 있다. 가 지구는 6호, 1호, 2호, 7호, 9호, 10호주거지가 원형상으로 배치되어 있으며, 나 지구는 3호, 4호, 6호, 1호, 5호, 2호주거지가 반원형상으로 배치된다.(도면7) 원형상의 내부는 광장의 공간으로 추정할 수 있다. 하남 미사리유적은 하나의 단위취락이 남북 250여m, 폭 50m 이상의 범위에 배치되어 있으며, 주거시설과 생산시설, 저장시설로 구성되어 있다. 주거시설은 세대단위로 10여기 정도로 구성되며, 반경 25m의 범위 내에 원형상으로 배치되어 있다. 주거의 배치는 최상계층이 거주하는 6각형주거지 1기, 중간계층이 거주하는 6각형주거지 2기, 하위계층이 거주하는 장

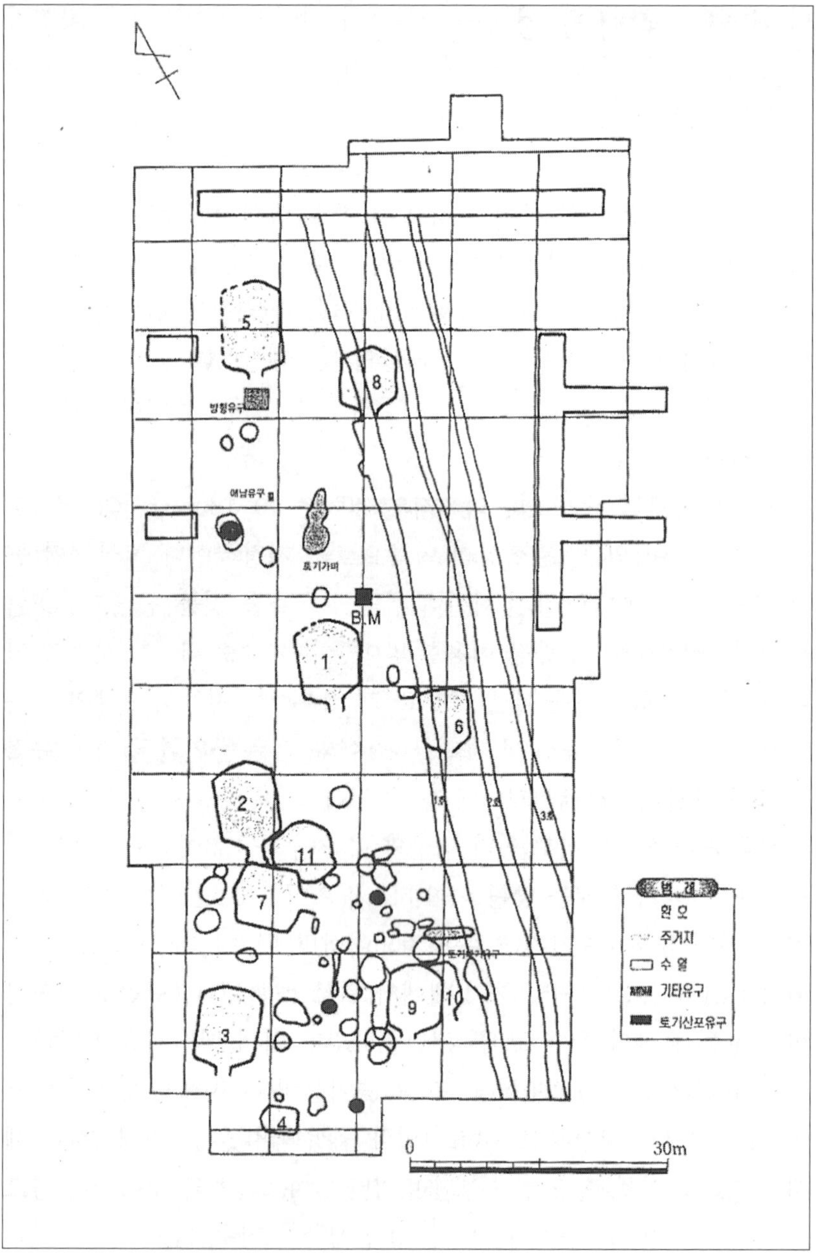

도면7. 서울 풍납토성 취락구조

방형주거지 7기 정도로 서로 다른 위계를 가진 주거지로 구성되어 있다. 6각형주거지는 일반 민중과는 구별되는 신분이나 지위가 높은 계층이 거주했던 주거지로 추정되고 있다.[50)]

경기 남부지역의 기흥 구갈리유적은 백제시대 유구의 분포상태가 조사지역의 외곽 쪽에 있는 주거지들이 중앙부의 구덩이들을 감싸듯이 동심원상으로 배치되어 있는데, 이는 백제시대 취락의 공간활용 방식에 중요한 자료를 제공할 것으로 판단된다. 화성 발안리 마을유적은 서울 풍납토성과 하남 미사리로 대변되는 백제의 중앙과 비교되는 지방유형의 한 마을의 양상을 보여주고 있다. 초기 백제시대 지방유형의 마을은 방사상의 구상유구로 구획하고 각각의 구획에 다양한 평면형태의 주거지와 고상주거, 수혈유구 등으로 마을을 구성하는 다양한 유구가 복합되어 있다.

2) 전라 일원

고창 석교리유적의 주거지 배치는 남북방향으로 열을 지으며, 점차 안쪽으로 들어가는 반원형을 이루고 있다.(도면8) 주거는 2열 원형으로 배치되며, 주공이 군집해 있는 柱孔群쪽으로 집중되고 있다. 주공군 주변은 반경 18m 정도가 공지여서 광장으로 추정되는 지역이다. 주공군의 큰 1개의 구멍을 중심으로 작은 4개의 구멍이 둘러싼 형태이며, 특수한 목적의 구조물을 세우기 위한 것으로 추정된다. 이 유적은 광장을 중심으로 등고선을 따라서 1열(2호, 7호~10호)과 2열(1호, 3호, 12호, 5호, 11호)의 원형상에 주거지가 배치된 계획된 취락구조를 보이고 있다.

장흥 지천리유적은 청동기시대 이래로 원삼국시대, 삼국시대에 이르

50) 최종택, 「미사리 백제 취락의 구조와 성격」, 『호서고고학』 6,7합집, 2002

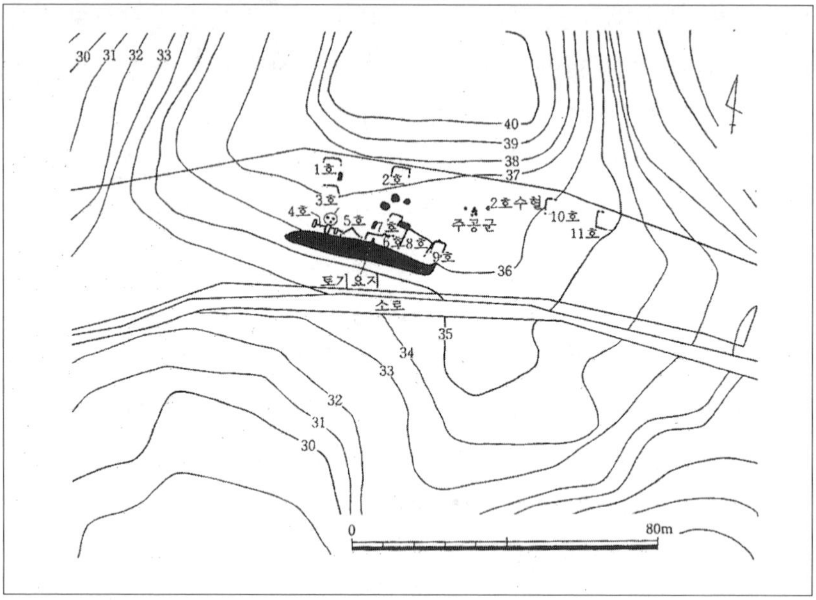

도면8. 고창 석교리 취락구조

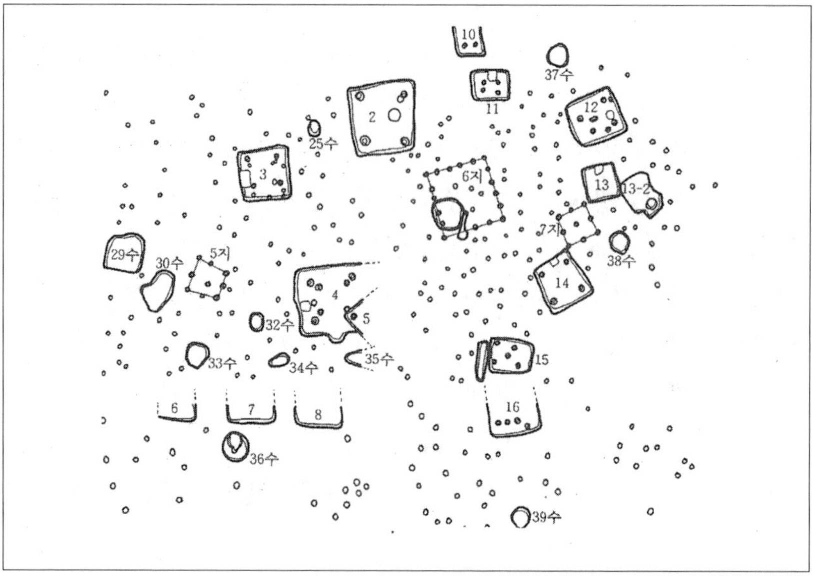

도면9. 장흥 지천리 취락구조

기까지 일정규모의 취락이 지속적으로 형성되었다. 주거지와 지상건물지를 합하여 50기에 이르는 취락은 3세기대에서 7세기대까지 계속되고 있다. 원삼국시대에 해당하는 3세기대는 환호 내에 취락이 형성되고 있으며, 탐진강과 연결하여 환호를 만들어 반원형상의 대지를 형성하였다. 4~5세기대에는 유적 중앙부 동쪽에 치우쳐 환호 외부에 취락이 형성되고 있다. 이곳에서도 중앙에 광장을 가지고 2~5호, 11~15호 주거지가 원형상으로 배치되는 취락구조를 보이고 있다.(도면9)

6. 맺음말

백제시대가 되면 법령을 가진 국가라는 큰 단위의 사회가 만들어지고 사회적 신분에 따라 계층이 분화되면서 주거의 모습도 변화하게 된다. 여기에 시대적 상황의 변화에 따라 새로운 양식이 추가되고, 이것들이 축적되어 백제의 새로운 주거문화를 형성하게 된다. 백제인들은 보다 좋은 주거환경을 위해 그 구조를 편리한 방향으로 개선하기 위해 끊임없는 노력을 지속하였다. 백제의 주거형태는 원형, 방형, 장방형, 凸자형, 呂자형, 5각형, 6각형, 대벽주거지, 고상가옥 등 실로 다양하게 나타난다. 이러한 주거지의 평면모습은 백제 한성기와 웅진, 사비기의 양상이 차이가 있으며, 전라도 지역은 마한의 영향을 강하게 받았음을 알 수 있다. 주거의 내부구조에 있어서도 서울, 경기일원과 전라일원에서는 화덕, 부뚜막, 온돌시설, 기둥구조, 공간분할 등의 양상이 다르게 나타난다.

한성 백제시대의 주거 형태는 한강유역 일대에서는 6각형 또는 呂자형집자리가 확인되고 있다. 이에 비하여 당 시기에 경기남부의 기흥 구갈리, 화성 당하리 유적 등에서는 주로 방형계 집자리가 확인되고 있다. 이것은 한성 백제시대에 있어서 경기 남부지역이 아직 백제에 귀속되지 못하고 모든 사회적, 문화적 규범이 마한 체재에 속해 있었음을 의미하며, 주거에서 출토되고 있는 유물에서도 동일한 양상을 엿볼 수 있다. 일반적으로 서울 · 경기 일원의 주거지 형태변화는 출토유물이나 유구의 중복관계 등에서 보면, 장방형에서 6각형이나 원형으로, 呂자형에서 凸자형으로, 출입구가 있는 것에서 없는 것으로 변화하는 양상을 보인다.

전라 일원은 3세기대에는 원삼국시대, 즉 마한에 해당이 되며 이 시기의 주거지 평면형태는 장방형 혹은 방형을 이루고 있다. 내부시설은 벽구시설과 배수구시설, 점토제의 노지, 4주식의 주공 등이 확인되고 있다. 이러한 주거 형태의 특징은 마한 거의 전 지역에 걸쳐 공통적인 양상을 보인다. 그러나 3세기 중반 이후 한강유역 일대에는 풍납토성, 몽촌토성, 하남 미사리 등과 같이 한성 백제시대가 이미 국가단계의 체재를 구축하고 있었을 것으로 보고 있다. 같은 시기의 주거의 모습도 한강유역과 차령산맥 이남의 주거 양상과는 다르게 나타나고 있다. 충청 북부 일원에서는 4세기대가 되면 주거의 형태나 내부구조에 있어서 변화가 있지만, 같은 시기에 금강 이남의 지역에서는 출토유물을 포함하여 마한 주거의 전통이 계속 이어지고 있다. 이것은 차령산맥을 경계로 마한과 초기 백제의 정치, 사회적인 변동이 있었음을 시사하고 있다.

본고는 고고학적인 입장에서만 다루어 문헌의 흐름을 충분히 인식하지 못한 감이 있다. 문헌의 입장에서 접근하여 백제초기의 정치, 사회적인 양상, 이와 관련한 주거와 지역적인 문제 등이 동시에 검토되어야 할 것이다.

Ⅷ. 정읍 동학농민혁명 유적지의 현황과 보존관리

정읍 동학농민혁명 유적지의 현황과 보존관리

1. 머리말

근래에 지역문화의 새로운 인식과 함께 유적지의 연구는 물론이고, 유적과 관련된 유구와 유물에 대한 관심이 고조되고 있다. 고고학적인 발굴조사를 통하여 중요한 유적으로 평가받은 유적지는 보존과 복원 대책이 잘 이루어지고, 유적공원으로 조성되어 관광자원이나 교육의 장으로 활용되고 있다.

그러나 발굴조사가 아닌 기존 역사시대의 유적은 상당수가 무관심 속에 방치되어 점차 원형을 잃어가거나 사라지고 있는 실정이다. 정읍지역에 소재하고 있는 동학농민혁명 유적지도 사정은 마찬가지이며, 유적지의 보존과 관리가 원만하게 이루어지지 않고 있다. 이 중에는 문화재로 지정되어 그나마 보존과 관리가 되고 있는 곳도 있으나, 상당수는 문화재로 지정되지 않아 보존과 관리의 어려움이 따르고 있다.

정읍은 동학농민혁명의 중심지이고, 동학농민혁명 유적지라는 지역의 특정 문화자산을 많이 가지고 있어, 타 지역에 비해 그 지위가 독점적이라 할 수 있다. 동학농민혁명 유적지의 문화적 자산은 역사적, 문화적 정체성 확보에 유리한 여건에 있으며, 지역민들의 자긍심 고취와 함께 지역경제 발전의 토대가 될 수 있다. 따라서 동학농민혁명 유적지의 효율적인 보존과 관리는 반드시 필요하다고 볼 수 있다.

본고에서는 현지조사를 통해 유적지의 현황을 파악하고, 보존과 관리, 개선방안 등을 살펴보고자 한다.

2. 동학농민혁명 유적지의 현황

1) 유적지의 현황

유적지의 현황을 파악하는 것은 유적의 현 상태에 대한 이해, 유적지의 훼손정도, 보존과 관리의 방향 등을 살펴보기 위함이다. 정읍지역에서 동학농민혁명과 관련된 유적지는 28개소 정도이며, 그 중에 문화재로 지정된 유적지는 7개소에 해당한다. 유적지의 보존은 동학농민혁명의 역사적 사건이 지역민들에게 어떻게 받아들여졌는가를 보여주는 척도이다. 그러나 동학농민혁명의 명성과는 달리 아직도 문화재의 지정을 받지 못한 채 방치되고 있는 곳이 많다. 이러한 유적지의 현황과 보존관리의 실태, 개선방안 등은 반드시 모색되어야 할 것이다.[1)]

정읍지역의 동학농민혁명 유적지는 이평면, 덕천면, 고부면 일대에 집중되어 있으며, 전투지, 제방, 장터, 관아터, 기념탑, 비석, 고택, 묘역 등 다양하게 존재한다.[2)] 정읍지역 동학농민혁명 유적지의 현황은 도면과 같다.(도면1)

1.백산성지, 2.만석보터, 3.만석보 혁파비, 4.말목장터, 5.전봉준 고택, 6.전봉준 묘역, 7.황토현 전적지, 8.동학농민혁명 기념관, 9.동학농민군 우물, 10.사시봉, 11.고부관아터, 12.군자정, 13.무명농민군위령탑, 14.사발통문작성지, 15.동학혁명 모의탑, 16.손화중 묘역, 17.손화중 생가터, 18.기해정읍농민 봉기지, 19.동학혁명 100주년기념탑, 20.전봉준 피체지, 21.김개남 피체지, 22.최경선 묘역, 23.최경선 생가터, 24.김개남 생가터, 25.김개남 묘역, 26.김개남 고택, 27.조규순 영세불망비, 28.태인 전투지

---

1) 전라북도, 『동학농민혁명 정신선양사업 기본계획』, 1999
원광대학교 도시 및 지역개발연구소, 『동학농민혁명 유적지 복원 정비계획』, 2004
정읍시 · 전주대학교 산학협력단, 『동학농민혁명의 문화자산 가치증진을 위한 협력적 네트워크 구축』, 2009

2) 동학농민혁명 기념사업회, 『황토재에서 우금재까지』, 동남풍, 1994
신순철 · 이진영, 『실록 동학농민혁명사』, 서경문화사, 1998

도면1. 동학농민혁명 유적지

2) 동학농민혁명 유적지

(1) 사발통문 작성지와 동학혁명 모의탑

① 현황

사발통문은 1893년 11월 송두호의 집에 모여서 전봉준 등 20여명이 동학농민혁명을 계획하고 결의하고 서명자의 이름을 적어 각 마을의 집강에 보낸 곳이다. 사발통문 작성지는 현재 사유지로 되어 있으며, 지금의 기와건물은 본래 사발통문을 작성했던 집을 헐어내고 새롭게 지은 건물이어서 당시의 모습을 복원하기 어렵다. 이 가옥 뒤뜰의 텃밭이 사발통문 작성 당시에 주택이 있었던 곳이라는 의견도 있다. 입구 대문 옆에는 동학농민혁명 모의장소(사발통문 작성의집)라는 간판이 있다.(사진1) 그러나 이 집에 들어가는 골목 어귀에 안내판이 없어 일반 관람객은 찾기 어렵고, 주변에 주차시설이 없어서 대형버스는 물론 소형차의 접근도 불편하다.

동학혁명 모의탑은 신중리 주산마을 입구 언덕의 공터에 있으며,

사진1. 사발통문 작성의집

당시 사발통문을 작성했던 가옥이 바라다 보이는 곳에 위치한다. 동학혁명 모의탑은 동학농민혁명의 시발점을 기념하기 위하여 후손들이 1969년에 건립하였다.(사진2) 현재는 동학혁명 모의탑 앞에 버스가 회차하고 정차할 수 있는 공간이 확보되어 있다.

사진2. 동학혁명 모의탑 사발통문

② 보존관리 방안

사발통문 작성지의 가옥 뒤뜰 텃밭에 본래 집이 있었고, 그곳에서 사발통문을 작성했다는 의견이 있으므로, 확인차원에서라도 시굴조사가 필요하다. 시굴조사 후에 주거와 관련된 시설들이 확인되면 보존조치가 필요하다. 사발통문 작성지에 들어가는 골목 어귀에 안내판과 승용차의 주차 공간이 필요하며, 동학혁명 모의탑과 연계하여 관람객들과 주민을 위한 기본시설 및 편의시설의 설치를 검토하여야 한다.

동학혁명 모의탑은 현재의 위치가 역사성은 없지만 사발통문을 작성한 상징성을 감안한다면 공간을 확보하여 보존관리 하여야 한다. 동학혁명 모의탑의 위치가 사발통문을 작성했던 가옥과 근접해 있기 때문에 연결해서 관리하는 방안이 필요하다. 모의탑 앞에 공간의 여유가 있으므로, 관람객들과 주민을 위한 기본시설 및 편익시설 설치를 검토할 수 있다. 또한 주산마을에는 무명동학농민군 위령탑이 있으므로, 동학혁명 모의탑, 사발통문 작성지와 더불어 도보로 3개소를 탐방하는 코스, 차량 이동공간 등의 정비계획이 이루어져야 한다.

(2) **말목장터**

① 현황

사진3. 말목장터

말목장터는 1894년 1월 10일 동학농민혁명군이 예동마을에 집결하여 고부 관아로 진격하기 위해 1000여명이 합세한 곳으로, 1차 봉기 직전까지 동학농민혁명군의 진지가 되었다.(사진3) 주변지역은 면사무소, 복지회관, 음식점 등이 밀집해 있고, 면소재지의 사거리에 해당하는 지점이어서 당시에는 번화한 지역이었음을 짐작할 수 있다. 동학농민혁명 당시 현 위치에 있었던 감나무는 고사되어 동학농민혁명기념관으로 이전되어 전시중이며, 지금은 다른 감나무가 심어져 있다. 말목장터에 설치된 전봉준의 연설안내도는 건물 벽쪽에 설치되어 있으나 주변 분위기와 어울리지 않는다. 또한 장터는 면소재지의 중심에 있기 때문에 주차장의 확보가 용이하지 않다.

② 보존관리 방안

말목장터의 공간에 전봉준의 연설과 군중들의 모습을 동상으로 제작하여 당시의 분위기를 연출하면 좋을 듯하다. 감나무터 주변은 주택, 상가 등의 사유지이기 때문에, 기본시설, 녹지공간 확보를 위해

매입이 이루어져야 한다. 그리고 당시의 말목장터 분위기를 느낄 수 있는 시설 혹은 건물들을 복원할 수 있도록 한다. 장터에서 5일장을 추진하며, 시골장의 전국화를 위한 이벤트 및 홍보 방안을 마련한다. 장터 주변의 전신주, 전선 등의 정비와 주차장을 비롯한 기본시설의 설치가 필요하다.

사진4. 고부 관아터 고지도 1872년

(3) 고부 관아터

① 현황

고부 관아터는 고부읍성이 자리하고 있는 북측 뒷산과 서측 고부향교와 연계되는 자연스러운 자연경관을 형성하고 있다. 고부관아는 조병갑이 고부군수로 재임하던 시기에 동학농민혁명군에 의해 점거당한 역사의 현장이나 향교를 제외하고는 철저히 파괴되어 버렸다. 그러나 고부관아의 건물배치 유형은 고부군 읍지를 비롯한 각종 고지도를 통하여 대략의 위치와 규모, 형태를 짐작할 수 있다.(사진4) 관아터 내에는 대성전(문화재자료 74호)을 포함한 고부향교가 남아있다. 현재 관아터에는 동학농민혁명의 정체성을 기리고, 역사적, 교육적 가치가 높은 지역이나 이와 관련된 어떤 기념물도 조성되어 있지 않다.

사진5. 고부 객사의 모습

사진6. 고부 관아터

고부관아는 18세기 이후 고부 구읍성 안에서 고부향교 동측으로 이전되었으며, 객사, 내아, 동헌, 무고, 장청, 책실 등이 배치되어 있었음이 확인되었다.[3)] 일제시기 초기에 남아있었던 관아 건물로는 동헌 · 객사 · 순교청 · 노령청 · 향청 · 민고청 · 이방청 · 옥 등이 있었으며, 일부는 해방이후에도 남아 있었다.(사진5) 현재의 고부 관아터에는 고부초등학교가 건축되어 현재에 이르고 있다.(사진6)

사진7. 교정내 수목 주변의 초석, 기단석

사진8. 교정내 기와, 자기 등의 유물편

관아터에는 교실과 강당 등의 학교시설이 자리하여 옛 모습은 찾을 수가 없고, 당시의 지형도 절토 혹은 성토되어 원래의 지형 확인이 어렵다. 고부초등학교 정문 옆의 수목 주변에 당시 건물의 초석, 기단석 등이 남아 있으며, 교정 담장부위에 많은 기와편, 자기편 등이 산재해 있다.(사진7, 8)

---

3) 정읍시, 『고부 관아 복원계획』, 2006

고부관아의 주요 건물들을 구성하던 석재가 상당부분 일제 강점기에 외부로 유출되어 타지역의 건축물 석재로 쓰이고 있는 것으로 추정되고 있다.(사진9) 지표조사를 실시한 결과, 현재 고부초등학교 이외의 일부 사유지에도 고부관아와 관련된 유구의 석재와 유물이 확인되고 있다.(사진10)

사진9. 주변건물 담장에 사용된 석재

사진10. 주변 사유지의 확인유물

관아터의 서측에 자리하고 있는 고부향교는 고부관아 복원의 영역에 포함시켜야 하며, 향교 건물의 배치와 규모를 통하여 당시 관아의 배치와 규모를 추정할 수 있다.(사진11) 고부초등학교 주변 건축물들은 대부분 낮은 단층구조이며, 학교 진입부 남측에 게이트볼장, 창고, 고부우체국 등이 산재해 있다. 현재 고부초등학교 이외에도 일부 사유지가 옛 고부 관아터로 추정됨에 따라 보존과 정비시에는 매입을 통한 복원이 이루어져야 한다.

사진11. 고부향교

② 보존관리 방안

고부 관아터는 당시의 건물배치 등을 보여주는 문헌 및 고증 자료가 남아있어 발굴 및 보존, 복원에 유리한 여건을 가지고 있다. 고부관아의 복원은 동학농민혁명과 관련된 역사적인 장소이기 때문에 사업의 차별화를 기할 수 있고, 고부향교, 고부 구읍성 등이 근접해 있어 보다 광범위한 역사, 문화, 체험공간으로 조성되는데 무리가 없다고 판단된다.

지금 정읍시에서는 고부관아의 복원에 많은 관심을 갖고 추진 계획을 밝히고 있다.[4] 이를 위해서는 많은 예산의 확보가 필요하므로 문화재청과 협의하여 장기적인 계획을 갖고 진행하여야 한다. 예산확보의 어려움 때문에 장기간의 시일이 소요될 수 있으므로, 고부관아의 물리적인 범위에 있는 가옥이나 전답 등을 포함하여 문화재보호구역으로 폭 넓게 지정할 필요가 있다. 관아터가 더 이상 훼손이 진행되지 않도록 예산을 세워 연차적인 매입이 이루어져야 한다.

고부관아의 보존과 복원은 기존의 관련 자료를 바탕으로 시설배치 및 규모 등을 추정할 수 있다. 관아터의 시굴 및 발굴조사를 통하여 건물위치와 규모를 구체적으로 확인하고, 이를 기초로 종합적인 보존과 복원이 이루어져야 한다. 또한 고부초등학교 및 그 부대시설을 철거해야 하며, 관아터를 복원함에 있어서는 기존의 초등학교 부지에 맞춰진 지형을 원래의 모습대로 회복시켜야 한다. 그리하여 문화환경의 훼손을 최소화하고 당시의 모습을 최대한 충실히 복원할 수 있도록 해야 한다.

고부초등학교 진입부 왼쪽의 게이트볼장은 이전에 면사무소가 있던 자리이며, 복원시 정비를 통해 관아가 있던 당시의 모습을 재현해 볼 필요성이 있다. 현재 고부 관아터로 들어가는 진입로는 매우 좁아 대형버스 등의 진입이 불편함으로 진입로의 확장이 필요하다. 아울러 고부관아의 복원방향에 따라, 고부읍성 및 고부향교, 군자정까지

4) 정읍시, 『고부 관아 복원계획』, 2006

연계되는 기존의 도로체계를 정비할 필요가 있다.

고부 관아터의 보존과 복원으로 인하여 주변 지역의 역사문화 환경과 연계를 강화하여 역사문화도시로서의 이미지를 부각시켜야 한다. 이를 위해서는 고부 관아터와 연계된 다양한 역사, 문화체험 프로그램이 운영되어야 한다. 또한 주변의 문화재와 연계하여, 역사, 문화유적을 연결하는 관광루트를 수립하며, 지역축제와의 연계방안을 마련해야 한다. 그리하여 기존의 전봉준 고택, 만석보터, 말목장터, 황토현 전적지 등과 더불어 정읍 동학농민혁명 유적지 권역의 완성도를 높일 수 있는 계기를 만들어야 한다.

(4) 만석보 유지비

① 현황

만석보는 정읍천과 태인천이 합류되는 동진강 상류지점에 위치하고 있다. 고부군수 조병갑은 구보가 있었음에도 불구하고 강제로 신보를 만들어 수세를 징수하고, 온갖 착취를 감행하여 농민들의 분노를 샀다. 1894년 1월, 격분한 농민군에 의해 고부관아가 습격되고 만석보가 파괴되었으며, 이 고부봉기가 동학농민혁명의 도화선이 되었다.

사진12. 만석보 신보 유지비

현재는 구보가 있었던 곳의 유지비와 400여m 하류 쪽으로 신보의 유지비가 동진강 제방에 세워져 있다.(사진12) 근래에 신보의 말뚝이 발견되어 신보의 정확한 위치가 확인되었기 때문이다. 만석보 유지비의 입구 제방 아래에는 새로이 주차장이 마련되어 있어 대형버스도 주차할 수 있게 배려하였으며,

구보의 유지비 주변은 파고라, 벤치 등이 설치되어 있다. 구보의 만석보 유지비의 조경시설은 관람객의 휴식공간으로 활용되며, 동학농민혁명 관련 탐방로로도 활용되고 있다. 구보에서 신보의 유지비로 가는 제방도로는 폭이 좁아 차량진입이 용이하지 않고, 진입했을 경우, 회차공간이 없는 형편이다.

② 보존관리 방안

조병갑과 관련된 만석보 신보의 말뚝이 발견되어 신보의 위치가 확인되었으므로, 그 지점과 주변지역에 대한 발굴조사가 선행되어야 한다. 발굴조사 결과에 따라 신보가 있는 지점을 복원하여야 한다. 신보를 중심으로 한 지역에 관람객을 위한 공간을 확보하여 기본시설 및 휴게시설을 설치하여야 하며, 현 제방도로를 신보가 있는 부분까지 확장하여 접근성이 뛰어나도록 해야 한다. 또한 이 지역은 이미 도 기념물 33호의 문화재로 지정되어 있기 때문에 위치의 정정이나 보호구역의 범위가 새롭게 설정되어야 한다.

(5) 만석보 혁파선정비

① 현황

사진13. 만석보 혁파선정비

만석보 혁파선정비는 1898년 고부군수 안길수가 동학농민혁명군이 만석보를 혁파한 것을 기념하기 위해 세운 비이다. 이 혁파선정비는 만석보 터에서 이평면 소재지의 말목장터로 가는 도중의 예동마을에 위치하고 있다.(사진13) 예동마을은 만석보 축조 당시 가장 많은 부역과 착취를 당한 마을중의 하나로 역사적 의미를 부여할 수 있다. 이 만석보 혁파선정비는 예동마을 입구의 주차장에 있으며, 광장에는 정자가 세워져 있다. 조성된 주차장은 관람객들의 주차공간과 마을주민들의 다목적 광장으로 활용되고 있다. 그러나 만석보 혁파선정비가 있는 예동마을이 역사적인 의미와 시설이 있음에도 불구하고 동학농민혁명과 관련된 안내판 및 시설물이 없다.

② 보존관리 방안

이미 조성된 만석보 혁파선정비, 만석보터와 말목장터 연계 탐방코스 등을 감안하여 시설배치가 이루어져야 한다. 주차장에는 역사적인 의미를 부여할 수 있는 상징조형물 건립이 필요하며, 주차장 남쪽의 마을회관을 이용하여 유적안내소와 편의시설이 마련되면 좋을 듯하다. 또한 말목장터나 만석보터에서부터 예동마을까지의 유도싸인이나 마을 입구의 안내판 설치가 필요하다.

(6) 사시봉

① 현황

사시봉은 1894년 4월 7일 동학농민혁명군이 정부군과 전투를 벌인 장소이며, 동학농민혁명 기념관의 뒷산에 해당한다.(사진14) 관군은 황토재에, 동학농민혁명군은 사시봉에 진을 치고 전투를 벌인 곳이다. 이곳에는 전투 당시 농민군의 주둔지가 있었고, 유골이 발견되었다는 증언이 전해진다. 현재의 사시봉은 사유지로 축

사진14. 사시봉

사, 방목장, 과수원 등으로 둘러싸여 있고, 일반인의 접근은 용이하지 않다. 사시봉의 정상부는 평탄하며, 정상부에서 바라보는 경관 및 조망은 매우 양호하여 주변의 동학농민혁명 유적지의 조망권을 확보할 수 있다.

② 보존관리 방안

사시봉은 동학농민혁명군의 주둔지가 있었던 것으로 전해지고 있고, 유골이 발견되었다는 증언도 있어, 이 일대에 대한 지표조사가 필요하다. 아울러 동학농민혁명 유적지의 조망권을 확보하기 위한 전망대 및 산책로 조성 등의 정비방안이 검토되어야 한다. 사시봉 아래에 위치하고 황토재가 있었던 황토현 전적지(사적 295호)와의 연계방안도 모색하여야 한다.

(7) 동학농민혁명군 우물

① 현황

사진15. 동학농민혁명군이 사용한 우물

동학농민혁명군 우물은 황토현 전투에 참여한 농민군이 마셨다고 전해진다. 이 우물은 사시봉과 인접한 가정마을의 회관 옆에 있으며, 지금도 마을의 공동 우물로 사용하고 있다.(사진15) 우물은 근래에 복원 정비하여 동학농민혁명군이 사용했던 당시의 우물 분위기는 찾아보기 어려운 실정이다. 우물의 경계석 북면에 甲子二月日의 글씨가 새겨져 있어, 동학농민혁명 이전의 1864년부터 사용된 것으로 보인다.

② 보존관리 방안

가정마을 입구의 마을회관 옆에 있는 우물은 근래에 정비가 이루어졌다. 글씨가 새겨진 우물의 북측 경계석은 시멘트에 의한 정비로 인하여 일부 묻혀있는 상태여서 원래의 모습으로 복원이 필요하다. 지금도 마을에서 이 우물을 사용하고 있으며, 관람객들도 음용할 수 있도록 정비하여야 한다. 사시봉의 진입 및 산책로가 가정마을로 이어진다면, 우물과 연계한 정비방안도 고려해야 한다. 이 우물은 자료와 증언을 제시하여 문화재로 지정하는 방안을 검토해야 하며, 지정을 위해서는 주변의 정비가 본래의 모습대로 이루어져야 한다.

(8) 태인 전투지

① 현황

태인의 성황산은 1894년 11월 27일 관군과 일본군에 저항한 마지막 전투지로 알려지고 있다. 현재는 정상에 정자가 세워져 있고, 이곳에서 태인읍내를 조망할 수 있다.(사진16) 성황산에서 주변의 한가산에 이르기까지 전투지역이 상당히 넓어서 당시 상황에 대한 구체적인 문헌자료나 증거확보가 어렵다. 성황산의 바로 아래에는 태인향교, 태인동헌, 피향정이 인접하여 자리하고 있으며, 피향정 경내에는 다른 비석군과 혼용되어 조병갑의 부친인 조규순 영세불망비가 세워져 있다.

사진16. 태인 전투지 성황산

② 보존관리 방안

성황산에서 주변의 한가산, 도이산에 이르기까지 전투지역이 넓지만, 성황산을 중심으로 한 지역에 지표조사가 필요하다. 정확한 전투 장소는 확인되지 않고 있으나 성황산 정상부로 이어지는 확보된 공간에 관람객의 편의를 위해 기본시설 및 편익시설의 설치를 검토할 필요가 있다. 인접한 태인향교, 태인동헌, 피향정, 조규순 영세불망비, 연꽃지와 더불어 관광연계방안을 모색하여야 한다. 조규순 영세불망비는 다른 비석군과 혼용되어 있으나 따로 분리하여 관리하는 방안도 필요하다.

3) 묘역, 고택

(1) 전봉준 고택

① 현황

사진17. 전봉준 고택과 우물

전봉준은 동학의 접주로 동학농민혁명을 이끌었으며, 고부에서 시작하여 전남 일원과 전주성을 점령하고 집강소를 설치하였다.

1894년 9월의 재봉기 때에는 삼례에서 진격을 시작하여 공주 우금치에서 격전을 벌였으나 일본군에 패하였다.

전봉준 고택은 동학농민혁명이 일어나기 전에 이사와 수년간 훈장생활을 하며 거주하던 곳으로, 초가와 부속초가 2채로 되어 있다.(사진17) 사적으로 지정된 이후, 인접대지를 매입하여 공간이 확대됨에 따라 고택이 너무 구석으로 치우쳐 있다. 고택 옆의 매입공간은 잔디를 식재하여 보존하고 있다. 고택 측면에 있는 입구 담장은 흙벽돌로 쌓았으나, 확장부지 남측면은 철책으로 설치하였다. 고택의 남측 진입로 변의 우물은 방형의 대리석으로 만들어 놓았으나 본래의 모습은 이미 훼손된 듯하다. 또한 고택 입구의 도로변 주차장에서 고택까지의 진입로는 현재 콘크리이트로 포장되어 있으며, 마을의 주민들과 같이 이용하고 있다.

② 보존관리 방안

전봉준 고택은 확장부지로 인하여 고택이 구석에 치우쳐 보인다. 고택의 부지를 명확히 하고 담장을 설치하여 확장부지와 구별하여야 한다. 확장부지의 남측면에 설치한 철책은 잔디 식재를 보이게 하기 위한 미관상의 배려인 것 같으나, 여기에는 한국적인 정원으로 꾸미는 것이 더 어울릴 듯하다. 전봉준 고택은 진입로가 협소하여 마을 앞에 주차장을 설치하였다. 진입로는 마을의 진입로와 공동으로 사용하게 되어 있어 용이하지는 않겠지만, 시골길의 모습을 연상할 수 있도록 배려가 필요하다. 또한 진입로 양 옆의 환경정비가 이루어져야 하며, 주차장에서 고택까지의 보행로와 마을진입차도를 구분하는 방안도 필요하다.

고택 입구의 도로변 주차장은 화장실과 음수대, 정자 등을 갖추고 있으나 녹지공간이 부족한 양상이다. 편익시설 설치와 휴식공간을 겸할 수 있도록 정비가 요망된다. 또한 전봉준을 지칭하는 명칭에 있어서 안내판, 이정표, 책자 등지에 전봉준 장군 고택, 전봉준 선생 고택, 전봉준 고택 등 다양하게 표기되고 있는데 명칭의 통일이 필요하다.

(2) 김개남 묘역, 고택터, 생가터, 피체지

① 현황

사진18. 김개남 묘역

사진19. 김개남 생가터

김개남은 1890년 동학에 입교하여 태인 접주로 활동하였다. 1894년 4월 동학농민혁명 시기에는 백산에서 농민군 총사령관으로 추대되어 황토현, 황룡촌 전투를 이끌었다. 9월의 재봉기 때에는 전봉준과 합류하지 않고 독자적으로 청주성을 공격하기도 하였으나, 일본군의 화력에 밀려 퇴각하였다.

김개남의 묘역과 고택터는 군도 17호선을 사이에 두고 인접해 있으며, 묘역은 지금실 저수지 아래 도로변에 위치하고 있다.(사진18) 묘역 앞에 약간의 주차공간이 있기는 하지만 도로변이어서 더 이상의 주차공간 확보가 어렵다. 김개남 고택터는 마을 안에 있었으나 현재 밭으로 이용되고 있다. 김개남 묘역 앞의 군도에서 김개남 고택터로 연결되는 진입로는 협소하고, 안내판도 없어 마을사람에게 물어보지 않으면 찾기가 어렵다.

김개남 생가터는 송월주 스님의 생가가 있는 마을이며, 마을 사람들도 김개남 생가터에 대한 정보가 미약하다. 생가터의 안내 표지판이 없어 일반 관람객이 찾기가 어렵고, 주차장도 준비되어 있지 않다. 김개남 생가터는 마을의 안쪽에 위치하며, 현재는 지붕이 개량되어 있다.(사진19) 관람객들을 위한 기본시설 및 편의시설의 설치가 필요할 것으로 보인다.

김개남 피체지는 옥정호변의 임병찬 창의유적지로 가는 길목의 중간지점에 위치하며, 안내판이 설치되어 있지 않아 찾기가 어렵다. 현재는 이곳에 물레방아 등을 갖춘 규모가 큰 음식점이 들어서 있어 주변 관리에 어려움이 있다.

② 보존관리 방안

김개남 묘역의 주변에 주차공간이 더욱 확대되어야 한다. 묘역과 고택간의 거리가 멀지 않아 도보로 두 시설을 둘러볼 수 있으며, 두 시설간의 연계 탐방로 정비가 필요하다. 마을 입구에 관람객과 마을 주민을 위한 기본시설 및 편의시설의 설치를 검토하여야 한다.

김개남 생가터에는 안내판을 설치하여 생가터 및 김개남의 일생에 대해서 안내를 하도록 한다. 마을 입구에 전시관 같은 용도로 활용할 수 있는 건물과 공간이 확보되어 있으므로, 김개남과 송월주 스님과 관련된 자료가 배치되면 좋을 듯하다. 관람객과 마을주민의 다목적 이용을 위한 기본시설이 필요하며, 진입로의 확장과 주차시설 공간을 포함한 관리방안이 제시되어야 한다.

김개남 피체지는 지금은 음식점이 들어서 보존과 관리가 어려운 상태이며, 피체지 입구에 표석 및 안내판을 설치할 필요가 있다. 보존되고 있는 순창 피노리의 전봉준 피체지와는 대조적이다.

(3) 손화중 묘역, 생가터

① 현황

손화중은 정읍 과교동에서 출생하였으며, 후에 동학에 입교하여 무장에 포교소를 설치하여 세력을 확장하였다. 1894년 동학농민혁명 시기에는 김개남과 함께 총사령관으로 추대되어 황토현, 황룡촌 전투

사진20. 손화중 묘역

사진21. 손화중 생가터

를 이끌었다. 9월의 재봉기 때에는 일본군의 남해안 상륙을 대비하여 나주와 광주를 지켰다.

손화중 묘역은 상평동 음성리 음성마을을 지나 산 중허리 초입에 위치하며, 손화중 생가터가 멀리 바라다 보이는 곳이다.(사진20) 묘역 앞에 주차공간이 없어 마을입구에 주차를 하고 도보로 접근하여야 하며, 진입로가 협소해 차량 접근이 수월하지 않고, 회차공간이 좁아 불편하다. 손화중 생가터는 과교동의 국도 1호변에 위치하고 있으며, 현재는 당시의 건물을 허물고 새로운 건물이 들어서 있다.(사진21) 안내 표지판이 없어 찾기가 어렵고, 주차장도 준비되어 있지 않아 사고의 위험성이 있다.

② 보존관리 방안

묘역에서 전방에 호남고속도로, 내장산 등이 조망되고 있어 벤치 파고라 등의 휴식공간 조성이 요구된다. 관람객을 위한 진입도로 정비와 주차공간을 확보하도록 한다. 손화중 생가터는 복원을 위한 부지 매입과 복원방향을 제시하도록 한다. 안내판을 설치하여 관람객에게 생가터 및 손화중의 일생에 대해서 안내를 하도록 한다. 기본시설의 설치, 주차장, 진입로 확보는 현재의 농협창고 부근이 선정되면 좋을 듯하다.

(4) 최경선 묘역, 생가터

① 현황

최경선은 전봉준과 함께 사발통문 작성부터 참여하여 백산봉기 때에는 영솔장으로 추대되었다. 이후 황토현과 황룡촌 전투에서 승리하고 전주성을 점령하는데 중심적인 역할을 하였다. 9월의 재봉기 때에는 손화중과 함께 광주를 지켰다.

사진22. 최경선 묘역

사진23. 최경선 생가터

최경선 묘역은 칠보면 축현리 축현마을에 있으며,(사진22) 마을 입구에 설치된 안내판이 낡아 승용차로 이동할 경우에는 그냥 지나칠 수 있다. 축현마을 입구에서부터 묘역까지 진입하는 도로는 기존 농로를 활용하고 있으며, 회차공간이 좁아 불편하다. 최경선 생가터는 북면 마장리 마을의 안쪽에 위치하며,(사진23) 생가터에는 다른 가옥이 신축되어 있다. 마을 입구에 안내 표지판이 없어 찾기가 어렵고, 주차장도 준비되어 있지 않다.

② 보존관리 방안

최경선 묘역은 축현마을 입구에 설치된 안내판의 교체와 더불어, 묘역 입구 근처에 유도사인이나 안내판이 필요하다. 마을에서 최경선 묘역까지 관람객을 위한 진입도로 정비와 주차공간을 확보하도록 하며, 묘역 주변에 휴식공간의 조성이 요구된다. 최경선 생가터는 복원을 위한 부지매입과 복원방향을 제시하여야 한다. 안내판을 설치하여 생가터 및 최경선의 일생에 대해서 안내를 하도록 한다. 기본시설의 설치와 아울러 마을 입구의 진입로를 정비할 필요가 있다.

3. 유적지의 보존관리와 개선방안

1) 유적지 관리의 정책적 측면

상기에 기술하였듯이 정읍지역 동학농민혁명 유적지는 보존과 관리, 정비, 복원문제에 있어서 개선이 필요하다.[5] 유적지의 보존관리는 정부와 지방관청, 유적지의 소유자, 지역민들의 지속적인 관심에서 비롯되지만, 동학농민혁명 유적지를 포함한 역사시대 상당수의 유적지는 그렇지 못하다. 동학농민혁명 유적지는 소유자, 관리자 등이 적극적으로 관리해야 되지만, 훼손이 지속되거나 방치된 경우가 많다. 또한 전문성이나 예산과 인력의 부족으로 인하여 허술하게 관리되고 있는 경우도 있다. 문화재로 지정되어 있는 황토현 전적지, 만석보 유지비, 말목장터, 전봉준 고택 등은 보존과 관리면에서 그나마 양호한 편이다. 비지정 문화재이면서 보존해야 될 필요가 있는 동학농민혁명 유적지는 관리주체를 선정하여 관리하고, 더 이상 훼손이 진행되지 않도록 해야 한다. 이러한 관리상의 문제는 전문가 자문위원제도, 명예관리인제도, 연고지별 문화재의 자매결연 등을 통하여 효율적으로 보존관리 하는 방안이 검토되어야 한다.

---

5) 정읍시 · 전주대학교 산학협력단, 『동학농민혁명의 문화자산 가치증진을 위한 협력적 네트워크 구축』, 2009

6) 정문교, 『문화재행정과 정책』, 지식산업사, 2000

우리나라 유적지의 보존정비, 관리대상은 주로 지정문화재에 한정되어 있었으나, 이제는 점차로 비지정문화재를 포함한 문화재 전체로 확대해 나가고 있는 추세이다. 각 지방관청에서도 문화재청의 이러한 문화재 정책에 동조하여 비지정 문화재에 대한 보존관리 대책이 수립되어야 한다.[6] 정읍지역 동학농민혁명 유적지의 경우, 지정문화재는 7개소에 지나지 않으며, 보존과 활용이 필요한 중요 유적지를 선별하여 문화재로 새롭게 지정할 필요가 있다. 치열한 전투지였던 사시봉과 동학농민혁명군의 우물, 마지막 전투지인 태인의 성황산 등은 문화재 지정을 위한 관리가 필요할 것으로 판단된다. 유적지가 문화재로 지정되지 않은 경우는 관심도가 낮고, 문화재로서의 인식이 결여되어 있어 훼손이 가중되기 때문이다.

정읍지역은 동학농민혁명의 중심지이기 때문에 유적지는 이 지역의 정체성을 내세울 수 있는 문화자산이다. 따라서 동학농민혁명 유적지를 문화재 보호구역으로 정하여 보존하는 방안도 생각해 볼 수 있다. 한 예로 고부 관아의 경우, 물리적인 범위에 있는 주변지역을 문화재 보호구역으로 폭 넓게 지정하여 보존관리 하는 방안이다. 지금은 유적지의 보존관리가 정부 중심에서 지방관청으로, 혹은 민간협력으로 이관이 가능하기 때문에 지방관청의 실정에 맞는 문화재보호 관련 조례재정과 법령을 통하여 유적지의 보존관리를 강화할 수 있을 것으로 판단된다.[7] 이전에는 유적지의 보존이 규제 위주의 강제보존이 주류를 이루었으나 이제는 자발적인 보존으로 유도되고 있으므로 지방관청에서 효율적인 관리가 이루어질 수 있다. 아울러 동학농민혁명 유적지가 여기저기 분산되어 소극적으로 보존관리 되고 있으므로, 이제는 별도의 전담기구를 설치하여 자료를 수집하고, 분석, 연구를 통해 유적지의 특성에 맞는 보존관리가 이루어져야 한다.

---

7) 호남문화재연구원, 『호남의 문화유산 그 보존과 활용』, 학연문화사, 1999
문화재청, 『문화재 보존관리 및 활용에 관한 기본계획』, 2002

2) 유적지의 학술적 측면

동학농민혁명과 관련된 연구는 대부분 학술적인 부분에 치중되어 왔으며, 동학농민혁명 유적지와 관련해서 유적지의 현황과 보존관리, 정비 및 활용방안 등을 검토한 연구는 많지 않다. 앞으로 동학과 관련된 문헌은 새롭게 찾아지는 경우가 드물고, 연구의 성과도 진척이 더딜 것으로 판단된다. 이제는 동학 관련 유적지에 대한 체계적인 조사와 연구가 필요한 시점이며, 이를 후손들에게 물려주기 위해서는 보존과 관리가 이루어져야 할 때이다.

현재 동학농민혁명 유적지에 대한 문헌적인 측면에서의 연구는 많이 진행되었지만, 유적지의 기초조사나 보존관리 차원에서의 고고학적 조사는 이루어지 않았다. 동학농민혁명 유적지의 성격을 규명하고 체계적인 관리를 위해서는 유적지 자체에 대한 지표조사나 발굴조사가 선행되어야 한다. 유적지의 특성이나 역사성이 정확하게 파악되어야 그에 대한 효율적인 보존관리가 이루어질 수 있다. 고고학적 조사는 학술발굴과 구제발굴이 있으며, 학술조사는 순수한 학술목적과 정비목적의 발굴조사가 있다. 동학농민혁명 유적지의 경우는 주변에 도로나 택지, 공단 등이 건립되지 않는 한, 순수한 학술이나 정비목적의 발굴조사가 필요하다. 특히 그중에서도 황토현 전투지를 포함한 사시봉 일대, 만석보터, 고부 관아터, 사발통문 작성지, 태인 성황산 등의 경우는 학술조사에 의해 유구의 규모와 성격 등이 밝혀져야 한다. 또한 학술조사의 측면에서 동학농민혁명 유적지 전체에 대한 지표조사가 선행되어야 하며, 유구나 유물의 중요성이 확인된다면 발굴조사를 실시하여야 한다. 지표조사에서 유물이 산포되었다 하더라도 그 지역에 대한 개발이 이루어지지 않으면 발굴조사의 기회

---

8) 문화재청, 『문화재 보존관리 중장기 계획』, 2000

가 주어지지 않기 때문에, 소규모 개발이나 경작 등에 의해서 훼손되지 않도록 관리가 필요하다. 유물산포지나 비지정 유적지는 민간에 의한 보존관리의 어려움이 따르므로 지방관청의 관련 부서에서 관리하는 방안이 효과적이다.

3) 유적지의 보존관리 측면

동학농민혁명 유적지는 황토현을 중심으로 한 덕천면, 이평면, 고부면 일대에 집중하고 있으며, 동학농민혁명 기념관을 중심으로 관리가 이루어지고 있다. 이 중심지역에서 벗어난 유적지는 보존관리의 측면에서 소외된 감이 있는데, 주변 지역과 연계된 보존관리 계획이 수립되어야 한다. 비록 유적지가 중요도 면에서 떨어진다 하더라도 당시의 역사를 연구할 수 있는 산 자료들이라는 점에서 체계적인 현황조사와 보존계획이 필요하다. 또한 동학농민혁명 유적지의 보존관리 대상은 주로 지정문화재에 한정되어 있으며, 비지정 문화재에 대해서도 대책이 수립되어야 한다.[8)]

유적지는 현상을 그대로 유지하고 보존하여야 한다. 유적지의 현상을 그대로 보존하는 것은 유적의 입지와 경관, 현장성을 유지한다는 의미에서 중요하다. 그러나 현재의 동학농민혁명 유적지의 경우는 주변의 경관이 훼손된 경우가 많으며, 유적지 본래의 시간적, 공간적 범위를 벗어나 옛 모습을 간직하지 못한 경우가 많다. 유적지를 본래의 모습으로 복원한다는 명분을 가지고 정비하면서 그나마 남아있는 본래의 모습을 훼손해 버리는 경우도 허다하다. 따라서 보존과 관리에 있어서 유적지 본래 모습의 파괴를 최소화하여 진행하여야 한다.

유적지의 보존과 관리를 위해서는 재정지원이 확충되어야 하나 실상은 그렇지 못하다. 유적지의 보존관리와 관련된 예산은 예측하기가 어렵기 때문에 다른 예산에 밀리는 경우가 많으며, 최소한의 예산으로 이루어지는 경우가 많다. 또한 유적지를 보존정비하고 관리하는 예산은 대부분 지정문화재에 집중되고 있다. 그것도 정비, 복원, 토지매입 등이 주류를 이루며, 비지정 문화재를 위한 기초자료 조사나 보존관리에 투자되는 예산은 적다. 이러한 현상은 비지정 문화재에 대한 체계적인 관리를 어렵게 하는 요인이 되고 있으며, 동학농민혁명 유적지와 같이 지역의 특징적인 유적지가 방치되거나 훼손이 진행되는 결과를 초래하고 있다. 유적지의 훼손이 진행된다면 역사문화 자원을 다시는 복원할 수 없게 될 것이므로, 재정지원은 비지정 문화재를 포함한 전체적인 차원에서 이루어져야 한다.

유적지의 보존과 관리는 그 목적이 분명해야 한다. 유적지를 관광단지화 할 것인가, 교육과 역사현장의 자료로 활용할 것인가, 유적지의 보존을 위한 것인가 등의 목적이 설정되어야 한다. 또한 규모, 소요예산, 추후의 관리문제 등이 연관되어 있어 쉬운 문제만은 아니지만, 유적지의 중요성에 걸맞은 정비가 필요하다.

4) 유적지의 활용적 측면

동학농민혁명 유적지는 보존되는 것 자체만으로도 의미가 있지만, 주변 유적과의 역사적, 학술적 관련성이 평가되어야 한다. 아울러 동학농민혁명 유적지는 정읍을 포함한 전북지역의 정체성과 역사의식 고취의 계기가 되기 때문에 교육적으로도 충분한 활용을 하여야 한다. 기존에 교과서나 문헌에만 의존하는 역사교육도 중요하지만, 유적지의 현장을 돌아보며 현장성을 겸비한다면 교육의 효과는 배가가 될 것이다.

---

9) 정읍시 · 전주대학교 산학협력단, 『동학농민혁명의 문화자산 가치증진을 위한 협력적 네트워크 구축』, 2009

동학농민혁명 기념관은 유적지의 이해를 돕는데 중요한 역할을 하고 있다. 동학과 관련한 역사와 문화를 보고 느낄 수 있는 교육의 기능과 현장체험의 기회를 제공하고 있다. 근래 기념관에서 펼쳐진 동학병영체험과 같은 이벤트는 청소년들의 체험교육으로 장려할 만한 사업으로 평가된다. 또한 기념관은 유적지의 전시, 연구는 물론이고, 보존정비와 관리의 기능도 함께 수행하여야 한다.

유적지의 보존과 활용은 지역의 정체성 확립과 지역민들의 교육을 위해서도 필요하지만, 지역의 경제적 효과를 가져 올 수 있는 관광자원으로도 필요하다. 근래에 들어서는 유적지에 대해 지방관청에서 관심을 갖고 관광자원으로 활용할 계획을 수립하는 곳이 많다. 황토현을 중심으로 한 전적지를 활용한 관광단지 조성, 유적지의 복원을 통한 관광자원화, 주제별 관광루트 개발, 이벤트 행사, 문화상품 개발 등을 통하여 문화관광 자원으로 활용할 수 있을 것이다. 또한 관광을 활성화시키기 위해서는 동학농민혁명 유적지뿐만 아니라 주변의 역사유적이나 관광명소 등과의 연계를 통하여 관광자원화를 적극 추진할 필요가 있다.[9)]

4. 맺음말

이상과 같이 정읍지역 동학농민혁명 유적지의 현황을 파악해 보고, 보존과 관리 측면에서 검토해 보았다. 고고학의 발굴조사에서는 중요한 유적에 대해서 보존 조치가 내려지고, 유적공원 등으로 꾸며져 관리가 비교적 잘 되고 있다. 그러나 역사시대의 유적지는 대부분 훼손이 지속되거나 방치된 경우가 많다.

정읍의 동학농민혁명 유적지도 예외는 아니어서 전문성과 예산, 인력 부족 등으로 인하여 허술하게 관리되고 있다. 이러한 유적지는 관리주체를 선정하여 관리하고, 지방관청의 관련 부서에서 관리하는 방안이 효과적이다. 또한 동학농민혁명 유적지가 여기저기 분산되어 소극적으로 보존관리 되고 있으므로, 이제는 별도의 전담기구를 설치하여 자료를 수집하고, 분석, 연구를 통해 유적지의 특성에 맞는 보존관리가 이루어져야 할 것이다.

정읍지역 동학농민혁명 유적지의 경우, 지정문화재는 7개소에 지나지 않는다. 따라서 학술적으로 중요하다고 생각되는 전투지였던 사시봉, 동학농민혁명군의 우물, 마지막 전투지인 태인의 성황산 등은 문화재로 지정하기 위한 특별한 관리가 필요할 것으로 판단된다. 아울러 동학농민혁명 유적지의 성격을 규명하고 체계적인 관리를 위해서는 유적지 자체에 대한 지표조사나 발굴조사가 선행되어야 한다. 특히 황토현 전투지를 포함한 사시봉 일대, 만석보터, 고부 관아터, 사발통문 작성지, 태인 성황산 등의 경우는 고고학적인 조사에 의해 유구의 규모와 성격 등이 밝혀져야 한다.

동학농민혁명 유적지는 보존되는 것 자체만으로도 의미가 있지만, 주변 유적과의 역사적, 학술적 관련성이 평가되어야 한다. 유적지의 보존과 활용은 지역의 정체성 확립과 지역민들의 교육을 위해서도 필요하지만, 지역의 경제적 효과를 가져 올 수 있는 관광자원으로도 필요하다. 이러한 동학농민혁명 유적지는 반드시 지켜져야 하고, 유적지에 대한 가치조명과 함께 보존관리에 관심을 쏟아야 할 때이다.

Ⅸ. 남원과 조선 도공들의 일본 이주

남원과 조선 도공들의 일본 이주

1. 머리말

1998년은 일본으로 조선인 도공들이 끌려 간지 400주년이 되는 해로 한국과 일본에서 다채로운 기념행사가 열렸다. 일본에서는 薩摩燒400周年記念展이 열렸고, 한국에서는 沈壽官家의 도예전이 열렸다. 이 도예전은 沈壽官家의 수장고에 보관하고 있는 초대부터 지금까지의 귀중품을 전시한 것이며, 말 그대로 400년만의 귀향이었다.

초대에 끌려갔던 沈當吉의 고향이 전북 남원으로 알려지게 되면서, 남원에서는 이와 관련한 다채로운 행사가 준비되었다. 그 중에 중요한 행사가 도자기를 굽는데 지피는 불을 채화해 가는 것이었다. 이것은 매우 중요한 의미를 지닌다. 일본에 끌려가서 초창기에 만든 것 중에 '火計手茶碗' 이라 불리는 도자기가 있는데, 이것은 조선에서 가져간 白土를 사용해서 조선인 도공이 직접 만들었으나 불만 일본 薩摩의 것을 사용했다는 의미로 이름을 붙인 것이다. 따라서 초창기 도공들의 原鄕인 남원에서 당시에는 지피지 못했던 불을 직접 채화해 가서 도자기를 굽는다는 것은 큰 의미가 있는 행사가 되는 것이다.

이러한 연유로 남원시에서는 陶窯文化에 대한 관심이 높아지게 되었고, 일본으로 이주했던 초대 도공들이 조업했던 窯址를 포함하여 남원 전역의 도요지를 체계적으로 조사하고자 지표조사를 계획하였다. 여기에 필자가 조사에 참여하게 되었고, 남원의 도요지 조사와 더불어 일본의 鹿兒島縣을 방문하여 현지조사를 할 수 있는 기회를 가졌다.

그러나 일본 鹿兒島縣의 薩摩도자기와[1] 관련한 연구성과가 한국에

1) 일본에서는 '薩摩燒'(さつまやき' 사쓰마야끼)라는 명칭을 사용하고 있다.

는 별로 없는 실정이고 체계적인 정리가 아직 되지 않은 상태이다. 이에 필자는 도자기 전공자는 아니지만 남원에서의 지표조사 성과를 정리하고, 도공들이 일본으로 끌려간 상황과 초창기의 도요지 등에 관하여 나름대로 정리해 보고자 한다.[2)]

2. 남원에서의 조사성과

남원에서 이루어진 지표조사에서는 도요지 24개소, 토기요지 9개소, 옹기요지 23개소, 와요지 11개소, 야철지 3개소 등 70개소의 요지가 조사되었다. 이중 야철지와 와요지는 의도적인 조사가 아니었고, 도요지 조사과정에서 발견된 것이어서 이 숫자는 더욱 많을 것이다. 조사된 도요지를 포함한 각종 요지는 대부분 소로, 경작지 개간, 묘소 조성 등으로 인해 파괴된 상태이고, 그중 산중에 있는 것은 그나마 보존 상태가 양호한 편이었다. 조사에서 수습된 유물은 다양하고 유물의 성격으로 본다면, 남원지역 도요사 연구에 귀중한 자료들이 많이 존재한다.

조선시대의 대표적인 도자기는 분청사기와 백자이다. 고려청자의 형상이나 수법이 유교사회로 변화함에 따라 분청자, 백자, 청화백자으로 발전한다. 분청사기도 16세기 후반에는 백자로 흡수, 조선에서는 분청은 소멸하고 백자가 맥을 잇게 된다. 지표조사 결과, 남원지역에는 15~16세기의 분청사기 요지가 10개소, 백자요지는 18~19세기경의 것이 14개소 정도가 조사되었다.(표1) 그러나 이중 정유재란 전후에 조업한 시기에 해당하고, 또한 요지의 보존상태가 양호한 곳을 선정한다면 그 수는 크게 제한된다. 이 두 조건을 갖추고 있는 도요지는 금지면

2) 전주대학교 역사문화연구소, 『남원 도요지 지표조사 보고서』, 1999

서매리 서재마을과 운봉읍 공안리 수철마을의 도요지를 들 수 있다.

금지면 서매리 도요지의 위치는 서매리의 삿갓봉에서 뻗어내린 능선의 해발 180여m 지점이며, 서재마을 큰골에서 좌측 계곡 능선으로 400여m 올라간 곳에 위치한다. 주변에 평택 임씨 묘역이 있고, 도요지는 묘역의 윗부분에 자리한다. 묘지 윗편 30여m지점에 많은 자기가 산포되어 있고, 현장에는 누군가가 파헤쳐 놓은 흔적이 있다. 도요지는 일부가 파괴된 듯하나 산중에 위치하고 있어, 형태는 잘 보존되고 있을 것으로 판단된다. 출토유물은 분청, 도지미, 벽체 등이 수습되었다. 분청은 구연부가 외반된 대접과 접시가 있으며, 문양은 원문과 우점문을 시문하고, 귀얄분청도 있다.

운봉읍 공안리 도요지는 수철마을의 전북학생교육관 뒷편 산중으로 400여m 올라간 지점이다. 정일종씨의 선영 묘소의 주변으로 이전에는 이 요지 옆으로 덕동으로 넘어가는 고갯길이 있었으나 지금은 우거진 숲으로 변해 있어 접근하기가 힘들다. 요지 주변으로 조림사업을 하였으나 요지는 건들지 않았다고 전언한다. 지금도 솔가지를 걷어내면 다량의 자기편이 산포되어 있고, 요지는 보존상태가 양호한 듯하다. 출토유물은 귀얄분청과 요벽체가 있으며, 분청은 구연부가 외반된 대접과 접시가 있다.

표1. 남원시 도요지 조사현황(24개소)

조 사 지 역	요지종류	출 토 유 물	요지 잔존현황
금지면 서매리 서재	분청	인화분청, 귀얄분청, 도지미	보존 양호
대강면 평촌리 새터	분청, 백자	귀얄분청, 백자, 요도구	소성, 연통부 잔존
대강면 사석리 683번지	분청, 백자	인화분청, 백자, 도지미, 토기	완전 파괴
운봉읍 공안리 수철	분청	귀얄분청, 요벽체	보존 양호
운봉읍 준향리 준향	백자	백자편	완전 파괴
운봉읍 장교리 연동(1)	백자	백자, 도지미	소성부 일부 잔존
운봉읍 장교리 연동(2)	백자	백자, 도지미	소성, 연통부 잔존

조 사 지 역	요지종류	출 토 유 물	요지 잔존현황
산동면 대상리 상신 지알밭골	백자	백자, 도지미	보존 양호
산동면 대상리 상신	백자	백자, 도지미	소성, 연통부 잔존
산동면 대상리 요골	분청, 백자	분청, 백자	완전 파괴
보절면 사촌리 사기점	분청	귀얄분청, 백자	연소, 소성부 잔존
보절면 신파리 섭굴	백자	백자, 도지미	보존 양호
보절면 도룡리 용동	분청	인화분청, 귀얄분청, 요벽체	완전 파괴
대산면 금성리 금강	분청, 백자	분청, 백자	완전 파괴
대산면 길곡리 심곡	백자	백자, 요벽체	완전 파괴
대산면 신계리 신촌	분청	귀얄분청, 도지미, 내화토 비짐눈	연통부 일부 잔존
이백면 과립리 입촌	분청	귀얄분청, 도지미	연소, 소성부 잔존
이백면 강기리 강촌	백자	백자	소성부 일부 잔존
이백면 서곡리 서동	분청, 백자	분청, 백자, 옹기, 요벽체	완전 파괴
산내면 입석리 삼화	백자	백자, 도지미	소성부 잔존
산내면 덕동리 외얏골	백자	백자, 요벽체	완전파괴
덕과면 용산리	백자, 옹기	백자, 옹기, 요벽체	완전 파괴
남원시 왕정동	백자	백태도기, 백자, 갑발, 도지미	연통부 잔존
남원시 월락동		없음	완형 보존

3. 남원성 전투

5년간의 임진왜란 뒤 조선은 당파싸움, 이순신의 투옥, 전술의 허점 등 많은 문제점을 안고 있었고, 이러한 틈을 타 豊臣秀吉은 전열을 가다듬어 1597년 재침공을 시도하게 하니 이것이 곧 정유재란이다. 이에 명나라 황제 神宗은 조선이 함락하게 되면 明에도 침입하게 될 것이므로 조선에 14만여명의 많은 구원병을 보내게 된다. 이들은 麻貴 휘하에 조선에 들어오게 되고, 이들의 작전에 따라 전라도 남원에 한 군단을 두어 전라, 충청을 지키게 하였다. 그리하여 남원성에는 6월 13일에 명의 부총병 楊元이 3,000명의 군사를 거느리고 들어왔고, 그 배후에 있는 전주는 陳愚衰에게, 공주는 吳惟忠으로 하여금 지키게 하였다. 남원은 三南을 지키는 요충지로서 매우 중요한 지역이었다. 그러나 楊

元은 남원의 교룡산성을 의지하여 교전하면 승리할 것이라는 조선 장군들의 권고에도 불구하고 평지인 남원성에서 전투를 고집하였다.

왜군은 3월부터 총병력 약 11만명을 거느리고 침략하여 7월 28일부터는 병력을 3隊로 나누어 호남지역 침입을 시도하였다. 1隊는 小西行長 부대 5만 병력이 하동을 거쳐 강을 거슬러 올라와 구례, 남원으로 들어오고, 2隊는 加藤清正이 선봉이 되어 5만 병력으로 대구, 함양을 거쳐 남원으로 들어왔다. 3隊 만여명의 병력은 전주의 구원병을 차단하며 남원성에 당도하였다. 왜군은 8월 1일 남원성을 에워싸고 14일에 남원성을 총공격하여 이틀만에 점거하였다.[3] 이 전투에서 전라병사 이복남을 비롯한 많은 전사자가 나왔고, 명나라 부총병 양원은 도망가는 등 조선과 명나라 연합군은 대패하였다. 남원성을 함락시키는 데에 큰 공을 세웠던 島津義弘[4]은 임진왜란에 이어 두 번째 한국에 출병한 薩摩 藩主였다. 조선의 공인과 도공 70여명이 연행된 것도 島津에 의해서였다.

4. 도공들의 일본 이주와 정착

1) 도공들의 이주와 정착

왜군이 남원성의 함락에 이어 전주를 거쳐 충청도, 경기도에까지 북진하는데, 이때에 서울은 왕실의 피난 문제가 심각히 고려될 정도

3) 『남원지』, 남원군, 1986

4) 薩摩藩17代의 藩主이며 1535년에 태어나 1619년에 몰하였다. 당대에는 드물게 85세까지 장수하였다. 島津家의 薩州 통일, 세끼가하라 전투 등 적은 병력으로 대적을 물리친 薩摩 藩州 중에서 가장 인기 있는 영웅이다. 禪宗에 귀의했고, 교육과 殖產정책에도 큰 실적이 있으며, 茶道 등 풍류를 즐기기도 하였다.

로 동요하게 된다. 그러나 9월부터 전세가 반전되고 왜군은 10월부터 남하하여 남해안에 재집결하였다. 남원성을 함락시킨 島津의 군대도 다시 남하하여 왜군의 주둔지가 새로 생긴 남해안의 사천 일대에 주둔하였다. 다음해인 1598년 조선 수군과 해상에 대치하던 왜군은 8월에 豊臣秀吉이 사망하자 회군하기 시작하였다. 명나라의 육상공격과 이순신의 해상봉쇄로 진퇴양난에 빠져 있던 순천의 小西 군대를 구원하러 군함 500척을 이끌고 가던 島津은 노량 앞 바다에서 이순신 함대에 대패하고 50여척 만을 건져 부산을 거쳐 일본으로 회항하였다.

출병했던 왜군은 대마도를 거쳐 博多에 회항하였으나 조선의 70여명의 공인과 도공[5]은 博多에 도착하지 않았다. 곧바로 동지나해를 남하하여 薩摩半島로 향하였다. 일본의 『先年朝鮮より被召渡留帳』[6]의 기록에 의하면 조선 도공의 대부분은 1598년에 도래하였으며, 이들은 현재의 九州 鹿兒島縣에 있는 串木野 島平에 43명, 市來 神之川에 10여명, 그리고 薩摩半島를 돌아 鹿兒島의 前之浜에 20여명이 下船한 것으로 전해진다.[7](도면1)

鹿兒島 前之浜에 하선한 20여명의 도공들은 도자기를 굽지 않고 城下町의 잡무에 종사하였고 생활이 어려웠기 때문에 70여년이 지난 후에야 그 후손들이 苗代川으로 이주하여 도공의 본업에 종사하였다.

市來 神之川에 상륙한 도공은 3性 10여명이며 여기에 名工 金海가 있었다. 그는 島津의 총애를 받으며 茶道文化를 薩摩도자기에 접목

5) 정유재란시에 연행된 자는 도공은 물론이고, 금공, 목공, 석공 등 다양한 직종에 종사한 자가 있고, 또한 薩摩에는 양봉을 하는 사람까지도 연행해 온 것으로 알려지고 있다.

6) 苗代川에 전하고 있는 고문서이며, 이 문서는 조선의 도공들이 도래한 慶長三年(1598년)부터 享保七年(1722년)까지 기록을 전하고 있다.

7) 田澤金吾 · 小山富士夫, 『薩摩の研究』, 圖書刊行會, 1989
『星山家系譜』, 『薩藩名勝志』 등에는 1595년에 도공이 도래하였다는 기록이 있는 것으로 보아 약간명이 이미 연행되었을 가능성이 있다. 그러나 대다수의 도공은 1598년에 연행되었다.

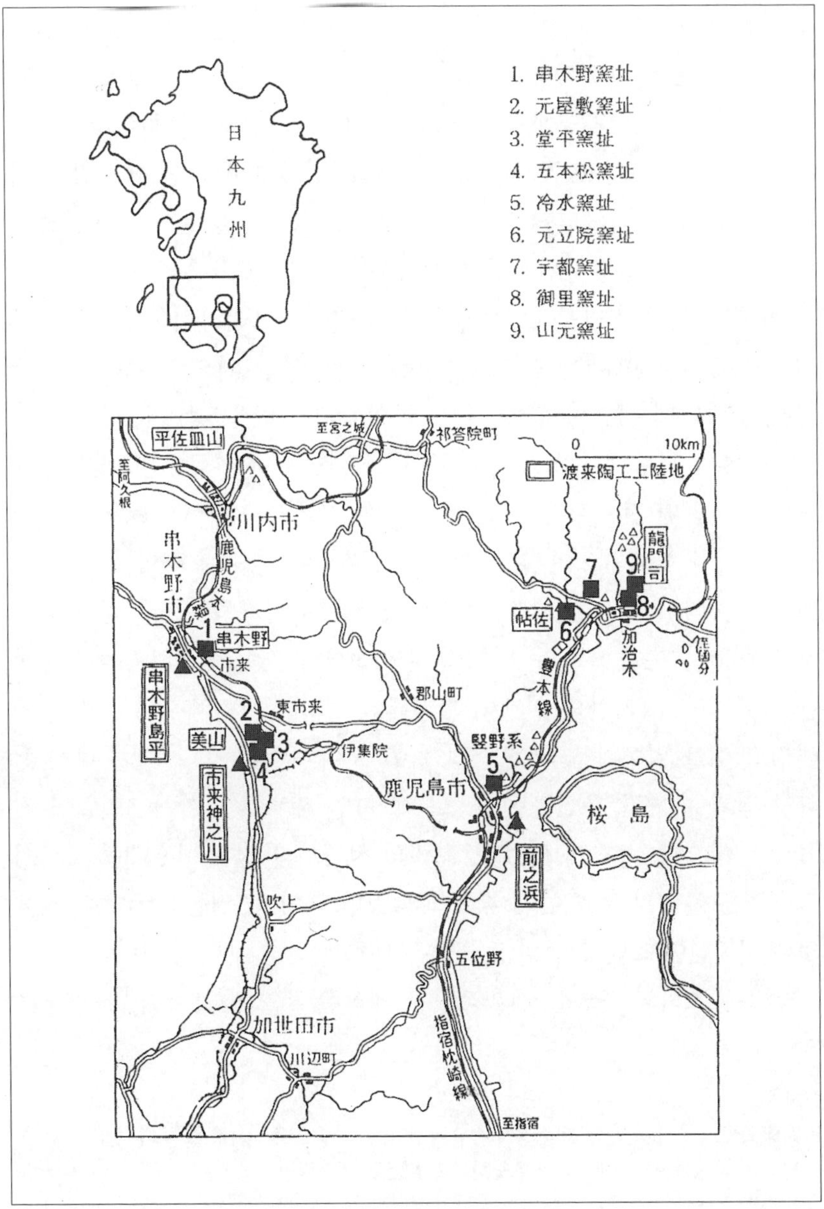

도면1. 薩摩초창기 도요지 (▲은 도공 상륙지)

시킨 대표자이며, 宇都窯, 御里窯 등을 축조하여 薩摩藩 官窯의 竪野係의 큰 흐름을 형성하게 되었다.

串木野의 島平 포구에는 가장 많은 18性 43명의 남녀가 상륙하였다. 이곳에 당도한 도공들은 半農半陶의 생활로 생활이 어려웠고 원주민의 텃세가 심하였던 것으로 전해지고 있다. 황무지를 개간하며 도자기를 구워 생활하던 이들에게 원주민은 가마를 부수는 등 시기하고 방해가 심하여 난동이 일어나기도 하였다. 그리하여 朴平義[8]를 중심으로 도공들은 내륙 쪽으로 20여리 정도의 지역으로 이동하여 정착하게 되는데 이곳이 苗代川[9], 지금의 美山이다.

薩摩藩의 기록에 전하듯이 상륙한 이후 약 7년여 동안은 이들의 생활이 어려웠던 것으로 보인다. 이 기간은 일본열도 내에서 정권 교체의 과도기적인 시기였으며, 豊臣秀吉 사후 일본은 德川家康의 우세로 내전에 들어가게 되고 島津은 德川과 맞붙은 세키가하라 전투에서 패퇴하고 탈출한다. 島津은 두 번에 걸쳐 조선에 출병하고 豊臣秀吉에 충성을 다했지만, 장기간의 전쟁에 피폐해진 생활로 봉건제후의 세력이 약해지고 힘을 잃어가는 비운을 맞게 된 것이다. 德川이 전면에 나서 천하를 잡자 수년간 은신하던 島津은 고향인 薩摩로 돌아가 3년여의 긴 협상 끝에 안정을 찾게 되었다. 島津의 정권이 안정된 이후에야 조선의 도공들은 藩主의 보호 아래 놓이게 되었던 것이다. 일본의 국내 사정에 의해 약 7년여 동안 조선의 도공들은 보호를 받지 못했던 것이다.

島津은 조선의 도공을 계획적으로 데려온 것으로 보이며,[10] 이는 島

8) 薩摩의 도공중에서 가장 저명한 자는 金海이며, 그 다음으로 朴平意를 들 수 있다. 朴平意는 苗代川系의 지도자이며, 薩摩도자기의 始祖로 불리워진다. 그는 1598년 串木野에 도착하여 苗代川으로 옮겨 조선인 도공들이 정착할 때까지 지도자적인 역할을 했으며, 元屋敷窯를 열어 조업에 전념하였다. 1624년 65세로 사망하고, 그의 아들 貞用이 가업을 이어 6代째까지 계속 조업한 것으로 전해진다.

9) 苗代川은 舊 地名이며 현재의 행정구역은 鹿兒島縣 日置郡 東市來町 美山이다.

津의 정권이 인정된 이후 조선 도공에 대한 배려에서 이를 짐작할 수 있다. 당시의 薩摩에는 도자기의 성업이 이루어지지 않았고, 더구나 당시에 일본에서는 茶道의 풍습이 유행하였기 때문에 수준 높은 조선의 도자기 문화를 탐내는 것은 당연한 일이었을 것으로 생각된다.[11] 따라서 조선 도공을 薩摩에 데려와 도자기를 생산하게 하고, 일본의 타 지역의 陶法을 배워오게 하여 조선의 陶法과 접목시킴으로서 薩摩도자기를 번성하게 하였다. 조선의 도공들은 武士 또는 士族과 동급의 예우를 받으며, 토지와 집, 녹봉을 받아 안정된 생활을 영위하게 되었다. 이들은 처음에는 黑薩摩도자기를 제작하였고, 제작한 도자기는 전부 藩에 납품하였다. 그리고 이들 도공들을 이끄는 朴平意 父子의 노력에 의해 조선의 白土와 비슷한 흙을 찾아내고 유약을 개발하여 白薩摩도자기를 생산하였다. 島津은 苗代川를 藩立공장으로 만들어 黑薩摩도자기는 일반용으로, 白薩摩도자기는 지배층용으로 제작하게 하여 희소성을 유지시켰다. 즉 독재의 좌에 있던 藩主의 취향과 정책이 그대로 반영된 작품이 만들어진 것이다. 이후 조선 도공들이 만든 우아하고 화려한 錦手, 金襴手 등의 白薩摩도자기는 관상용으로 희귀하고 작품성이 뛰어나 보물처럼 승격화 되어갔다.

이처럼 조선의 도공들은 끌려왔기 때문에 할 수 없이 도자기를 제작한 것이 아니라 薩摩에 새로운 陶鄕을 개척한다는 자부심을 가지고 있었으며, 藩主도 그것을 지지하여 도자기의 연구와 조사 활동을 계속하였던 것이다. 이러한 결과 20여년 후에 白薩摩도자기의 원료인

---

10) 정유재란시에 출병한 藩主가 陶業으로 自國의 산업을 부흥시키기 위해 데려왔다는 것이 가장 일반적인 정설이다.

11) 일본의 藩主들은 조선에서 철수할 때 다투어 도공을 연행했으며, 조선에 출병했던 薩摩의 島津義弘, 豊前의 細川忠興, 長門의 毛利輝元, 肥後의 加藤清正은 당시 茶道의 대가인 千利休의 門下에 있었다. 이들은 조선의 茶器를 갈망하였고, 도공들을 데려다가 자기들의 취향에 맞는 茶器를 소성하게 하였다. 따라서 정유재란은 일명 도자기전쟁으로도 일컬어진다.

백토와 유약을 自給하기에 이르는 큰 성과를 이룬 것이다. 조선의 도공들은 대를 이어 일본인의 취향을 반영한 도자기를 발전시켜 나갔다. 그러면서도 이들은 조선인의 자부심을 잃지 않고 조선 도자기의 계승에 묵묵히 힘써 왔다. 조선인 도공들은 島津 蕃主의 보호 아래 독립된 조선인촌을 이루었으며, 명치유신 전까지는 조선말 사용은 물론 혼인도 조선인끼리만 하였던 것으로 전해지고 있다.

이와같이 정유재란 당시에 끌려간 조선의 도공들에 의해 조업되기 시작한 薩摩도자기 문화는 九州 鹿兒島縣의 美山(苗代川)을 중심으로 현재에도 한민족에 대한 자긍심과 예술혼을 보여주는 데에 많은 발자취를 남기고 있다. 비단 九州에는 薩摩 지역 이외에도 唐津, 有田 등지에서 연행되어 온 조선 도공에 의해 일본을 대표할 만한 도자기가 생산되었다.

2) 沈當吉과 관련하여

조선에서 島津義弘에 의해 연행된 70여명 중에는 도공이 가장 많았고, 여기에 沈當吉이 포함되어 있었다. 沈氏의 본관은 경북 청송으로 일가 문중에는 세종대왕의 왕비, 군신, 학자 등이 배출된 명문 집안으로 알려져 있다.[12] 왜군이 남원성의 함락에 이어 전주를 거쳐 충청도, 경기도에까지 북진하는데, 이때에 서울은 왕실의 피난 문제가 심각히 고려되었고, 무사들의 호위 아래 피신이 이루어진 것 같다. 심당길은 왕가의 외척이며 무사였는데, 피난하는 왕족 李金光을 호위하다가 島津의 군대에게 체포된 것으로 전해지고 있다. 그들을 연행한 것은 다음 몇 가지의 이유에서였을 것이다. 왕족을 볼모로 유리한 협상을 하기 위한 전략이었을 가능성이 있고, 공인이나 도공들을 다루기 위해

12) 沈壽官, 『蘭壽千里-沈壽官家歷代傳世品收藏庫圖錄』, 1998

서는 상층계급 소유자를 위시한 구심점이 필요했을 것이며, 또 심당길이 무사인 만큼 조선의 전술과 지리에 밝았기 때문에 島津의 군대는 그를 포로로 연루할 만한 가치가 충분히 있었다고 본다.

苗代川에 전해지고 있는 『先年朝鮮より被召渡留帳』의 기록에 의하면, 島津 군대에 연행된 이들은 현재의 九州 鹿兒島縣 串木野 島平에 18성(安・鄭・李・張・卞・朴・黃・林・車・朱・盧・羅・燕・姜・何・陳・崔・丁) 43명, 市來 神之川에 3성(金・申・盧)10여명, 鹿兒島 前之浜에 성씨가 불확실한 20여명이 下船한 것으로 되어 있으며, 鹿兒島 前之浜에 하선한 왕족 李金光은 후일 조선으로 다시 돌려보낸 것으로 전하고 있다. 위의 상황에서 보면, 沈當吉은 串木野 島平이나 市來 神之川에는 도착하지 않았음을 알 수 있다. 『先年朝鮮より被召渡留帳』에는 沈氏의 기록이 없지만, 『麑藩名勝考』[13]에는 沈・白氏의 性이 추가로 확인되고 있으므로, 심당길은 왕족 이금광과 함께 포로가 되어 당시의 큰 城下町이 있는 鹿兒島 前之浜에 하선한 것으로 보인다.

그러나 鹿兒島 前之浜에 하선한 조선 도공들은 본연의 임무를 수행하지 않고 잡일에 종사한 것으로 기록되고 있고, 더구나 심당길은 이금광이 조선으로 귀환하였으므로 그를 보좌할 수 있는 근거가 없어지게 되었다. 그리하여 심당길은 몇 도공과 함께 조선 도공이 가장 많이 모여 있는 苗代川로 이주하였던 것으로 보인다. 이러한 근거는 『立野竝苗代川燒物由來記』[14]에 串木野 島平, 市來 神之川, 加世田浦, 鹿兒島 前之浜의 4개소에 조선 도공들이 하선하여 상륙지 부근에서 거주하였으나, 그 후 곧바로 모두 苗代川으로 집결시켰다는 기록이 있어 신빙성을 더해 주고 있다. 따라서 심당길은 포로가 된 후에도

13) 白尾國柱가 寛政七年(1795년)에 쓴 것이며, 당시 조선인 姓名을 기록하고 있다.
14) 慶長三年(1598년)에서 文政六年(1823년)까지의 기록으로 6대째 朴平意의 覺書이다.

이금광을 호위하는 무사로서의 본연의 임무를 충실히 수행하였으나, 그가 조선으로 귀환하자 鹿兒島 前之浜에 하선한 일부 도공들과 함께 苗代川으로 이주하여 陶業에 종사한 것으로 보인다.

가장 많은 인원이 하선한 串木野 島平에서 후일 苗代川으로 이주한 조선 도공을 이끄는 대표격인 자는 朴平意와 그의 아들 貞用이었다. 심당길은 상술한 바와 같이 왕의 외척이며, 왕족을 호위할 만큼 권위 있는 무사였다. 따라서 그는 도공은 아니었으나 이곳으로 연행되어 와서 苗代川에 이주한 후에 도자기 제작기술을 익힌 것으로 보이며, 2년 후에는 가마를 축조하여 조업을 시작하였다. 그리하여 초대 일행들과 鹿兒島縣 전역에 뒤덮인 화산재 속에서 백색 陶土를 발견하고 뛰어난 창의성을 발휘하여 이후 대대로 薩摩도자기를 구워 왔다. 그들의 후손 12대 沈壽官은 강렬한 창의성을 가지고 幕府末期에서 明治期에 많은 활약을 보였다. 그는 薩摩도자기의 새로운 기법을 개발하였는데, 그 특징은 정교한 조각기법, 투각기법, 화려한 금태기법을 사용하여 흑색과 백색 陶土를 조화 있게 제작하고 있다. 특히 1873년 유럽의 오스트리아 만국박람회에 대형 화병을 출품하여 유럽인의 찬사를 받았으며, 그 후 세계 각국에 薩摩도자기가 수출되어 일본 도자기의 대명사가 되었다.

사진1. 沈壽官窯

지금도 美山의 壽官陶苑에는 歷代 秀作이 수장고에 잘 보존되어 薩摩도자기의 숨결을 전하고 있으며, 14대 沈壽官과 15대가 될 一輝가 400년간 이어져 온 가마를 지키고 있다.(사진1)

5. 초창기의 薩摩도자기

薩摩도자기는 鹿兒島의 풍토와 조선의 도공의 노력에 의해 독특한 도자기로 발전해 가는데, 17세기 초두에 이 薩摩도자기는 3개의 큰 흐름이 형성되었다.[15] 이들 계통은 朴平義에 의한 苗代川系, 金海에 의한 竪野系, 卞芳仲 등에 의한 龍門司系이다. 이 시기의 薩摩도자기는 島津家의 관리 하에 있었고, 그의 취향이 농후하게 반영되고 있었으며, 일반인에게 유통시키지 않는 특징이 있다. 초창기의 가마 구조에서 보아도 도자기의 대량생산 체재가 되어 있지 않았다. 또 하나의 특징은 일상생활에 쓰이는 雜器도 생산되어 헌상품, 黑·白薩摩도자기 등 이원적인 薩摩도자기의 세계가 구성되고 있다는 점을 들 수 있다.

1) 苗代川系

朴平義 등 조선인 도공 43명은 串木野의 島平에 상륙하여 半農半陶의 어려운 생활을 하였다. 1599년 조선인 도공들은 島平 동쪽의 낮은 구릉지에 薩摩도자기 최초의 串木野窯를 열었다. 이 窯는 朝鮮式 大型半圓筒形 單室 登窯이며 여기에서 도자기는 물론 水瓶, 杯 등 생활雜器도 구웠다. 그러나 주변의 원주민과 점차 마찰이 생기게 되었다.

그리하여 1603년 조선인 도공들은 串木野窯를 조업하면서 주변에 점토나 유약의 원료, 연료의 확보가 가능한 苗代川을 이주지로 선택하여 이주하였다. 이곳에서는 薩摩藩主의 정권이 안정되어 그의 보

15) 岡田喜一 · 矢部良明, 『薩摩』, 日本陶藝大系 16, 1989
『暮らしの中の薩摩燒』, 指宿市考古博物館企劃展, 1996
田澤金吾 · 小山富士夫, 『薩摩の研究』, 圖書刊行會, 1989
佐藤雅彥, 『薩摩』, 日本陶磁全集 19, 1978
『薩摩燒400周年記念展-世界のさつま』, 鹿兒島縣歷史資料センター, 1998

호를 받으며, 1605년에 元屋敷窯를 열어 조업하였다. 이 窯도 串木野窯와 같은 조선식 등요이다. 이곳의 窯에서는 격조 높은 도자기가 많이 만들어졌으며, 그 후 苗代川 도공들의 모범이 되는 窯가 되었다. 또한 이곳의 원료는 품질이 뛰어나 지금까지도 사용되고 있다. 다음 해인 1606년에는 朴平義 등이 중심이 되어, 그들의 정신적인 지주라 할 수 있는 玉山神社를 건립하였다.

1623년에는 朴平義의 아들 貞用이 태토는 指宿白土와 加世田의 軟質陶石, 유약은 津貫의 京之峯石을 발견하여 白薩摩도자기의 제작이 가능하게 되었다.

1649년에는 元屋敷窯의 손상이 많아 새롭게 堂平窯를 축조하였다. 元屋敷窯나 堂平窯에서는 이곳에서 사용한 窯道具로 패각을 자기 밑에 받치는 기법이 이용되는데, 이것은 조선의 기술이 계승된 것이다.

1669년에는 高麗町에 있는 도공들의 생활을 안정시키기 위해, 그들을 苗代川으로 이주시켜 五本松窯를 축조하게 하였다. 이 窯에는 竪野系의 冷水窯에서 星山嘉入을 불러 지도하게 하였으므로, 초기의 작품은 竪野系의 영향이 보였으나 점차 苗代川系의 흐름에 동화되었다.

1672년경에는 堂平窯의 손상이 많아 新堂平窯가 축조된 것으로 전해지며, 五本松窯에서와 같이 黑薩摩도자기 이외에도 白薩摩도자기를 헌상품으로 만들었다.

그 후 苗代川에 薩摩 藩主의 별장 비슷한 御假屋이 생겨 藩主 島津光久가 이곳을 자주 방문하게 된다. 그는 가마를 시찰하는 것은 물론이고 조선의 옛 노래나 춤을 자주 즐겨 들었으며, 이러한 광경은 역대 薩摩 藩主에게 이어져 명치유신 이전까지 계속되었다고 한다.

2) 竪野系

金海 등 市來 神之川에 상륙한 10여명의 도공은 수년 후에 큰 성이 있는 帖佐에 이주하였다. 그는 島津義弘의 보호 아래 帖佐도자기의 開祖로 활약하였으며, 薩摩藩 官窯의 竪野係의 큰 흐름을 형성하였다.

1601년 島津義弘은 큰 성이 있는 帖佐에 金海를 보내 宇都窯를 축조하여 조업하였다. 加治木으로 이주한 金海는 1608년에 御里窯를 축조하였고, 여기에서는 茶陶를 중심으로 한 茶碗, 花生 등이 만들어졌다. 이즈음에 만들어진 것 중 '火計手茶碗' 이라 불리는 것은 조선에서 가져간 백토를 사용해서 조선인 도공이 직접 만들었으나 불만 薩摩의 것을 사용했다는 의미로 이름을 붙인 것이며, 薩摩도자기의 原型이라 할 수 있다.

1620년에는 御里窯와 같은 형식의 冷水窯를 축조해 조업하였고, 이 시기에는 苗代川系의 조선인 도공에 의해 白薩摩도자기의 원료가 발견되어 산업적인 발전이 이루어지게 되었다.

1626년에 薩摩藩主는 肥前鍋島藩에 의뢰해서 金和와 金林형제를 鍋島藩窯에 파견해 기술을 습득하게 하였다. 이들이 돌아와서 薩摩藩에서는 처음으로 肥前式登窯를 축조하여 白薩摩도자기 생산의 기초를 확립하였다.

1648년에는 冷水窯의 有村久兵衛를 京都에 파견하여 교또의 도자기 기술을 익히고, 또 上繪技法을 배우는데, 이것이 薩摩도자기 色繪의 시작이다.

3) 龍門司系

串木野의 島平에 상륙한 조선 도공 중에 卞芳仲, 何芳珍은 金海가 帖佐에 宇都窯를 축조하였을 무렵인 1608년경에 加治木의 龍口坂窯,

吉原窯를 열어 조업하였다고 전해지나 이들의 요지는 발견되지 않고 있다.

何芳珍의 손자인 小右衛門은 元立院窯에서 수업하고 加治木에 돌아와 1667년에 肥前式登窯인 山元窯를 열어 조업하였다. 山元窯는 근년에 발굴조사가 이루어졌으며, 자기질 도자기, 碗, 접시를 중심으로 화분, 鉢類 등 일상생활에 쓰이는 雜器도 발견되었다. 그러나 가마의 재질이 좋지 않아 오래 지속되지 못하고, 1673년 湯ノ谷窯에 옮겼으나 이 가마도 발견되지 않고 있다. 1688년에는 小山田의 高崎에서 양질의 원료가 발견되어 여기에 龍門司窯를 조업하였으나 습기가 많아 실패하였다.

이상과 같이, 초창기 薩摩도자기의 약사를 개관하였다. 본래 薩摩도자기는 黑과 白薩摩도자기가 만들어졌다. 黑薩摩도자기는 주로 일반인들에게 공급된 생활과 밀접하게 관련된 容器인 반면, 白薩摩도자기는 薩摩 藩主의 관리 하에 연구가 진행되어 그림과 색조가 있는 다양한 도자기가 만들어져 일반인의 손에 들어가지 않았다. 18세기 이후가 되면 薩摩도자기가 대량으로 만들어지게 되고, 黑薩摩도자기와 白薩摩도자기의 특징이 보다 명확하게 나타나게 된다. 특히 그림과 색조가 있는 白薩摩도자기의 제작은 藩主의 허가를 받아야만 했다. 苗代川系의 가마를 예로 보면, 1764년 御定式窯를 열어 조업하였는데, 이 가마는 藩에서 운영하였으며 여기에서 만들어진 도자기는 일반인에게는 보급되지 않았다. 이곳에서는 白薩摩太白, 吳須繪, 宋胡錄寫, 象嵌三島手, 鐵繪 등 다채롭고 다양한 도자기가 제작되었다. 이와같이 18세기 이후에는 더욱더 薩摩도자기가 융성하면서 다양성을 띠며 발전하는 양상을 보이고 있다.

6. 초창기의 薩摩陶窯址[16)]

1) 串木野窯址

鹿兒島縣 串木野市 本壺屋의 낮은 구릉 위에 위치하며, 1599년 조선인 도공들이 薩摩도자기 최초의 串木野窯를 열었다. 이곳이 일본 薩摩도자기의 발상지가 되는 셈이다.

이 窯址는 朝鮮式 半圓筒形單室登窯이며, 아궁이부터 窯址의 길이는 15~18m, 폭과 높이는 1.2m 정도이다.(도면2) 가장 잘 남아 있는 부분은 아궁이부와 연소부의 床面인데, 이곳에는 자연유가 두껍게 응고되어 있어 소성빈도가 많았음을 보여준다. 소성부는 아궁이부에 비해 경사가 급한 편이고, 계단이 없는 單室을 이루고 있음이 확인되었다.

출토된 유물은 黑色雜器片 등 2천여점이 수습되었고, 이중에 적은 수이지만 白色陶器片도 발견되었다. 많은 출토품 중에 대형용기가 많고 접시, 鉢, 茶碗 등은 매우 적다. 18점 출토된 白色陶器片은 茶碗이며, 태토는 순백의 半磁質이다. 아궁이의 상부에서는 白磁片 3점도 발견되었다. 이 흙과 유약은 조선에서 가져온 것이며, 그 제작기술과 소성방법도 순수한 조선의 陶法에 의한 것이다.

---

16) 『串木野市鄕土史』, 串木野市教育委員會, 1980
田澤金吾 · 小山富士夫, 『薩摩の研究』, 圖書刊行會, 1989
『堅野(冷水)窯址』, 鹿兒島共濟會南風病院, 1978
沈壽官, 『日本のやきもの-薩摩』, 淡交寺, 1986
『埋文だより』 18號 ,鹿兒島縣埋藏文化財センター , 1998
『元立院窯跡』, 始良町埋藏文化財發掘調査報告書 6, 1995
『山元古窯跡』, 加治木町埋藏文化財發掘調査報告書 1, 1995

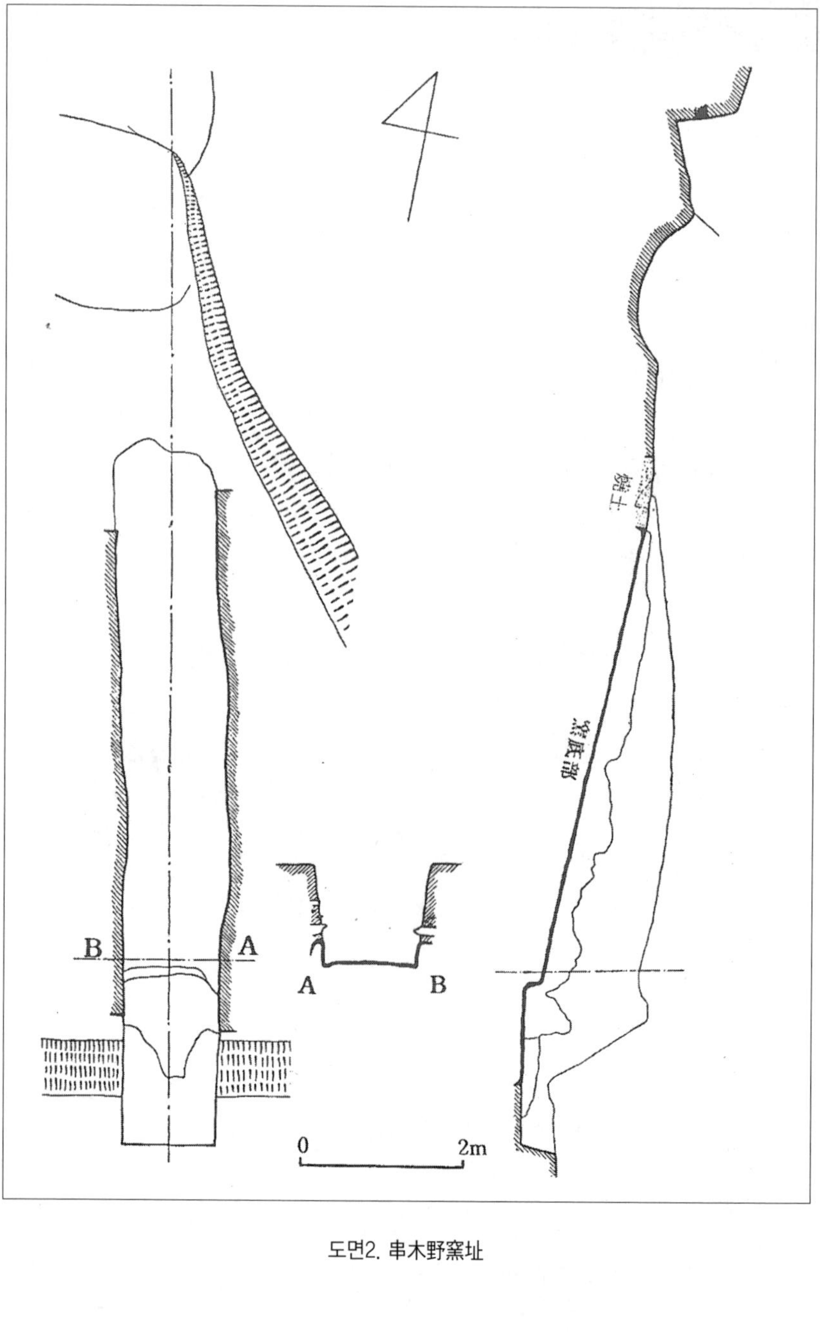

도면2. 串木野窯址

2) 元屋敷窯址

鹿兒島縣 東市來町 美山 서남쪽의 완만한 구릉에 있으며, 조선식 반원통형단실등요로 추정된다. 이 窯는 『答申書』의 기록에 의하면, 박평의가 苗代川으로 옮긴 다음해(1605년)에 축조한 것으로 되어 있다. 요벽 잔편의 양상에서 보면 상당히 오랜 기간동안 소성된 것으로 보인다. 유물은 黑色雜器片이 주류를 이루며, 적은 수이지만 白色陶器片도 발견되었다. 조선에서 가져온 陶土를 사용하여 구운 것으로 보인다. 이곳에서는 기와도 발견되는 것으로 보아 그릇 외에도 일상생활에 필요한 전반적인 것을 구웠던 것으로 보인다. 요도구로 도지미, 패각 등이 출토되었다.

3) 堂平窯址

사진2. 堂平窯址 전경

鹿兒島縣 東市來町 美山에 있으며 해발 90m정도의 구릉사면을 이용한 苗代川系統의 登窯이다.(사진2) 江戶時代 前期(1649년)에 해당하는 것으로 길이 약 30m, 폭1.2m 정도의 반원통형의 형태이다. 窯의 주변에는 요벽 파편을 판축상으로 깔았고, 窯본체는 一段을 파서 축조하였다. 요지의 북측은 평탄하고 기둥구멍과 돌시설이 발견되는데, 작업장으로 추정되는 곳이다. 남측의 계곡이 떨어지는 경사면에는 많은 도자기, 기와, 요벽체 등이 폐기되어 두꺼운 곳은 층위가 1m가 넘는 곳도 있다.

출토품은 도자기, 기와, 요도구 등이 있으며, 도자기는 白薩摩도자기가 있기는 하지만 주로 黑薩摩도자기가 출토되고 있다.

黑薩摩도자기는 단지, 壺, 德利, 鉢類, 뚜껑, 화분, 동물형 토제품 등과 평기와, 처마기와 다양한 기와가 출토되고 있다. 소성시에 사용된 도지미는 말굽형, 북모양, 도너츠형 등 다양하며, 많은 패각이 출토되고 도자기의 저부면에 패각의 자국이 있는 점으로 보아 도자기가 서로 붙지 않도록 받침대로 쓰였던 것으로 파악되고 있다.

4) 五本松窯址

사진3. 五本松窯址 전경

鹿兒島縣 東市來町 美山에 있으며, 堂平窯址와는 300여m 정도의 근접한 거리에 있다.(사진3) 이 窯는 1669년에 현 鹿兒島市의 高麗町에 있는 조선 도공과 그 후손들의 생활을 안정시키기 위해 그들을 苗代川으로 이주시켜 축조하게 한 것이다. 窯는 붕괴되어 원형을 알 수 없으나, 요벽의 잔편에서 보면 조선식 반원통형단실등요로 추정된다. 잔존상태는 길이 30여m, 폭2~3m 정도이고 요벽과 도지미 등 유물이 많이 노출되어 있는 상태이다. 窯는 竪野系의 冷水窯에서 星山嘉入을 불러 축조한 관계로 元屋敷窯, 堂平窯와는 그 기법과 요 축조의 양상이 약간은 다르게 나타나고 있다. 그리고 元屋敷窯와 堂平窯에서 요도구로 사용한 패각을 이곳에서는 사용하지 않고 있다.

5) 宇都窯址

鹿兒島縣 姶良町 帖佐村役場 북측의 星ヶ山 산록의 단구에 위치하고 있으며, 이 앞으로는 別府川이 흐르고 있다. 窯는 길이가 약 7m 정도의 조선식 반원통형단실등요로 추정되고 있고 아궁이부, 연소부 등이 잔존하고 있다.(도면3) 출토유물은 茶碗, 茶入, 擁이 있으며, 요도구도 발견되고 있다. 이 중 帖佐 및 火計로 불리는 오래된 薩摩도자기편도 포함되어 있는데, 특히 火計로 불리는 白色陶器는 직접 조선에서 가져온 白土를 사용한 것으로 판단된다.

이 窯는 市來에 도착했던 조선 도공 金海와 관련된다. 그는 陶技術이 탁월하여 島津義弘의 눈에 들었고, 1601년에 그가 있는 帖佐에 金海를 불러 宇都窯를 축조하여 조업하게 하였다. 그후 金海는 瀨戶의 瀨戶窯에서 약 5년간 陶法을 배웠으며, 돌아와서는 瀨戶기법을 접목하여 茶入, 茶碗 등을 제작한 것으로 전하고 있다.

6) 御里窯址

鹿兒島縣 加治木町 평야의 중앙부위의 완만한 구릉에 위치하며, 전방은 바다에 면해 있다. 요지가 있는 곳은 대나무숲이 무성하여 일부 지역만 조사되었으나 요벽과 요도구 20여점만이 채집되었다. 요도구는 말굽형, 원형도지미로 宇都窯에서도 출토되고 있다. 따라서 이러한 도구로 판단하면 宇都窯와 마찬가지로 조선식 반원통형단실등요로 추정할 수 있다. 島津義弘을 따라 帖佐에서 加治木으로 이주한 金海는 1608년에 御里窯를 축조하였고, 여기에서는 茶陶를 중심으로 한 茶碗, 花生 등이 만들어졌다. 이곳에서는 조선 본래의 陶法에 瀨戶의 수법을 가미하여 제작한 것으로 보인다. 그러나 1635년 島津義弘 사후에 이 요지도 廢窯된 것으로 보인다.

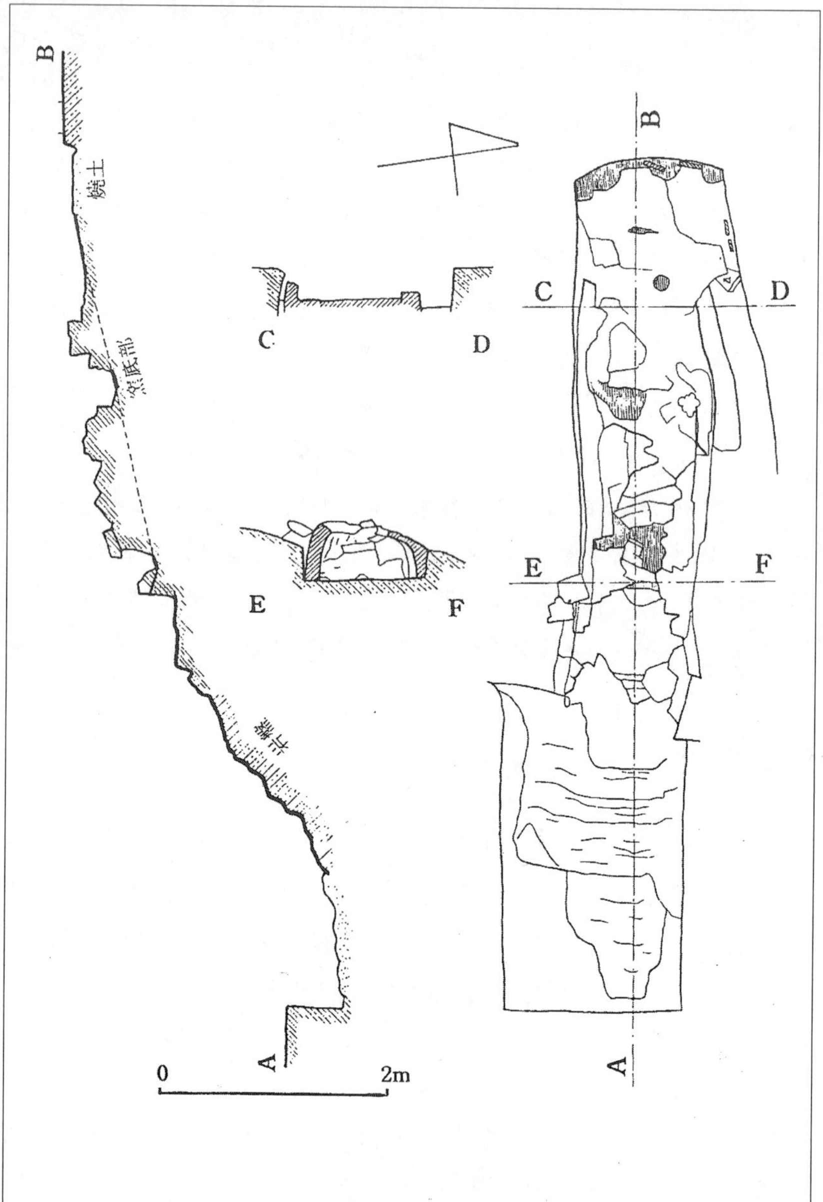

도면3. 宇都窯址

7) 冷水窯址

鹿兒島市의 冷水町에 시라스 대지의 작은 계곡을 형성하는 말단부위에 위치한다. 窯는 남측 경사면에 축조되어 있고, 전장 14m의 肥前系登窯이며, 축조시기는 1620년이다. 발굴조사에서 아궁이부, 소성부, 연도부가 조사되었다. 소성실은 7개소이며 계단식으로 되어 있고, 연도는 床面은 瓦器質狀으로 단단하다. 작업장은 2개소가 확인되었는데, 이곳에서 소성품, 요도구 등이 혼재하여 출토되었다.(도면4)

출토 유물은 碗, 접시, 鉢, 茶家, 茶家蓋, 酒器, 花生, 壺, 香爐 등 다양하다. 도자기의 종류는 白薩摩도자기가 주류를 이루며, 일용 雜器도 출토되고 있다. 도자기에 그려진 문양은 唐草文, 牧丹文이 주류를 이루며, 일부 梅花文과 鷄文이 있다. 이 밖에도 인형이나 짐승머리의 토제품과 요도구 등이 많이 출토되었다. 요도구의 일부에는 각인이나 문자가 새겨진 것도 출토되고 있어, 대량생산에 의한 분배처 혹은 생산자 등을 표시한 것으로 보인다.

8) 元立院窯址

鹿兒島縣 東市來町 別府川 하구에서 3km 상류의 하안단구에 위치한다. 대안에는 유명한 宇都窯가 있으며, 근처에 島津義弘의 居館이 있다. 이 窯는 1663년에 시작하여 83여년간 조업을 하였으며, 조선도공에 의한 苗代川系, 竪野系, 龍門司系와는 다른 西餅田系로 불리는 것이다.

발굴조사에서 窯址의 유구가 정확히는 확인되지 않았지만 일부 잔존 유구에서 肥前계통인 連房式登窯일 것으로 추측하고 있다. 발굴에 의한 출토품은 碗, 접시, 瓶, 鉢, 器臺 등 陶器片이 11종류이고, 일용 雜器가 주류를 이루고 있으며, 茶道具는 출토되지 않는다. 출토된

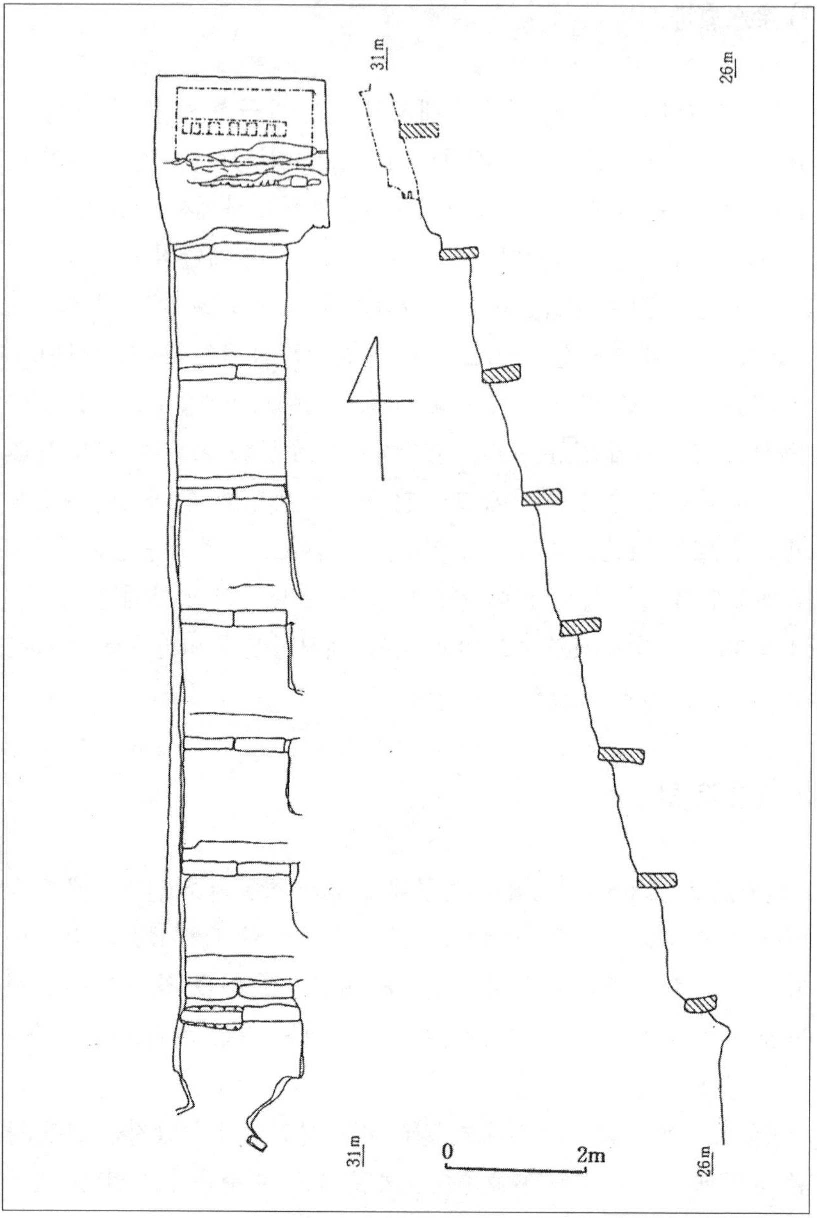

도면4. 冷水窯址

窯道具의 양상에서도 일용 雜器를 소성할 때 쓰이는 도구가 출토되고 있다.

9) 山元窯址

鹿兒島縣 加治木町 九州自動車道 加治木 인터체인지의 북측에 위치하며, 이 부근에는 이전부터 많은 도자기편이 산포되어 山元窯의 존재가 알려졌다. 이 窯址는 龍門司系의 등요로 1677년에 조선 도공 卞芳仲의 계승자인 碗右衛門이 조업을 시작한 것으로 알려지고 있다.

사진4. 山元窯址 전경

발굴조사 결과, 7개의 소성실을 가진 반지하 계단식 등요임이 확인되었고, 窯를 보호했던 건물의 기둥구멍, 배수로 등이 조사되었다.(사진4) 등요의 추정길이는 14m정도이며, 각 소성실은 폭 3m, 길이 2m정도로 横長의 형태이다. 가마의 서측에서는 2.6m 간격으로 기둥구멍이 검출되었고, 가마의 방향과 일치하고 있다. 배수로는 폭 1m 깊이 50cm이며, 이 안에서 버려진 대량의 도자기편, 요도구, 녹로 등이 출토되었다.

이 窯址에서는 碗, 접시, 大壺, 大瓶, 擁, 화분, 향로, 등잔 등 자기류는 물론이고, 일용 雜器까지 출토되었다. 특히 碗이나 접시에 사용된 태토는 약간의 흑색미립자를 포함한 정선된 白色系의 태토가 사용되고 있다. 이곳에서 출토된 擂鉢은 완형품을 포함해 많은 양이 출토되었고, 일정한 규격 조건하에 만들어져 山元窯의 특징을 이루고 있다.

7. 맺음말

1598년에 薩摩 藩主 島津에 의해 끌려간 조선의 도공들은 串木野 島平에 43명, 市來 神之川에 10여명, 그리고 薩摩半島를 돌아 鹿兒島의 前之浜에 20여명이 下船하였다.

串木野의 島平 포구에는 가장 많은 18性 43명의 남녀가 상륙하였으며, 이곳에 당도한 도공들은 半農半陶의 생활로 생활이 어려웠고 원주민의 텃세가 심하였던 것으로 전해지고 있다. 그리하여 朴平義를 중심으로 도공들은 내륙 쪽으로 20여리 정도의 苗代川으로 이주하여 본격적인 조업을 시작하였다. 이주 초창기의 도요지는 조선계통의 반원통형 단실 등요임이 조사되고 있다. 이들은 처음에 이 등요에서 黑薩摩도자기를 제작하였으나 朴平意 父子의 노력에 의해 조선의 白土와 비슷한 흙을 발견하고 白薩摩도자기를 생산하게 되었다.

島津은 당시에 일본에서 茶道의 풍습이 유행하였기 때문에 수준 높은 조선의 도자기 문화를 가진 조선의 도공을 계획적으로 데려왔으며, 일본 타 지역의 陶法을 배워오게 하여 조선의 陶法과 접목시킴으로서 薩摩도자기를 번성하게 하였다. 島津은 苗代川를 藩立공장으로 만들어 黑薩摩도자기는 일반용으로, 白薩摩도자기는 지배층용으로 제작하게 하여 藩主의 취향과 정책이 그대로 반영되었다.

薩摩도자기로 가장 유명한 심수관가의 초대 沈當吉은 왕가의 외척이며 무사였는데, 피난하는 왕족 李金光을 호위하다가 島津의 군대에게 체포, 포로가 되어 鹿兒島 前之浜에 하선한 것으로 생각된다. 그 후 이금광이 조선으로 귀환하자, 심당길은 일부 도공들과 함께 苗代川으로 이주한 것으로 보인다. 이때부터 도자기 제작 기술을 익혔으며, 가마를 축조하여 조업을 시작하였다. 그리하여 초대 일행들과 뛰어난 창의성을 발휘하여 이후 대대로 薩摩도자기를 구워 왔다. 따라서 지표조사 결과 얻어진 남원 지역의 도요지는 당시에 왕족을 호위하던 심당길과는 직접적으로 관련이 없음을 알 수 있다. 심당길이 남원이 고향으로 알려지게 된 것은 아마도 인질로 잡혀 남원성에 한동안 있었던 것이 와전된 것이 아닌가 추측되고 있다.

이와같이 정유재란 당시에 끌려간 조선의 도공들은 이국땅 薩摩에 새로운 陶鄕을 개척한다는 자부심을 가지고 있었으며, 藩主도 그것을 지지하여 도자기의 연구와 조사 활동을 계속하였던 것이다. 조선의 도공들은 대를 이어 일본인의 취향을 반영한 도자기를 발전시켜 나갔다. 그러면서도 이들은 조선인의 자부심을 잃지 않고 조선 도자기의 계승에 묵묵히 힘써 왔으며, 九州 鹿兒島縣의 美山(苗代川)을 중심으로 현재에도 한민족에 대한 자긍심과 예술혼을 보여주고 있다. 九州에는 薩摩 지역 이외의 唐津, 有田 등지에서도 조선에서 연행되어 온 도공에 의해 일본을 대표할 만한 도자기가 생산되었다.

전북지역의 고고학

이상균 저

1판1쇄 인쇄 /2011년 04월 13일
1판1쇄 발행/ 2011년 04월 18일

발행처/ 전주대학교 출판부
발행인/ 이남식
등록번호/ 제 43호
등록일자/ 1985년 11월 20일
전북 전주시 완산구 효자동 3가 1200
우편번호/ 560-759
전화/ 063-220-2189
FAX/ 063-220-2067
인쇄/싸이버기획 T.063-252-1749

* 잘못된 책은 바꾸어 드립니다.

값 17,000원

978-89-8448-147-3 92090